Uwe Hartmann

Innere Führung

-

Erfolge und Defizite der
Führungsphilosophie für die Bundeswehr

Innere Führung

-

Erfolge und Defizite
der Führungsphilosophie für die
Bundeswehr

Uwe Hartmann

2007

Carola Hartmann Miles – Verlag Berlin

CIP-Kurztitelaufnahme der Deutschen Bibliothek

Uwe Hartmann:
Innere Führung -

Erfolge und Defizite der Führungsphilosophie für die Bundeswehr

Carola Hartmann Miles – Verlag, 2007
ISBN 978-3-937885-08-7

Titelbild: Uwe Hartmann
Alle anderen Bilder mit freundlicher Genehmigung der Informations- und Medienzentrale der Bundeswehr, Sankt Augustin
Umschlagdesign, Herstellung: Books on Demand, Norderstedt

© Carola Hartmann Miles – Verlag, Kladower Damm 184i, 14089 Berlin
(Tel.: 030-36288620; email: UHWHartmann@aol.com; www.miles-verlag.de)

ISBN 978- 3-937885-08-7

Inhaltsverzeichnis

Vorwort

Was ist Innere Führung? Ich möchte hier nicht die vielfältigen Versuche aufarbeiten, in denen die Innere Führung oder einzelne ihrer Teile definiert wurden oder zumindest der Versuch unternommen wurde, sie zu definieren. Gleich zu Beginn soll vielmehr festgestellt werden, dass die Innere Führung - im Unterschied zu den Führungsphilosophien größerer Wirtschaftsunternehmen - auf den militärischen Einsatz und damit immer auch auf den Krieg bezogen ist. Sie kann ohne ein Verständnis dessen, was Krieg und militärische Einsätze sind, nicht angemessen verstanden werden.

Das Element des Krieges, so schrieb der preußische General Carl von Clausewitz, ist der Zweikampf. Krieg sei „... nichts anderes als ein erweiterter Zweikampf. Wollen wir uns die Unzahl der einzelnen Zweikämpfe, aus denen er besteht, als Einheit denken, so tun wir besser, uns zwei Ringende vorzustellen. Jeder sucht den anderen durch physische Gewalt zur Erfüllung seines Willens zu zwingen; sein nächster Zweck ist, den Gegner niederzuwerfen und dadurch zu jedem ferneren Widerstand unfähig zu machen. Der Krieg ist also ein Akt der Gewalt, um den Gegner zur Erfüllung unseres Willens zu zwingen".[1] Diese weithin bekannte Definition stellte Clausewitz an den Anfang seines posthum erschienenen Werkes „Vom Kriege". Aber schon wenige Seiten später wies er darauf hin, dass militärische Einsätze nicht notwendigerweise zu einem blutigen Zweikampf führen. Es sei immer der politische Zweck, der die militärischen Ziele bestimmt und damit den Krieg und seinen Verlauf begrenzt.[2]

Das Primat der Politik gilt auch für die Einsätze, die die Bundeswehr derzeit auf dem Balkan, in Afghanistan, vor der Küste des Libanons oder in Afrika durchführt. Freiheit und Frieden als oberste politische Zwecke sollen - wo immer möglich - nicht durch physische Gewalt, Niederwerfung des Gegners und Aufzwingen unseres Willens, sondern durch Schaffen eines sicheren Umfeldes erreicht werden, in dem das Militär und die unter seinem Schutz stehenden zivilen Akteure gemeinsam mit der einheimischen Bevölkerung staatliche und gesellschaftliche Strukturen aufbauen. Allerdings weist Clausewitz auch darauf hin, dass selbst dann, wenn die Waffen schweigen, Einsätze jederzeit eskalieren und zumindest kriegsähnliche Züge annehmen können. Der Zweikampf mit Gewalt und Niederwerfung gewinnt dann die Oberhand über das Antlitz des militärischen Einsatzes. Und die Erfahrung aus den internationalen Einsätzen beispielsweise der NATO auf dem Balkan in den 1990er Jahren zeigt, dass die Anwendung militärischer Gewalt erforderlich sein kann, um die Voraussetzungen für Stabilisierung und Wiederaufbau zu schaffen.

Das Bild des Zweikampfes als Grundelement des Krieges verdeutlicht, dass es im Einsatz bzw. Krieg immer auf den Soldaten und seine körperliche sowie geistige Verfassung ankommt. Seine Qualifikationen, Einstellungen und Tugenden sind entscheidend für seinen Erfolg. Daher ist eine Führungsphilosophie, die diese elementaren Zusammenhänge unterstreicht, von besonderer Bedeutung für die Einsatzfähigkeit von Streitkräften. Die Innere Führung hilft dem Soldaten als Ringer in einem Zweikampf - sei es im Krieg bzw. in kriegsähnlichen Lagen oder im Prozess der Stabilisierung von Krisenregionen und bei der Wiederherstellung staatlicher und gesellschaftlicher Strukturen. Das ist der tiefere Sinn der Aussage, der Mensch stehe im Mittelpunkt, die häufig als die Kernforderung der Inneren Führung bezeichnet wird.

Für die Innere Führung ist der Soldat aber kein auf sich gestelltes, gewissermaßen isoliertes Individuum. Sie sieht ihn vielmehr als Subjekt inmitten mehrerer Wechselwirkungsverhältnisse – mit den Streitkräften, in denen er dient, mit der Gesellschaft, der er angehört, und mit der Politik, die Zweck und Ziele seines Einsatzes vorgibt. Die Innere Führung ergreift hierbei Partei für den Soldaten. Sie fragt beispielsweise, ob Streitkräfte, Gesellschaft und Politik die richtigen Rahmenbedingungen schaffen, damit er seine Aufgaben erfolgreich erfüllen kann. Aus dieser Parteinahme resultieren kritische Fragen –

an die Streitkräfte, an die Gesellschaft und an die Politik sowie über das Verhältnis, in dem diese zueinander stehen. Ein Beispiel dafür sind die Fragen, die Bundespräsident Horst Köhler bei der Kommandeurtagung der Bundeswehr am 10. Oktober 2005 in Bonn formulierte.[3] Mit seiner programmatischen Rede hat sich der erste Mann unseres Staates gewissermaßen als "oberster Innerer Führer" präsentiert.

Wenn angesichts gefährlicher weltweiter Einsätze der Bundeswehr die Bürger Deutschlands in den Streitkräften weiterhin ein „notwendiges Übel" sehen, wenn sie diese nicht in ihr staatsbürgerliches Selbstverständnis hineinlassen und für ihre Soldaten nur ein „freundliches Desinteresse" übrig haben, dann besteht die Gefahr einer Entkopplung der Gesellschaft und ihrer Streitkräfte. Dies hätte enorme negative Folgewirkungen: für die demokratische Kultur in Deutschland, für die Bündnissolidarität und für die Leistungsfähigkeit der Bundeswehr selbst.

Auch die Soldaten müssen sich kritisch hinterfragen lassen bzw. sich selber hinterfragen. Sie sind nicht bloß Objekt der Einwirkung von außen, sondern sollen selbst gestaltend in der Bundeswehr, in der Gesellschaft sowie in der Politik mitwirken. Dies erfordert bestimmte Einstellungen und Fähigkeiten. Zudem müssen sie sich selbst in ihren militärischen Qualifikationen und soldatischen Tugenden anpassen, um den Anforderungen ihres Berufs in einer Welt im Wandel genügen zu können. Die Innere Führung ist daher in ihrem Kern immer auch eine Erziehungs- und Bildungsaufgabe mit überaus anspruchsvollen Zielen.

Diese komplexen Zusammenhänge verdeutlichen, dass die Innere Führung keine Führungsphilosophie der Bundeswehr ist, die auf den Bereich ihrer Streitkräfte beschränkt werden könnte. Innere Führung ist vielmehr eine Führungsphilosophie für die Bundeswehr, die über die Streitkräfte hinaus den zivilen Teil der Bundeswehr sowie Gesellschaft und Politik mit in die Verantwortung nimmt: für die Soldaten, die im Auftrag der Politik und für die Sicherheit der Bürger

Einsätze durchführen oder im Krieg Recht und Freiheit der Bundesrepublik Deutschland verteidigen. Nicht zuletzt ist sie eine Führungsphilosophie für den <u>einzelnen</u> Soldaten, und dies ist sie durchaus in einem doppelten Sinne. Jeder Bürger, insbesondere die Politiker und militärischen Vorgesetzten, sollen den Soldaten, wie oben dargestellt, immer als verantwortlich handelnde Person anerkennen und niemals als bloßes Objekt behandeln. Dieser „kategorische Imperativ"[4] der Inneren Führung hat enorme Konsequenzen vor allem für die Gestaltung des Verhältnisses von Politik, Gesellschaft und Streitkräften. Es geht der Inneren Führung aber auch immer darum, dass der Soldat sich selbst führt, d.h. in seinem Inneren die Maßstäbe für eigenverantwortliches und ethisch begründetes Handeln findet. Gerade dieser Aspekt ist in den Diskussionen über die Innere Führung bisher zu kurz gekommen.

Angesichts solcher komplizierten Wechselwirkungen ist es kein Wunder, dass auch die Innere Führung sehr komplex ist. Nötig wäre daher eine Theorie der Inneren Führung, um das Verständnis für ihre Praxis zu verbessern, so wie Carl von Clausewitz eine Theorie des Krieges geschrieben hat, um den Krieg besser zu verstehen. Diese Forderung kann hier nur gestellt werden. Es ist höchste Zeit, sich an die Arbeit zu machen.

Berlin, im Mai 2007
Uwe Hartmann

1   Einleitung

Die Bundeswehr im ersten Jahrzehnt des 21. Jahrhunderts ist eine Armee im Übergang. Sie war viele Jahre lang eine „Abschreckungs- und Ausbildungsarmee"; dann wurde sie recht überstürzt zur „Armee der Einheit". Heute ist sie auf dem Weg zur „Armee im Einsatz" und beteiligt sich mit rund 8.000 Soldaten an Friedensmissionen, die unter dem Dach der Vereinten Nationen, der NATO und der Europäischen Union (EU) stattfinden. Hinzu kommen ihre Beteiligungen an der *NATO Response Force* und den *EU Battlegroups*. Diese schnellen Eingreifkräfte von NATO und EU können innerhalb kürzester Zeit in Krisenregionen verlegt werden.

Gleichwohl ist die Bundeswehr für ihre vielfältigen, neuen Aufgaben noch nicht optimiert. Es liegt in der Natur der Dinge, dass solche Veränderungsprozesse Zeit kosten. Die langen Schatten des Kalten Krieges wirken nach und behindern die Bundeswehr dabei, den Wandel zur „Armee im Einsatz" schneller zu vollziehen. Politisch strittige Themen wie etwa die Wehrpflichtfrage, eine auf Expertenkreise beschränkte sicherheitspolitische Debatte, Rüstungsprojekte wie der Eurofighter, bürokratische Strukturen und Verfahren selbst in den Einsätzen sowie die Einstellung bei einigen Soldaten, sich lieber in eine Nische innerhalb der Großorganisation Bundeswehr zurückzuziehen als den Wandel aktiv mit zu gestalten und dabei auch sich selber zu ändern, halten die Bundeswehr auf ihrem Weg in die Zukunft auf.

Dabei steht der Bundeswehr eine gute Zukunft bevor, ist sie doch gefragt wie nie zuvor. Die Jahre, in denen Politik und Gesellschaft eine Friedensdividende forderten und einige sogar bereit waren, dafür den Sinn von Militär schlechthin in Frage zu stellen, sind vorüber.[5] Sicherheit ist heute eine Wachstumsbranche. Davon „profitieren" auch Streitkräfte. Allein im Jahre 2006 hat der deutsche Bundestag zwei neue, zusätzliche Einsätze der Bundeswehr in der Demokratischen Republik Kongo und vor der Küste des Libanons beschlossen. Weitere zeichnen sich am Horizont ab. Selbst die dem Militär kritisch eingestellte politische Partei "Die Grünen/Bündnis 90" und auch das Bundesministerium für Entwicklung und Zusammenarbeit (BMZ), das in der Vergangenheit eher Distanz zu den Streitkräften gewahrt hat, fordern neue Einsätze der Bundeswehr in Krisenregionen wie etwa dem Sudan.

Bei der Erarbeitung der Grundlinien deutscher Sicherheits- und Verteidigungspolitik ist die Bundeswehr sogar so erfolgreich, dass das Bundesministerium der Verteidigung und nicht etwa das Auswärtige Amt oder das Bundeskanzleramt die treibende Kraft hinter dem Konzept der „Vernetzten Sicherheit" ist, das den Kern des am 24. Oktober 2006 verabschiedeten Weißbuchs zur Sicherheitspolitik der Bundesrepublik Deutschland und zur Zukunft der Bundeswehr ausmacht. Dieses Konzept, das auf den bereits zu Beginn der 80er Jahre geprägten „erweiterten Sicherheitsbegriff"[6] beruht, zieht aus den Erfahrungen der bisherigen Auslandseinsätze die Schlussfolgerung, dass militärische Mittel kein Ersatz für gesamtpolitische Strategien sein können. Soldaten können durch ihr Eingreifen die Waffen zum Schweigen bringen, für einigermaßen stabile Verhältnisse sorgen und dadurch der Politik Zeit verschaffen. Aber spätestens dann müssen andere Instrumente, z.B. wirtschaftliche, entwicklungspolitische und kulturelle Mittel greifen. Werden diese nicht von Anfang an mit eingeplant oder verzögert sich deren Anwendung, dann wird nicht nur die Dauer des Einsatzes unnötig lang und die Anzahl der Soldaten unnötig hoch, sondern auch deren Sicherheit im Einsatzland gefährdet und letztlich der Erfolg der Operationen in Frage gestellt. Es ist kein Wunder, dass gerade Soldaten für diese Wahrheit sensibel sind und sie an die Politik herantragen.

Dass gerade das Bundesministerium der Verteidigung auf die Notwendigkeit eines integrierten Einsatzes aller verfügbaren Mittel drängt und die effiziente Zusammenarbeit der zivilen und militärischen Akteure anmahnt, zeugt von einem in der Bundesrepublik Deutschland bisher so nicht gekannten Selbstbewusstsein der Verteidigungspolitiker. Weithin besteht Konsens darüber, dass das Militär ein unverzichtbares Instrument des Staates ist, um Krisenvorsorge und Konfliktmanagement im weltweiten Maßstab zu betreiben. Zwar waren die politischen Geburtswehen für die Teilnahme der Bundeswehr an den Einsätzen in Somalia 1993, in Kroatien 1995, in Bosnien-Herzegowina 1996, im Kosovo 1999 und in Afghanistan 2001 schmerzhaft; und auch heute befürworten die deutschen Bürger vor allem eine Beteiligung der Bundeswehr an Friedensmissionen mit einem ausgeprägt humanitären Charakter. Kampfeinsätzen dagegen stehen sie weitaus distanzierter gegenüber. Aber die Existenz der Bundeswehr stellt heute kaum jemand ernsthaft in Frage. Stattdessen genießt sie unter den Bürgerinnen und Bürger ein überaus hohes Ansehen.

Diesem neu gewonnenen politischen Stellenwert und Selbstbewusstsein der deutschen Streitkräfte widerspricht diametral, dass sie im internationalen Vergleich seit Beginn der 90er Jahre sehr wenig Geld zur Verfügung haben. Obwohl die NATO ihren Mitgliedsstaaten in der *Ministerial Guidance 2006* die Zielmarke gesetzt hat, zwei Prozent des Bruttoinlandsprodukts (BIP) für das Militär vorzusehen, liegt Deutschland derzeit bei 1,35 Prozent. Es steht damit unter allen NATO-Mitgliedsstaaten ganz weit hinten. Diese finanzielle Schlechterstellung der deutschen Streitkräfte wird, so argumentierte Bundeskanzlerin Merkel bei der Sicherheitskonferenz in München im Februar 2006, durch einen effizienten Einsatz der Gelder zumindest teilweise wettgemacht. Wichtiger sei, <u>wie</u> das Geld verwendet werde und welche Fähigkeiten damit erreicht würden.[7] Ökonomisches Denken in der Bundeswehr, Modernisierung, Transformation[8] als kontinuierliche Anpassung - das sind die Zauberwörter, hinter denen Konzepte stehen, die Wirkung zeigen, die aber auch dazu dienen, die „chronische Unterfinanzierung"[9] der Streitkräfte zu verschleiern.

So ist es kein Wunder, dass die Truppe unter den zunehmenden Lasten ihres weltweiten Engagements und des gleichzeitigen, unter enormen finanziellen Restriktionen stehenden Umbaus zu einer Einsatzarmee leidet.[10] Die Schluchten des Balkans, die Gebirgszüge

Afghanistans, die Gewässer am Horn von Afrika und vor dem Libanon sowie bis vor kurzem noch die Tropen in Gabun und Kongo beherbergen die neuen Arbeitsplätze für Soldaten. Zwischen 7.000 und 10.000 Soldaten befinden sich tagein tagaus im Auslandseinsatz. Ebenso viele bereiten sich auf den Einsatz vor. Zu Hause in Deutschland werden die Führungsstäbe und -kommandos auf Trab gehalten, um den Mangel an Personal und Material so zu verwalten, dass die Truppe im Einsatz bestmöglich ausgestattet ist. Gleichzeitig werden die Standorte der Bundeswehr von weit über 500 auf knapp 400 reduziert. Viele Soldaten müssen sich für völlig neue Aufgaben "umschulen" lassen. Von den versetzten Offizieren ziehen nur noch rund 20 Prozent um. Fernbeziehungen bestimmen den familiären Alltag. Und hinter jedem Soldaten im Einsatz steht eine Familie, die sich nicht nur um den Sohn oder die Tochter bzw. den Vater oder die Mutter sorgt, sondern über Monate hinweg ohne deren Hilfe das tägliche Leben meistern muss.

Vor diesem Hintergrund grenzt es geradezu an ein Wunder, dass Einsätze und Umbau der Bundeswehr so geräuschlos verlaufen. Gäbe es nicht den Wehrbeauftragten des Deutschen Bundestages, der vor einer Überlastung der Truppe warnt oder den Deutschen BundeswehrVerband, der mutig genug ist, die Paradoxie der langjährigen Praxis von *„mehr militärische Leistung fordern"* und gleichzeitig *„weniger soziale Leistungen geben"* öffentlich anzuprangern, dann könnte man den Eindruck gewinnen, alles verliefe prächtig. Der Geist der Truppe scheint nicht nur in Ordnung, sondern auch überaus belastbar zu sein. "Die Truppe ist leidensfähig", sagte ein hoher Beamter im Verteidigungsministerium, um deutlich zu machen, dass sowohl im täglichen ministeriellen Krisenmanagement als auch in der längerfristigen Planung andere Fragestellungen dringlicher seien als die nach dem Menschen in der Bundeswehr.

Der Mensch in der Bundeswehr fällt - rein bürokratisch betrachtet - in die Zuständigkeit der Inneren Führung. Sie hat die Gründung der Bundeswehr als Armee in der Demokratie geleitet, den Aufbau der Streitkräfte als Bündnisarmee mit einem Friedensumfang von fast 500.000 Soldaten begleitet, das Zusammenwachsen der Armee der Einheit erleichtert[11] und nunmehr die Armee im Einsatz mit auf den Weg gebracht. Sie scheint also eine sehr erfolgreiche Führungsphilosophie zu sein. Und dass der einzelne Soldat und seine Familie Belastungen so tapfer tragen, hängt doch auch mit der Inneren Führung zusammen. Worauf beruht dieser Erfolg? Wie kommt es, dass es zwar immer wieder recht allgemein gehaltene Forderungen nach einer Weiterentwicklung der Inneren Führung gibt[12], aber kaum Stimmen, die das Gesamtkonzept in Frage stellen?

Kapitel 2 dieses Buches versucht, auf diese Fragen Antworten zu geben. Die Innere Führung wird als ein solides Fundament mit starken Pfeilern dargestellt, auf dem das Gebäude "Bundeswehr" ruht und in dem immer wieder Anpassungen im Außen- und Innenausbau erfolgreich durchgeführt werden können. Für die Statik des Gebäudes sind vor allem zwei Konstruktionsprinzipien verantwortlich. Das ist zum einen die politisch-ethische Fundierung des soldatischen Dienstes in der deutschen Demokratie. Und das ist zum anderen die gesellschaftliche Integration der Bundeswehr. Aus diesen Prinzipien zieht die Bundeswehr enorme Ressourcen, und ihre Soldaten gewinnen daraus eine innere Stärke für die erfolgreiche Erfüllung ihres Auftrags.

Heute, nach über 50 Jahren Erfolgsgeschichte der Bundeswehr, besteht ausreichend Distanz zu ihrer Gründungsphase, um feststellen zu können, dass die Entscheidung, die Bundeswehr in der „Nachfolge" der preußischen Heeresreformen aufzubauen, sehr klug war. Denn der preußische General Gerhard von Scharnhorst und seine Mitstreiter verfolgten Ziele, die über 200 Jahre später und auch heute, nochmals 50 Jahre später, richtig und wichtig waren, nämlich den Geist der Armee mit denselben Tugenden und Idealen zu beleben, die den Staat und die Gesellschaft ausmachten. Damals beschrieb Scharnhorst diese Zielsetzung in einem Brief an Carl von Clausewitz, seinem wohl besten Schüler und engsten Mitarbeiter, mit folgenden Worten: „Man muss der Nation das Gefühl der Selbständigkeit einflößen, man muss ihr Gelegenheit geben, dass sie mit sich selbst bekannt wird, dass sie sich ihrer selbst annimmt; nur erst dann wird sie sich selbst achten und von anderen Achtung zu erzwingen wissen."[13] So wurden Bürger und Soldaten in der Nation vereint und mit Rechten ausgestattet.

Die Integration von Armee und Nation in der noch jungen Bundesrepublik Deutschland zu Beginn der 50er Jahre meinte also nicht nur die Beendigung jeden Standesdünkels bei den Offizieren. Angesichts der politischen und militärischen Katastrophe des Zweiten Weltkrieges musste es vor allem darum gehen, die Armee und ihre Soldaten so in Staat und Gesellschaft einzubinden, dass sie die demokratische Entwicklung in Deutschland nicht behinderten, sondern förderten. Nicht zuletzt war es aber auch wichtig, dass die Bürger sich für die Armee interessierten und sich auch für sie engagierten. Die Bundeswehr sollte sich weder selbständig machen noch alleingelassen fühlen. Ideen und Innovationen sollten Eingang in die Streitkräfte finden, Institutionen und Organisationen eng mit der Bundeswehr zusammen arbeiten. Ziel war nicht nur eine neue deutsche Armee mit einem neuen Typus „Soldat", sondern auch ein neues Staatsbewusstsein der Bürger Deutschlands, in dem auch die Streitkräfte ihren Platz haben. Über 50 Jahre später ist Deutschland auf diesem Weg ein gutes Stück voran gekommen, auch wenn Deutsche weiterhin Probleme haben, ein staatsbürgerliches Bewusstsein zu zeigen, das auch ihre Streitkräfte umfasst.

Angesichts der beachtlichen Erfolge der Inneren Führung ist es allerdings ziemlich paradox, dass sie heute in einer Phase großer Umbrüche kaum mehr diskutiert wird, dass ihre gesellschafts- und militärverändernde Dynamik kaum mehr wirksam ist, auch wenn sie weithin als selbstverständliches Markenzeichen der Bundeswehr gilt. Es wird bisweilen sogar übersehen, wie sehr Innere Führung für den gegenwärtigen Umbau der Bundeswehr gebraucht wird und dass die Transformation als kontinuierliche Anpassung der Bundeswehr ohne die Innere Führung kaum gelingen kann[14]. Die Innere Führung scheint also an ihren eigenen Erfolgen zu leiden und wird dadurch anfällig für die Auswirkungen von Defiziten, die schon seit längerer

Zeit bestehen, der Führungsphilosophie angelastet werden, das Fundament brüchig machen und so auf weitere Sicht auch die Stabilität des Gebäudes "Bundeswehr" gefährden.

In Kapitel 3 werden einige wesentliche Defizite der Inneren Führung beschrieben. Dazu gehört zunächst einmal, dass es in den letzten 50 Jahren nicht gelungen ist, ein allgemeines Verständnis zu entwickeln, was mit Innerer Führung eigentlich gemeint ist. Von einer einigermaßen akzeptierten Definition der Inneren Führung scheint die Bundeswehr Lichtjahre entfernt zu sein. Nicht wenige Soldaten sehen in dieser Schwierigkeit fast schon so etwas wie das Eingeständnis ihres Scheiterns. Etwas, was man nicht auf den Punkt bringen kann wie beispielsweise die Begriffe der Taktik, gilt als nicht „soldatentauglich". Denn wer keine klaren Begriffe hat, so heißt ein unter Soldaten geflügeltes Wort von Goethe, kann nicht führen. Zumindest aber besteht Klarheit bei den Zielen der Inneren Führung. In der Himmeroder Denkschrift aus dem Jahre 1950 und dem Handbuch für Innere Führung von 1957 bis zur heutigen Zentralen Dienstvorschrift 10/1 „Innere Führung"[15] blieben die zur Beschreibung ihrer Ziele benutzten Begriffe nahezu unverändert.

Eines ihrer wichtigsten Ziele ist, wie schon erwähnt, die Integration der Bundeswehr in die bzw. die Verankerung ihrer Soldaten in der demokratischen Gesellschaft. In diesem Bereich gibt es unbestreitbare Erfolge, wie die gegenwärtig sehr hohe Akzeptanz der Bundeswehr und ihrer Angehörigen in der Gesellschaft zeigt. Hier offenbart sich aber auch eins der größten Defizite der Inneren Führung im neuen Jahrhundert. Es ist sicherlich nicht mit den Zielen der Inneren Führung in Einklang zu bringen, dass die Öffentlichkeit sich heute kaum um „ihre" Bundeswehr kümmert. Sogar Bundespräsident Horst Köhler hat warnend den Zeigefinger erhoben, als er von dem bloß „freundlichen Desinteresse" der Bürger an der Bundeswehr sprach. Von den Belastungen der Bundeswehr-angehörigen und ihrer Familien ist kaum die Rede, es sei denn, ein konkreter Anlass liegt vor, wie beispielsweise Bundestagsentscheidungen über neue Einsatzmandate der Bundeswehr, Anschläge auf deutsche Soldaten oder Skandale wie der Umgang mit sterblichen Überresten in Afghanistan, der Unverständnis und Entsetzen, aber auch Parteinahme für die Soldaten angesichts der Gefahren ihres Dienstes ausgelöst hat.

Das gesellschaftliche Desinteresse führt aber nicht nur dazu, dass Soldaten sich an den Rand gedrängt und als bloße „Sicherheitsdienstleister" abgestempelt fühlen. Es reicht tiefer. Welche Konsequenzen erwachsen aus diesem Desinteresse, wenn vor allem in pädagogischen Konzepten die Idee der Zivilgesellschaft im Vordergrund steht und junge Staatsbürger dann in eine Armee im Einsatz eintreten, die sie in einer Weise fordert, für die sie nicht ausreichend geistig vorbereitet sind, für die ihnen vor allem die richtigen Einstellungen und Tugenden fehlen? Diese Frage führt unmittelbar zu der für das deutsche Militär traditionell wichtigen Aufgabe der soldatischen Erziehung. Wie die Innere Führung selbst, so ist auch der Erziehungsbegriff in den Streitkräften nie überzeugend definiert worden. Schlimmer sogar. Während die Innere Führung als Konzeption weithin nicht in Frage gestellt wurde, gab es über die Legitimation des Erziehungsauftrags in den Streitkräften vor allem in den 90er Jahren heftige Kontroversen.[16] Unter Offizieren ist die Auffassung durchaus verbreitet, dass eine Erziehung Erwachsener nicht möglich und wohl auch nicht legitimiert sei, obwohl die Vorschriften der Bundeswehr eine andere Sprache sprechen. Offiziell haben Vorgesetzte als Führer von Soldaten immer auch einen Erziehungsauftrag.[17]

Welche Möglichkeiten hat eine Armee, die zwar feststellt, dass die neu in die Streitkräfte eintretenden Soldaten nicht über die geeigneten Einstellungen und Tugenden verfügen, andererseits aber kein unter Vorgesetzten akzeptiertes allgemeines Verständnis von Erziehung hat? Und welche Konsequenzen erwüchsen für das Verhältnis von Gesellschaft und Soldat, wenn die Streitkräfte ein eigenes Erziehungskonzept entwickelten und praktizierten? Das Schicksal des Erziehungsbegriffs in der Bundeswehr liefert zudem ein gutes Beispiel dafür, dass über grundlegende Fragen der Inneren Führung gegenwärtig kaum diskutiert wird. Zwar besteht weithin Einigkeit, dass die

Konzeption der Inneren Führung weiterentwickelt werden müsse. Und selbstverständlich gibt es im Bundesministerium der Verteidigung und im untergeordneten Bereich Stellen, die dafür zuständig sind und die intensiv daran arbeiten. Aber wo bleibt der gesellschaftliche Diskurs darüber? Wer wagt es heute überhaupt noch, mit zumindest innovativen Thesen die Debatte über die Innere Führung voran zu bringen? Und wo bietet die Bundeswehr selber Foren und Freiräume für die Diskussion solcher Fragen?

In den Anfangsjahren der Bundeswehr war das anders. Damals sah sich die Gesellschaft mit in der Verantwortung, neue deutsche Streitkräfte für den demokratischen Staat aufzubauen. Viele Bürger engagierten sich damals dafür. Dies belegt die vom damaligen Bundesministerium für Verteidigung im Jahre 1957 herausgegebene Buchreihe „Schicksalsfragen der Gegenwart". In sechs Bänden nahmen renommierte Politiker und Wissenschaftler Stellung zu aktuellen politischen Fragen und befruchteten so nicht nur die Diskussion innerhalb der Bundeswehr, sondern bekundeten auch ihre staatsbürgerliche Verantwortung und ihr engagiertes Interesse an dem weiteren Weg der Streitkräfte. Heute dagegen scheint die Zukunft der Bundeswehr keine „Schicksalsfrage" mehr zu sein. Wirtschaft und Soziales, aber nicht Sicherheit und Verteidigung bestimmen das Denken und Handeln vieler Menschen.[18]

Dass heute die Diskussion über die Innere Führung nur vor sich hin plätschert, hat aber auch mit einem Generationen- und Paradigmenwechsel innerhalb der Bundeswehr zu tun. Diejenigen, die von den 70er bis in die 90er Jahre hinein die Diskussionen über die Innere Führung beeinflussten, sind größtenteils im Ruhestand. Martin Kutz, Rudolf Hamann, Wolfgang R. Vogt, Detlef Bald, Claus von Rosen, Paul Klein, um nur einige Namen zu nennen, waren allen jüngeren Berufsoffizieren der Bundeswehr bekannt (und einige angesichts der Prüfungen in den Laufbahnlehrgängen auch gefürchtet). Während diese Wissenschaftler grundsätzliche Diskussionen etwa zum Verhältnis von Gesellschaft und Militär, zu den Aufgaben von Streitkräften und zur Sozialisation von Soldaten initiierten, gerieten ihre Nachfolger in eine Art "pragmatische Wende" der Inneren Führung, die aufgrund der neuen Einsätze erforderlich wurde. Im Vordergrund stehen heute eher praktische Fragestellungen, wie z.B. die Verbesserung von Betreuung und Fürsorge, um die Folgen der Einsätze für die Soldaten und ihre Familien abzufedern. Diese sind ohne jeden Zweifel wichtig und die intensive Arbeit daran unterstreicht die Relevanz der Inneren Führung für die Einsätze. Sie gerät dadurch allerdings in die Gefahr, zu einem bloßen Management-Tool für die Armee im Einsatz reduziert zu werden. Und das ist Innere Führung sicherlich nicht!

Der Ruhestand der Hauptprotagonisten der Inneren Führung hinterlässt eine gewisse "geistige Leere" innerhalb der Bundeswehr. Er bietet aber auch die Chance für ein insgesamt breiteres Verständnis von Innerer Führung. Denn die oben angeführten Personen besaßen über Jahrzehnte hinweg eine Deutungshoheit darüber, was Innere Führung ist. Mit ihrem eher militärkritischen Grundverständnis wurden sie eine Art „Hohepriester" der Inneren Führung, die hart um das richtige Verständnis der Inneren Führung kämpften und anders Denkende bisweilen der Häresie verdächtigten. Dies war sicherlich notwendig, um den reformerischen Geist gegen die Macht traditionellen Denkens bei Offizieren durchsetzen zu können.[19] Es hatte aber problematische Folgewirkungen insofern, als bestimmte Themen nicht mehr diskutiert wurden bzw. von eher konservativer Seite nicht unter dem Markenzeichen „Innere Führung" vorgebracht werden konnten. Wenn diese Themen aufgrund der Veränderungen im sicherheitspolitischen Umfeld wieder auftauchen wie z.B. im Zuge der Patriotismusdebatte[20] oder der Errichtung eines Ehrenmals für getötete Angehörige der Bundeswehr, dann hat die Innere Führung gegenwärtig nur eine geringe Sensibilität dafür und kaum Antworten parat.

Die Analyse von Erfolgen und Defiziten der Inneren Führung führt schließlich zu aktuellen Handlungsfeldern, die für die Zukunft der Bundeswehr wichtig sind. In Kapitel 4 werden vier Themenbereiche identifiziert, in denen politisches, gesellschaftliches und militärisches Handeln gleichermaßen erforderlich ist. Dazu gehören:

- Das **Verhältnis Politik, Gesellschaft und Bundeswehr**: Im Kern geht es um die Fragen, wie die zivil-militärischen Beziehungen gestaltet werden können, wie das "freundliche Desinteresse" der Bürger überwunden und wie die Bundeswehr als Armee im Einsatz in einer Gesellschaft im Frieden ihre Einsatzfähigkeit herstellen und wo immer möglich verbessern kann.

- **Führungskultur**: Hier steht im Vordergrund, wie die Bundeswehr eine Führungskultur entwickeln kann, die ein für alle Teilstreitkräfte und Organisationsbereiche gemeinsames Verständnis der zukünftigen Herausforderungen und ein eng verzahntes Handeln ermöglicht. Die Führungskultur muss ausreichend gefestigt sein, um Halt und Orientierung zu geben, sie muss aber auch flexibel genug sein, um die Anpassungsfähigkeit der Bundeswehr an das sich ändernde sicherheitspolitische Umfeld zu gewährleisten und um in der multinationalen Zusammenarbeit gemeinsame Führungskulturen zu entwickeln.

- **Berufs- und Selbstbild**: Wofür steht der Soldat heute, welche Anforderungen werden an ihn gestellt, und wie kann eine Überforderung vermieden werden?

- **Tradition und Ethik**: Hier geht es um die Frage, ob und wie die Soldaten der Bundeswehr Halt und Orientierung in der deutschen Militärgeschichte sowie der Geschichte überhaupt finden können und inwieweit angesichts der „Last mit der Tradition" die Ethik dem Soldaten helfen kann, seine Aufgaben in den Einsätzen zu erfüllen.

Im folgenden wird die Innere Führung häufig als ein Akteur beschrieben, der Partei nimmt, fordert, empfiehlt, erwartet, sich einsetzt und kämpft. Natürlich ist die Innere Führung kein System, das selbständig agiert, sich weiterentwickelt und Menschen beeinflusst oder diese sogar steuert. Es sind die Menschen selber, die durch ihr Handeln im Sinne der Inneren Führung diese mit Leben füllen und praktisch wirksam machen. Wenn die Innere Führung heute neue Antworten auf neue Fragen geben muss, dann ist jeder Einzelne aufgefordert, sich daran nach Kräften zu beteiligen. Und wenn die Innere Führung für die Armee im Einsatz wichtiger ist denn je, dann kommt es darauf an, ihre Grundsätze noch konsequenter umzusetzen.

Grabstätte Scharnhorsts auf dem Invalidenfriedhof in Berlin

2 Erfolge und ihre Grundlagen

Die Innere Führung scheint eine erfolgreiche Konzeption für die Bundeswehr zu sein. Die Streitkräfte sind heute selbstverständlicher Teil des Staates, Auslandseinsätze finden mit einem breiten parlamentarischen Rückhalt statt. Das Ansehen der Bundeswehr bei den Bürgern unseres Landes wird nur noch vom ADAC übertroffen. Und in den Einsatzgebieten haben sich die Soldaten Respekt und Anerkennung bei den Verbündeten und Partnern ebenso wie bei der einheimischen Bevölkerung erworben.

Natürlich melden sich immer wieder kritische Stimmen zu Wort, die meinen, mit dem Kalten Krieg sei auch die Zeit der Inneren Führung an ihr Ende angelangt. „Kämpfen können, um nicht kämpfen zu müssen", „Soldat für den Frieden"[21], der „gebildete Offizier", all das sei altes Denken und werde den künftigen Anforderungen an Streitkräfte, vor allem in den neuen Kriegen, nicht mehr gerecht. Zwar hat die Bundeswehr mehrfach an Kampfeinsätzen teilgenommen und zwar mit der Luftwaffe über dem Balkan 1995 und 1999, mit dem Heer am Einmarsch im Kosovo 1999 sowie mit dem Kommando Spezialkräfte (KSK) an dem Kampf gegen den internationalen Terrorismus in Afghanistan seit 2001. Ihre „Unschuld" ist damit unwiederbringlich dahin. Allerdings könnten, so lauten einige Argumente, diese eher kurzzeitigen Kampfeinsätze kleinerer Kontingente nicht die These widerlegen, dass die Innere Führung für den Krieg - dahinter verbirgt sich oftmals die Vorstellung des Zweiten Weltkriegs als Idealtypus für Krieg schlechthin - nicht tauge. Eine solche Nagelprobe stünde der Inneren Führung noch bevor. Dennoch haben sich bisher alle politischen Parteien, die Regierungsverantwortung trugen, ebenso wie die militärische Führung klar zur Inneren Führung als der für die Bundeswehr verbindlichen Führungsphilosophie auch als Armee im Einsatz bekannt.[22]

Verwunderlich ist allerdings, dass heute trotz der von vielen Seiten geforderten Wiederbelebung der sicherheitspolitischen Debatte über Innere Führung kaum gesprochen wird. Zwar hat Bundespräsident Köhler in seiner Rede vor den Kommandeuren der Bundeswehr am 10. Oktober 2005 eine Lanze für die Innere Führung gebrochen und sie als „... so wichtig wie nur je..." bezeichnet. Denn der „... soldatische Dienst und der militärische Auftrag müssen auch nach dem Ende des Kalten Krieges politisch und militärisch überzeugend begründet werden; und auch die neuen, internationalen Aufgaben der Bundeswehr verlangen Soldatinnen und Soldaten mit exzellenten militärischen Fähigkeiten, Pflichtbewusstsein und wachem Bürgersinn."[23] Und das Weißbuch 2006 der Bundesregierung zur Sicherheitspolitik und Zukunft der Bundeswehr räumt Fragen der Inneren Führung, des Personals und der Ausbildung, Bildung und Erziehung ausgesprochen viel Platz ein. Doch weder im Nachklang der Rede von Bundespräsident Köhler noch in den Kommentaren zum Weißbuch 2006 wurde der Inneren Führung bisher größere Beachtung geschenkt.

In jüngster Zeit geriet die Innere Führung erst mit der Veröffentlichung der sogenannten "Schädelbilder" aus Afghanistan in der Bildzeitung und bei RTL in das Rampenlicht. Erneut bestätigte sich, dass die Politik die Innere Führung vor allem als "Beruhigungspille" für eine alarmierte Öffentlichkeit einsetzt. Es genügt die bloße Ankündigung, dass Vergehen geahndet werden, dass Ausbildung und Erziehung überprüft und angepasst werden und schon ist der politische Skandal fast ausgestanden. Innere Führung verkommt so zu einem bloßen Instrument im politischen Streit und in der öffentlichen Auseinandersetzung. Irgendwie scheint die Innere Führung vom Lieblingskind der Politik in der alten Zeit zum Stiefkind in der neuen Zeit geworden zu sein. Ist ihr Erfolg in 50 Jahren Bundeswehr so überwältigend, dass sie für selbstverständlich gehalten wird und das Gespräch über Innere Führung und ihre Bedeutung für eine Armee im Einsatz nicht mehr lohnenswert erscheint?

Tatsächlich ist die Innere Führung eine Erfolgsgeschichte, da die bundesrepublikanische Demokratie mit ihrer Hilfe ihre "Bewährungsprobe", wie der damalige Bundeskanzler Konrad Adenauer den Aufbau neuer deutscher Streitkräfte bezeichnete[24], bestanden hat. Dass die Bundeswehr ein zuverlässiges und handlungsfähiges Instrument der Politik ist, dass ihre innere Lage, von Einzelfällen abgesehen, grundsätzlich in Ordnung ist, dass sie mit Institutionen wie Wirtschaft, Wissenschaft und Kirche eng zusammenarbeitet, ist wesentlich der Inneren Führung zu verdanken. Vielleicht ist gerade deshalb das Vertrauen der Menschen in die Innere Führung so groß, und vielleicht erklärt dies auch, weshalb über Innere Führung heute kaum mehr diskutiert wird. Worauf beruhen diese Erfolge?

2.1 Das politisch-ethische Fundament

Die Innere Führung hat für Umbruchsituationen wie der gegenwärtigen Einiges zu bieten. Schließlich ist sie doch selbst eine Konzeption, die im und für den gewaltigsten Umbruch, den deutsche Streitkräfte je vollzogen haben, erarbeitet wurde. Denn zu Beginn der 50er Jahre wurden die westdeutschen Streitkräfte als „etwas grundlegend Neues" aufgebaut. Der Auftrag der Bundeswehr wurde unmittelbar an das Grundgesetz der Bundesrepublik Deutschland gebunden. Die Streitkräfte sollten eine Bündnisarmee sein, die nicht nur dem Primat der Politik, sondern auch der parlamentarischen Kontrolle durch den Deutschen Bundestag unterliegt. Ihre Soldaten sollten aus innerer Überzeugung für die Verteidigung von Recht und Freiheit dienen und die Werte des Grundgesetzes weitestmöglich auch im militärischen Dienst erleben und selber aktiv umsetzen.

Unter den Vätern der Inneren Führung, allen voran Wolf Graf von Baudissin, Ulrich de Maizière und Johann Adolf Graf von Kielmansegg[25], bestand Einvernehmen, dass der Neuanfang radikal sein musste. Sie hatten am eigenen Leib die unheilvolle politische Rolle des Militärs in der Weimarer Republik und im Nationalsozialismus erfahren. Und was die Verstrickung der Wehrmacht in die Kriegsverbrechen betrifft, so ahnten sie doch, dass die Ehre vieler Wehrmachtssoldaten nicht unbefleckt geblieben war.[26] Andererseits wussten sie, dass ein Neuanfang nur gelingen konnte, wenn auf Bewährtes zurückgegriffen würde. Bewährtes fanden Baudissin und seine Mitarbeiter unter anderem in der Tradition des Widerstands aus Gewissensgründen, die im Attentat vom 20. Juli 1944 ihren stärksten Ausdruck fand.[27]

Im Eintreten für Freiheit und Menschenrechte sollten die ethischen Grundlagen für den soldatischen Dienst in der Demokratie fest verwurzelt sein. Durch die Bindung an Werte, die die politische Ethik des Grundgesetzes ausmachen, sollte nicht nur ein Staat im Staate wie bei der Reichswehr in der Weimarer Republik[28], sondern auch ein politischer Missbrauch der Soldaten bzw. ihre Beteiligung an Kriegsverbrechen wie bei der Wehrmacht im Zweiten Weltkrieg verhindert werden. Gleichzeitig ermöglichte diese Legitimation den Beitritt zur Nordatlantischen Allianz, die sich im Artikel II des NATO-Vertrages von 1949 explizit als „Wertegemeinschaft" versteht. Dass der Widerstand des 20. Juli 1944 ein anderes, besseres Deutschland repräsentierte, hatte sich im Deutschland der 50er Jahre ebenso wie bei den Siegernationen nach und nach durchgesetzt. Es wurde so zum geistigen Band zwischen den ehemaligen Kriegsgegnern, das für deren Zusammenarbeit in der NATO als einem „Bündnis der Werte" hilfreich war.[29] Es sind diese Werte von Recht und Freiheit, die auch heute die Vitalität und Relevanz der NATO als einem „Bündnis der freien Welt" aufrecht erhalten.

Aus dieser ethischen Bindung des Soldaten sollte gleichzeitig seine Wachsamkeit gegenüber jeglicher Bedrohung der Freiheit von außen - in der damaligen Zeit war damit die totalitäre Ideologie des Sowjetkommunismus gemeint - erwachsen. Denn es ging nicht allein darum, den Soldaten für den "Heißen Krieg", der durch glaubwürdige Abschreckung verhindert werden sollte, militärisch auszubilden. Gleichzeitig musste auch gewährleistet werden, dass der Soldat für den mit ideologischen Mitteln (z.B. Propaganda) geführten Kalten Krieg geistig gerüstet war. Hier ging es, wie es damals genannt wurde, vor allem um staatsbürgerliche Erziehung: Der Soldat sollte überzeugter Demokrat sein und allen Versuchungen totalitärer Ideologien bis hin zum Nachgeben aus Angst („Lieber rot als tot") widerstehen. Dazu war es erforderlich, den Soldaten Recht und Freiheit persönlich erleben zu lassen - indem er seine staatsbürgerlichen Rechte während des militärischen Dienstes weitestmöglich behält und weiterhin Teil der freiheitlich-demokratischen Gesellschaft bleibt; indem seine Vorgesetzten einen kooperativen Führungsstil praktizieren, der Freiräume für Eigeninitiative und Beteiligung gewährt; und indem eine umfassende politische Bildung den Soldaten die Möglichkeit gibt, das Funktionieren von Demokratie und vor allem ihre Schutzbedürftigkeit zu verstehen.

Zur Inneren Führung gehören demnach Innen- als auch Außenbezüge: Nach innen geht es darum zu verhindern, dass die deutschen Streitkräfte ein Fremdkörper in der Gesellschaft werden und für politischen Missbrauch bis hin zu Angriffskriegen und Kriegsverbrechen anfällig sind. Nach außen, d.h. gegenüber einem potentiellen Gegner und mit Blick auf die Verbündeten in der NATO, soll die eindeutige Botschaft gesendet werden, dass der Soldat der Bundeswehr bereit ist, die freiheitliche Wertegemeinschaft zu verteidigen, weil sie zu seiner Identität gehört. Darin liegt der tiefere Sinn des Verständnisses von Innerer Führung als Umsetzung der Werte und des Menschenbildes des Grundgesetzes in den Streitkräften.

Diese politisch-ethische Grundlage trägt noch heute, obwohl sich das sicherheitspolitische Umfeld radikal verändert hat. Der Soldat ist Helfer einer demokratisch legitimierten Politik, die ihre staatlichen Mittel einsetzt, um Freiheit und Frieden in der Welt zu fördern und damit die Sicherheit der deutschen Bürger und das heißt immer auch ihre bürgerlichen Freiheiten zu schützen. Weiterhin gilt: Der Soldat, der Freiheit und Frieden nicht nur in Deutschland und bei seinen Verbündeten, sondern überall in der Welt, wo es deutsche Verantwortung und deutsche Interessen gebieten, verteidigt, muss von ihrer Verteidigungswürdigkeit überzeugt sein. Daraus erwächst die notwendige Motivation, die Belastungen des soldatischen Dienstes[30] auf sich zu nehmen; dies fördert Handlungssicherheit gerade auch in den Einsatzgebieten, wo Unübersichtlichkeit, Furcht vor möglichen Grausamkeiten des Gegners, Frustration über die geringen politischen Fortschritte und Langeweile aufgrund eintönigen Routinedienstes in befestigten Feldlagern zu Versuchungen verschiedenster Art führen können: von der inneren Emigration über die Flucht in die Krankheit bis hin zu Überheblichkeit und sogar Aggression gegenüber der einheimischen Bevölkerung.

Vor diesem Hintergrund wird die Innere Führung wieder stärker als ein ethischer Kompass für die Soldaten wahrgenommen. In der Aufbauphase der Bundeswehr waren vor allem die ehemaligen Reichswehr- und Wehrmachtssoldaten Adressat der pädagogischen Maßnahmen der Inneren Führung. Sie sollten das „grundlegend Neue" des soldatischen Dienstes in der Bundeswehr erkennen und aktiv beim Aufbau neuer deutscher Streitkräfte in der Demokratie mitwirken. In der Hochphase des Kalten Krieges ging es vor allem um die Frage, ob der militärische Dienst angesichts der nuklearen Konfrontation von NATO und Warschauer Pakt überhaupt noch legitimiert sein konnte. Heute steht – neben der ethischen Legitimation militärischer Interventionen - die Frage im Vordergrund, wie Ethik den Soldaten der Bundeswehr helfen kann, ihren neuen Auftrag zu verstehen und ihre Aufgaben im Einsatz vor Ort zu erfüllen. Ethik erhält dadurch eine stärker auf das militärische Handeln bezogene Relevanz.

Wie wichtig die ethischen Grundlagen der Inneren Führung auch in sicherheitspolitischer Hinsicht sind, verdeutlicht das im neuen Weißbuch 2006 der Bundesregierung skizzierte Konzept der „Vernetzten Sicherheit". In den Einsatzgebieten sind militärische Mittel allein nicht ausreichend, um eine sich selbst tragende Stabilität als Voraussetzung für die schrittweise Beendigung des militärischen Engagements zu schaffen. Vielmehr ist ein integrierter Einsatz politischer, militärischer, entwicklungspolitischer, wirtschaftlicher, humanitärer, polizeilicher und nachrichtendienstlicher Instrumente erforderlich. Dafür soll die ressortübergreifende Zusammenarbeit, d.h. die Zusammenarbeit zwischen den Ministerien auf Bundesebene, intensiviert werden. Eine wesentliche Voraussetzung für das Funktionieren dieses Konzepts sind gemeinsame sicherheitspolitische Ziele der beteiligten Ressorts, aber auch gemeinsame ethische Grundüberzeugungen ihrer Mitarbeiter. Eine Zusammenarbeit zwischen Verteidigungsministerium und beispielsweise dem Bundesministerium für Entwicklung und Zusammenarbeit wäre kaum möglich, wenn deren Mitarbeiter Soldaten mit Krieg, Unterwerfung und Willkür in Verbindung brächten und nicht verstünden, dass auch die Soldaten der Bundeswehr für den Schutz von Freiheit und Menschenrechten dienen. Der Zweck des Soldaten ist es, der Vernichtung von Leben entgegen zu wirken, indem er Frieden erhält oder wiederherstellt. Als "Freund der Freiheit" ist er unverzichtbarer Helfer der Politik. Denn er schafft das Fundament, auf dem Andere das „Haus der Freiheit" bauen können. Werte bilden so ein inneres Band, das die verschiedenen, an der Gestaltung Vernetzter Sicherheit mitwirkenden Akteure zusammenhält. Internationale Organisationen wie die Vereinten Nationen, die NATO und die EU ebenso wie die Regierungen der beteiligten Länder, die Entscheidungen über Ziele und Mittel treffen, und die Helfer vor Ort, die - zusammen mit der einheimischen Bevölkerung - neue, stabile staatliche und gesellschaftliche Strukturen aufbauen, dienen so gemeinsamen Zielen. Dies macht ihre Glaubwürdigkeit aus, die vor allem bei militärischen Interventionen entscheidend ist für die Unterstützung durch die ehemaligen Konfliktparteien bzw. durch die einheimische Bevölkerung. Ohne deren aktive Mitwirkung wäre jedes Engagement der internationalen Gemeinschaft zum Scheitern verurteilt.

2.2 Die Grundpfeiler: Integration und Bildung

Als die Väter der Bundeswehr nach historischen Vorbildern für die vor ihnen liegende Aufbauarbeit suchten, mussten sie weit in die deutsche Geschichte zurückschauen. Denn die Katastrophen des Ersten und Zweiten Weltkriegs, deren Ursachen bis in das 19. Jahrhundert hinein zurückverfolgt wurden, hatte die Selbstverständlichkeit militärischer Traditionen zerstört. Anknüpfungspunkte boten schließlich die preußischen Heeresreformen unter Gerhard von Scharnhorst, die zu Beginn des 19. Jahrhunderts die militärischen Voraussetzungen für die Befreiung Preußens von der französischen

Fremdherrschaft unter Napoleon schufen, kurze Zeit später allerdings an den Kräften der Restauration scheiterten. Den Heeresreformern ging es damals darum, dass die Bürger Sicherheit und Verteidigung als ihre Angelegenheit verstanden und den soldatischen Dienst als würde- und ehrenvoll betrachteten. Und sie wollten einen Soldatentypus schaffen, der weiß, wofür er kämpft und der sich durch seinen militärischen Dienst die Bürgerrechte im Staat erdient. Wolf Graf von Baudissin und seine Mitstreiter verstanden den Aufbau der Bundeswehr explizit als Fortsetzung der preußischen Reformen.[31] Die Integration von Armee und Nation, die umfassende, wissenschaftliche Bildung von Offizieren sowie die Förderung selbständigen Handelns bei Untergebenen sollten handlungsleitende Maximen auch in der Bundeswehr werden. Daher wurde der 200. Geburtstag Scharnhorsts am 12. November 1955 als Gründungstag für die Bundeswehr gewählt.[32]

Integration von Armee und Nation

Heute steht die Bundeswehr mitten in der Demokratie. Symbol dafür ist der Große Zapfenstreich vor dem Deutschen Bundestag im Reichstag in Berlin anlässlich des 50. Geburtstags der Bundeswehr am 24. Oktober 2005. Zehn Jahre zuvor musste der Geburtstagszapfenstreich der Bundeswehr in Bonn noch sehr stark bewacht werden, weil Kritiker glaubten, ein solches Zeremoniell sei mit der deutschen Demokratie nicht vereinbar. Es war ein langer Weg bis dahin; denn zwischen 1955 und 1995 variierten die Einstellungen vieler Bürger zur Bundeswehr von ablehnend bis skeptisch.

Wenn die Bundeswehr heute in der Mitte der Gesellschaft angekommen ist, dann, so könnte ein Argument lauten, sei diese Aufgabe der Inneren Führung erfüllt und damit beendet. Dies wäre allerdings ein Trugschluss. Denn die Brücken, die Integration und Verankerung ermöglichen, müssen kontinuierlich gewartet und ggf. auch modernisiert werden. Zu diesen Brücken zählen etwa die Bundeswehr als Parlamentsarmee, die Allgemeine Wehrpflicht, die Rechtsstellung des Soldaten sowie die gemeinsamen Integrationsanstrengungen von Bundeswehr und Gesellschaft.

Großer Zapfenstreich der Bundeswehr am 24. Oktober 2005 vor dem Reichstag in Berlin

<u>Parlamentsarmee</u>

Die Bundeswehr wurde als eine Armee aufgebaut, die – wie andere Teile der Exekutive – in das rechtsstaatlich-parlamentarische Verfassungsgefüge des Grundgesetzes eingebunden ist. Sie wird daher vielfach als Parlamentsarmee bezeichnet, auch wenn natürlich die Entscheidung über einen Einsatz der Bundeswehr bei der Bundesregierung liegt. Die Bezeichnung als Parlamentsarmee weist darauf hin, dass der Deutsche Bundestag „... einen rechtserheblichen Einfluss auf Aufbau und Verwendung der Streitkräfte..."[33] besitzt, d.h. die Streitkräfte nur nach vorheriger, konstitutiver Zustimmung des Bundestages zum Einsatz gebracht werden dürfen.[34] Und es war und ist weiterhin das Parlament als Ort der Legislative, das die Konzeption der Inneren Führung in entsprechende Wehrgesetze überträgt.

Die Zustimmung des Parlaments zu militärischen Einsätzen ist bei manchen unserer Verbündeten und Partner anders geregelt. Und sicherlich bringt das deutsche Modell auch bürokratische Lasten und

- was für die Einsätze etwa im Rahmen der schnellen Eingreifkräfte von NATO und EU wichtig ist - aufwendige Entscheidungsprozesse mit sich.[35] Darüber dürfen aber die Vorteile einer Parlamentsarmee nicht in Vergessenheit geraten. Entscheidungen über Haushalt und Einsätze der Bundeswehr sind eben nicht Sache der Regierung allein, sondern aller Angehörigen des Deutschen Bundestages. Diese sind gehalten, sich intensiv mit sicherheits- und verteidigungspolitischen Fragen zu beschäftigen. Schließlich wird von ihnen eine Gewissens-entscheidung verlangt[36]. Die Parlamentarier müssen daher die Argumente für oder gegen die Anwendung bewaffneter Gewalt sorgfältig abwägen und ihre Entscheidung gegenüber dem Wähler gut begründen. Dies ist umso wichtiger, da viele Menschen bestimmten Einsätzen der Bundeswehr skeptisch und mit einer gehörigen Portion Unbehagen gegenüber stehen. Und die Soldaten erwarten von ihren Politikern, dass diese ihnen das Rational ihrer Entscheidungen verständlich machen. Schließlich sind sie es, die die Belastungen und Risiken des Einsatzes persönlich tragen.

Es lässt sich trefflich darüber streiten, ob Regierungsarmeen eher in militärische Abenteuer geraten als Parlamentsarmeen. Zumindest kann das Parlament ein deutliches Signal an die Soldaten, aber auch an die Verbündeten und Partner sowie die Menschen in den Krisen- und Konfliktregionen senden, dass ihre Soldaten im Auslandseinsatz über einen breiten politischen und gesellschaftlichen Rückhalt verfügen. Das hat viele, auch praktische Vorteile. Unsicherheiten der Soldaten über die Notwendigkeit und Richtigkeit von Einsätzen werden verringert, ihre Motivation gesteigert. Ihre Familien zuhause können sich darauf verlassen, dass die Politik hinter dem Einsatz steht und alles für seinen Erfolg und die gesunde Rückkehr der Soldaten tun wird. Gleichzeitig wird dadurch erschwert, dass durch Entführungen und Terroranschläge die Bevölkerung eingeschüchtert und der Staat erpressbar wird. Zudem wird der Politisierung der Soldaten, insbesondere des Offizierkorps, ein Riegel vorgeschoben. Die Geschichte der Kolonialkriege bei unseren Verbündeten, insbesondere Großbritanniens und Frankreichs, hat gezeigt, dass Offiziere politisiert werden, weil sie aufgrund ihrer Aufgaben in den

Einsatzgebieten stärker mit Politik in Berührung kommen.[37] Überhaupt führen Kriege nicht selten dazu, dass Soldaten sich politisch äußern, insbesondere dann, wenn sie sich ungünstig entwickeln oder mit einer Niederlage enden. Im schlimmsten Falle entstehen "Dolchstoßlegenden", die die Schuld für die Niederlage ausschließlich bei der Politik suchen und diese damit in Misskredit bringen.

Aufgrund ihrer politischen Bildung eignen sich deutsche Offiziere besonders gut für Aufgaben, die im weitesten Sinne etwas mit *nation building*, dem Wiederaufbau staatlicher und gesellschaftlicher Strukturen, zu tun haben. Politisches Mitdenken darf aber nicht zu einer Politisierung führen. Man stelle sich vor, Bundeswehroffiziere entwickelten in der Frage der künftigen Stellung des Kosovo oder hinsichtlich des Wiederaufbaus in Afghanistan eigene politische Meinungen und Aktivitäten, die nicht im Einklang mit den Zielen der Bundesregierung stünden. Ein mit breiter Mehrheit gefasster Bundestagsbeschluss erschwert zumindest, dass Offiziere eigenständig politische Interessen in den Einsatzgebieten verfolgen, die Politiker gegeneinander ausspielen oder sich während ihres Einsatzes bzw. nach Rückkehr aus dem Einsatz kritisch über politische Entscheidungsträger äußern.

Die Bundeswehr als Parlamentsarmee hat weiterhin positive Auswirkungen auf die Fürsorge und Betreuung von Soldaten und deren Familien, etwa was die Versorgungsleistungen im Todesfall oder die Weiterverwendung von Versehrten innerhalb der Bundeswehr bzw. im Öffentlichen Dienst betrifft. Es ist das Parlament, das Einsätzen zustimmt und es ist eben dieses Parlament, das über Gesetze etwa für Versorgungsleistungen entscheidet.

Zur politischen Verantwortung gehört auch, dass die Transformation der Bundeswehr und ihre Einsätze in eine sicherheitspolitische Gesamtstrategie eingebunden sind. Die Effizienz staatlichen Handelns, aber auch das Gebot der Legitimation militärischer Einsätze und der Motivation der Soldaten fordern einen solchen umfassenden Ansatz. Nur eine Gesamtstrategie, die das militärische Instrument in sich integriert und auf politische Fortschritte zielt, findet Unterstützung bei der Bevölkerung zu Hause sowie in den Einsatzgebieten und fördert die Akzeptanz bei den Soldaten, die ihnen auferlegten Lasten und Gefährdungen zu tragen. Es ist daher Aufgabe der Politik (und nicht nur der Verteidigungspolitik), die Vernetzung der sicherheitspolitisch relevanten Politikfelder zu fördern. Das Parlament besitzt hierbei eine wichtige Kontrollfunktion gegenüber der Regierung.

Die Verantwortung des Parlaments umfasst auch die Einhaltung der Grundsätze der Inneren Führung. Dafür hat der Deutsche Bundestag das Amt des Wehrbeauftragten geschaffen, das – auch wenn die Durchführungsbestimmungen noch längere Zeit auf sich warten ließen – bereits im Mai 1956 eingerichtet wurde.[38] Viele Soldaten haben erlebt, dass sie über den Wehrbeauftragten ihre Sorgen unmittelbar an die Politik richten können, die über eine hohe Schlagkraft gegenüber dem militärischen Bereich verfügt. Auch der 2003 durch den Verteidigungsausschuss eingerichtete Unterausschuss für Innere Führung[39] verdeutlicht, dass das Parlament daran interessiert ist, die Umsetzung der Grundsätze der Inneren Führung in allen Anwendungsbereichen von Fragen der Personalauswahl über die militärische Ausbildung bis hin zur Weiterentwicklung der Inneren Führung kritisch-konstruktiv zu begleiten.

Allgemeine Wehrpflicht und Reservisten

Die Innere Führung würde auch in der Bundeswehr als einer Freiwilligenarmee die verbindliche Führungsphilosophie sein. Gleichwohl hat sie Sympathien für die Allgemeine Wehrpflicht. Dies liegt zum einen an deren Wurzeln in der preußischen Heeresreform, der Geburtsstunde des Wehrpflichtgedankens in Deutschland. Damals hieß es: „Alle Bewohner des Staats sind geborene Verteidiger desselben"[40]. Diesen Gedanken nahm der erste Bundesminister der Verteidigung, Theodor Blank, auf, als er in der Bundestagsdebatte über die Verabschiedung des Wehrpflichtgesetzes am 4. Juli 1956 sagte: „Die Sicherung der Freiheit kommt jedem Staatsbürger zugute. Deshalb müssen hierfür von jedem einzelnen persönliche Opfer gebracht werden. Die allgemeine Wehrpflicht verteilt diese Lasten gleichmäßig in echt demokratischer Weise. Der Bürger würde sonst allzu leicht in einem Berufsheer die Institution sehen, der allein die Sicherung seiner Freiheit obliegt. Damit ist die Gefahr einer Selbsttäuschung gegeben, die den tatsächlichen Gegebenheiten und Erfordernissen des Verteidigungsfalls nicht Rechnung trägt. Der Widerstandswille der Bevölkerung gegen jeden möglichen Angreifer würde hierdurch nicht wachgehalten werden."[41]

Es besteht weithin Konsens, dass die Allgemeine Wehrpflicht die Verankerung des Soldaten in der Gesellschaft erleichtert. Seit 1956 haben über acht Millionen Menschen in den Streitkräften gedient. Bis weit in die 90er Jahre hinein wurden jedes Jahr rund 200.000 Soldaten aus dem Wehrdienst entlassen und anstehende Jahrgänge zum Wehrdienst einberufen. Jugendliche, Familien, Unternehmen, Vereine usw. mussten sich daher mit der Bundeswehr, ihren Aufgaben und der Organisation des Wehrdienstes auseinander setzen. Die Allgemeine Wehrpflicht ist damit die Wehrform, die die Integration von Staat und Bundeswehr bzw. von Gesellschaft und Soldaten am ehesten leistet und so eine enge Klammer bildet. Sie ist wichtig, um zu verhindern, dass das Interesse der Bürger an den Streitkräften nicht noch geringer wird und Sicherheit immer stärker als eine Aufgabe verstanden wird, die aus der Verantwortung des Bürgers an „Spezialisten", im Extremfall an Private Militärunternehmen[42], ausgelagert wird.

Grundwehrdienstleistende nehmen zwar nicht an den Auslandseinsätzen der Bundeswehr teil; dennoch sind sie für die Durchführung und insbesondere die Durchhaltefähigkeit der Einsätze unverzichtbar, da sie den Grundbetrieb der Bundeswehr im Inland am Laufen halten. Und die Einsätze der Bundeswehr bei Katastrophen- und Unglücksfällen sowie die Unterstützungsleistungen für Großereignisse in Deutschland wie die Fußballweltmeisterschaft 2006 wären ohne die Grundwehrdienstleistenden als schnell verfügbare Kräfte nicht möglich.

Darüber hinaus sorgt am besten die Wehrpflicht dafür, dass die Bundeswehr ausreichend qualifizierten Nachwuchs für ihre unterschiedlichen Laufbahnen bekommt. Angesichts der komplexen und schwierigen Einsätze der Bundeswehr erhält die Beibehaltung der Allgemeinen Wehrpflicht geradezu eine strategische Bedeutung. Wenn etwa 70 Prozent der im Jahre 2005 eingestellten Bewerber für die Laufbahngruppen der Mannschaften und Unteroffiziere über einen qualifizierten Berufsabschluss verfügten und bei den eingeplanten Bewerbern für die Laufbahnen der Feldwebel der Anteil mit den Schulabschlüssen Mittlere Reife, Fachhochschule oder Abitur bei 93 Prozent lag, so belegt dies eindrucksvoll das hohe Ansehen der Streitkräfte und die Attraktivität ihrer Arbeitsplätze. Aber erst die Allgemeine Wehrpflicht sorgt dafür, dass neben den Grundwehrdienstleistenden auch die Bewerber für den freiwilligen Dienst in den Streitkräften aus der Mitte der Gesellschaft und nicht vorrangig aus prekären Schichten, wie es in einigen anderen Armeen der Fall ist[43], stammen. Denn rund 40 Prozent derjenigen, die sich als Offizier oder Unteroffizier verpflichten, waren zunächst Grundwehrdienstleistende. Zudem rekrutieren sich daraus die 25.000 Freiwilligen zusätzlichen Wehrdienst Leistenden, die durchschnittlich 20 Prozent der Soldaten in den Einsatzkontingenten stellen.

Im Zeitalter der Globalisierung, in dem der Kampf um "qualifiziertes Personal" angesichts des demographischen Wandels in vielen Industriestaaten immer schärfer wird, besitzen Staaten mit Wehrpflichtsystemen einen sicherheitspolitischen "komparativen Vorteil". Daher überlegen einige Staaten, ob sie die Allgemeine Wehrpflicht wieder einführen sollten, um die künftigen sicherheitspolitischen Herausforderungen zu meistern. Denn die Allgemeine Wehrpflicht kann am besten sicherstellen, dass die Streitkräfte das Personal bekommen, das sie für ihre Aufgaben benötigen.

Ein Wehrpflichtsystem produziert zudem weitaus mehr Reservisten als jede Freiwilligenarmee.[44] Über Jahrzehnte hinweg betrug der Verteidigungsumfang der Bundeswehr rund 1,3 Millionen Soldaten. Das bedeutete, dass die ca. 500.000 Mann starke Bundeswehr auf rund 800.000 Reservisten angewiesen war. Heute, in der Armee im Einsatz, hat die Bundeswehr 95.000 Dienstposten für Reservisten ausgeplant. Reservisten stellen - neben ihrer Beteiligung an den Auslandseinsätzen[45] - vor allem die zivil-militärische Zusammenarbeit bei Naturkatastrophen und Unglücksfällen in Deutschland sicher. Jeder Landkreis, jede kreisfreie Stadt und jeder Regierungsbezirk in Deutschland erhält ein Verbindungskommando, in dem ca. zehn ausgesuchte Reservisten mit einem Oberst oder Oberstleutnant der Reserve an der Spitze das Scharnier zwischen ziviler Verwaltung und Bundeswehr herstellen.[46] Zudem bieten die Reservisten ein enormes Reservoir an besonderen Qualifikationen, die die Bundeswehr nicht selber ausbilden kann, auf die sie aber für bestimmte Einsätze zurückgreifen möchte, wie z.B. Sprachmittler, Ethnologen und Verwaltungsspezialisten.

Da die Bundeswehr aufgrund ihrer Auslandseinsätze und der Reduzierung ihrer Standorte in Deutschland weitaus weniger Berührungspunkte mit der Gesellschaft hat als früher, haben die Reservisten künftig eine noch größere Bedeutung als Mittler von Wissen über die Bundeswehr und ihre Innere Führung. Was Reservisten – und damit immer auch die Bundeswehr insgesamt – zu leisten vermögen, präsentieren sie der Öffentlichkeit insbesondere bei den Veranstaltungen zum „Tag der Reservisten", der jährlich durchgeführt wird. Umgekehrt tragen die Reservisten Qualifikationen und Einstellungen aus dem zivilen Berufsleben in die Bundeswehr hinein und bereichern damit die Problemlösungskompetenzen von Soldaten.

Eine wichtige Aufgabe nimmt der Reservistenverband für die Vermittlung sicherheitspolitischen Wissens wahr, auch wenn dies nicht immer der Interessenlage der in der freiwilligen Reservistenarbeit Tätigen entspricht. Mit seinen über 2.500 Kameradschaften und insgesamt knapp 120.000 Mitgliedern verfügt dieser Verband über ein enormes Potential, um die sicherheitspolitische Debatte zu beleben. Seine Effizienz steigert er durch die Zusammenarbeit mit anderen, in der Sicherheitspolitik engagierten Verbänden. So hat der Reservistenverband kürzlich mit der Gesellschaft für Wehr- und Sicherheitspolitik einen Kooperationsvertrag über eine engere Zusammenarbeit bei Veranstaltungen zur Sicherheitspolitik unterzeichnet.

Es zeigt sich also: Die Allgemeine Wehrpflicht entspricht dem Demokratieverständnis, bringt die gemeinsame Verantwortung aller Bürger für das Gemeinwesen zum Ausdruck, stellt die Personallage für die Streitkräfte sicher, ermöglicht eine umfassende Reservistenarbeit und fördert zugleich das allgemeine Verständnis von Sicherheits- und Verteidigungspolitik in Deutschland. Unter allen Wehrformen sichert sie am ehesten die Integration von Politik, Gesellschaft und Streitkräften. Sie schafft bürgernahe Streitkräfte, indem sie Fragen von Sicherheit und Verteidigung in die Verantwortung jedes Staatsbürgers stellt. Damit ist sie ein wichtiges Hemmnis gegen die Tendenz moderner Gesellschaften, Streitkräfte als bloße Sicherheitsagentur zu sehen und auf eine Ebene mit den florierenden privaten Sicherheitsunternehmen zu stellen.[47] Dennoch wird zu Recht die Frage aufgeworfen, wie die Allgemeine Wehrpflicht weiterentwickelt werden sollte. Diese Frage wird dringlicher, je stärker die Gegner der Wehrpflicht künftig in möglicherweise neuen Regierungskonstellationen an Einfluss gewinnen. Mehrere Modelle stehen zur Auswahl. Aus Sicht der Inneren Führung müsste vor allem den Kriterien der Wehrgerechtigkeit sowie der bewussten Entscheidung des Staatsbürgers besondere Beachtung geschenkt werden. Dazu böte sich beispielsweise folgendes Modell an: Alle wehrdienstfähigen jungen Männer sollten zunächst an einer mehrtägigen Veranstaltung zur Sicherheitspolitik Deutschlands teilnehmen, in der ihnen die Herausforderungen für die Sicherheit Deutschlands erläutert werden.[48] Auf dieser Grundlage treffen sie ihre Entscheidung für den Wehr- oder den Zivildienst, die – wie im neuen Weißbuch unterstrichen wird – gleichberechtigt nebeneinander stehen.[49] Diejenigen, die sich für den Wehrdienst entscheiden, absolvieren anschließend eine vier- bis sechsmonatige Grundausbildung, die neben einer ersten einsatzvorbereitenden Ausbildung auch Elemente für den Heimatschutz umfasst. Damit endet der Grundwehrdienst. Diejenigen, die freiwillig länger Wehrdienst leisten möchten, können insgesamt, wie bisher, 23 Monate dienen, sofern sie bereit sind, an Auslandseinsätzen der Bundeswehr teilzunehmen. Sofern sie nicht für Auslandseinsätze vorgesehen sind, leisten sie Unterstützungsaufgaben für die Einsatzverbände. Weiterhin muss der Grundsatz gelten, dass die Soldaten am Ende ihrer Dienstzeit sagen können: Ich bin gebraucht und gefordert werden, man ist mit mir anständig umgegangen, und ich habe viel über den Staat und die ihm zugrundeliegenden Prinzipien von Recht und Freiheit gelernt.[50]

Rechtsstellung des Soldaten

Die Führungsphilosophie der Inneren Führung begründet den Wehrdienst als Teil der staatsbürgerlichen Verantwortung und ruft die Soldaten als „Staatsbürger in Uniform" dazu auf, wie alle anderen Bürger gestaltender Teil der Gesellschaft zu sein. Das heißt: Soldaten sollen sich außerhalb des Dienstes beispielsweise in politischen Parteien, Kirchen, Sozialverbänden und Vereinen engagieren.

Eine wesentliche Voraussetzung für das politische und soziale Engagement der Soldaten ist ihre Rechtsstellung. Die Soldaten der Bundeswehr verfügen über dieselben Grundrechte wie alle anderen Staatsbürger auch. Einschränkungen bestehen nur insoweit, als es durch die Anforderungen des militärischen Dienstes zwingend geboten ist. Sie bedürfen einer gesetzlichen Grundlage, d.h. Vorgesetzte dürfen die Einschränkungen nicht selbst bestimmen. Diese Rechtsstellung garantiert dem Soldaten der Bundeswehr Rechte, die so in früheren deutschen Armeen nicht gegeben waren und die auch über die Rechte von Soldaten in den Armeen verbündeter Staaten hinausgehen. Der ehemalige Generalinspekteur der Bundeswehr, General Ulrich de Maizière, beschrieb in einer Rückschau den Neuansatz der Inneren Führung mit folgenden Worten: „In dem Spannungsbogen zwischen Freiheit und Ordnung, dem jede Armee unterliegt, hatte man bisher der Ordnung die Priorität eingeräumt und der Freiheit nur Raum gegeben, soweit es die Ordnung nicht zu stören schien. Jetzt sollte die Freiheit den Vorrang haben und nur insoweit eingeschränkt werden, wie es die Erfüllung des militärischen Auftrages erforderte. Der Soldat, der die Freiheit zu schätzen und verteidigen hatte, sollte diese soweit wie möglich auch innerhalb der Streitkräfte selbst erleben können.“[51] Dies stellt nicht nur hohe Anforderungen an Führung, Ausbildung und Erziehung durch die Vorgesetzten, sondern richtet an jeden Soldaten die Erwartung, dass er nicht nur seine Pflichten erfüllt, sondern auch von seinen Rechten bewusst Gebrauch macht.

Ein eindrucksvolles Beispiel dafür ist das Koalitionsrecht. Das Soldatengesetz räumt den Soldaten der Bundeswehr die Möglichkeit ein, eigene Organe der Interessenvertretung zu gründen. Diese Möglichkeit wurde früh aufgegriffen. Am 14. Juli 1956, nur wenige Monate nach Gründung der Bundeswehr, haben einige Soldaten den Bundeswehrverband gegründet. Auslösendes Ereignis war die schlechte soziale Absicherung der Hinterbliebenen eines Kameraden, der einen tödlichen Unfall erlitten hatte. Bei der Gründungsversammlung in Munster definierten die Gründungsmitglieder die Aufgaben ihres neuen Verbandes mit sehr viel Weitblick. Ihre Leitmaxime blieb bis heute unverändert, nämlich dort spezifische Regelungen durchzusetzen, wo die besonderen Umstände des Soldatenberufs dies erfordern. Besonders bemerkenswert ist, dass schon damals die sozialen Belange der Familienangehörigen von Soldaten ausdrücklich in die Verbandsarbeit eingeschlossen wurden. Später leistete der Bundeswehr-Verband auch auf europäischer Ebene Pionierarbeit. Denn er hat 1972 den EUROMIL-Verband mitbegründet, der Soldatenverbände in Europa bei ihrem Eintreten für Koalitionsfreiheit, Mitbestimmung und Beschwerderecht unterstützt und der auch für die künftige Weiterentwicklung der multinationalen Zusammenarbeit in Europa eine wichtige Rolle spielen dürfte.[52]

In seiner über 50-jährigen Geschichte hat der Deutsche BundeswehrVerband viel erreicht.[53] In jüngster Zeit hat der Verband große Erfolge vor allem in der Verbesserung der rechtlichen und sozialen Rahmenbedingungen des militärischen Dienstes erzielt. Es ist unstrittig, dass der Aufbau der Familienbetreuungsorganisation genauso wie das Einsatzversorgungsgesetz maßgeblich durch den Bundeswehrverband mit initiiert und begleitet wurden. Der Deutsche BundeswehrVerband ist ein wichtiger Impuls- und Ideengeber auch im Hinblick auf die Weiterentwicklung der Inneren Führung. Mehrfach führte das Bildungswerk des Verbandes, die Karl-Theodor-Molinari-Stiftung, Seminare und Kongresse zum Berufsbild des Soldaten und zu Führung, Ausbildung und Erziehung in der Bundeswehr durch.[54] Darüber hinaus leistet der Verband wesentliche Beiträge für die Integration ehemaliger NVA-Soldaten. Er bietet vielen ein Forum, um rechtliche Fragen, aber auch Themen wie die Traditionswürdigkeit der NVA zu diskutieren.[55]

Beteiligung in den Streitkräften ist ein wichtiges, in der ZDv 10/1 „Innere Führung" verankertes und durch das Soldatenbeteiligungsgesetz untermauertes Führungsprinzip. Manchem mögen die Beteiligungsrechte von Soldaten vor dem Hintergrund einer Armee im Einsatz zu weit gehen. Ohne Zweifel müssen diese für Auslandseinsätze handhabbarer gemacht werden; das bestätigen die Erfahrungsberichte der Einsatzkontingente. Die Frage, welche Dienststellen der Bundeswehr personalratsfähig sind und wie umfangreich die formale Beteiligung sein sollte, wird immer kontrovers bleiben, da es hier um Machtfragen geht. Und dass der Vorsitzende des BundeswehrVerbandes sich intensiv in die sicherheitspolitische Debatte einmischt und sogar "seine Truppe" im Einsatzgebiet besucht, mag für den ein oder anderen abwegig erscheinen. Aber auch hier entstehen Wirkungen, die gerade den Verfechtern der besonderen Anforderungen an eine Armee im Einsatz Respekt abnötigen sollten. Denn mit dem BundeswehrVerband haben die Soldaten im Inland genauso wie im Auslandseinsatz ein Sprachrohr, mit dem sie ihre Sorgen und Probleme sozusagen "intern" artikulieren können, ohne den direkten Weg über die Presse oder die Bundes- und Landtagsabgeordneten ihrer jeweiligen Heimatorte zu wählen. Dies hat positive Auswirkungen nicht nur auf das "Betriebsklima" in den Einsatzkontingenten, sondern auch auf die politische Meinungsbildung über den Sinn und Zweck von Einsätzen in der Heimat. Wenn Soldaten von verbündeten Staaten nur die Möglichkeit haben, an die Öffentlichkeit zu gehen, um sich über die Rahmenbedingungen ihres Einsatzes zu beschweren, so haben deutsche Soldaten die Möglichkeit, zunächst ihre

Interessenvertretung einzuschalten und im "vor-öffentlichen Raum"
die Probleme anzusprechen.[56]

Beteiligung ist auch für die Gestaltung der Anpassungsprozesse
unverzichtbar, die der Bundeswehr heute und morgen im Zuge ihrer
Transformation abverlangt werden. Nicht zuletzt aufgrund der An-
bindung der Bezahlung der Soldaten an das öffentliche Tarifsystem
wird die Bundeswehr die Attraktivität ihrer Arbeitsplätze künftig
noch mehr über "Klimafaktoren" verdeutlichen müssen. Dazu zählt
zweifelsfrei, dass die Soldaten mit dem Deutschen BundeswehrVerband ein Vertretungsorgan haben, welches Mängel und Ungerechtig-
keiten nicht nur innerhalb der Bundeswehr, sondern auch gegenüber
Politik und Gesellschaft unmittelbar ansprechen kann. Wie dieses
Sprachrohr sich artikuliert, hängt auch davon ab, wie die politische
Leitung und die militärische Führung damit umgehen.

Integration als Auftrag

In der Bundeswehr gibt es Einheiten, die vorrangig den Auftrag haben, zur Integration der Soldaten der Bundeswehr in die Gesellschaft
beizutragen. Dazu gehören beispielsweise die Musikkorps der Bundeswehr oder die in Sportfördergruppen zusammengefassten Spitzensportler[57] der Bundeswehr. Sie sind gewissermaßen "Botschafter
in Uniform" und sollen über Musikveranstaltungen bzw. Erfolge bei
sportlichen Wettkämpfen emotional für die Belange der Streitkräfte
werben. Aufgrund der hohen Professionalität ihrer Musiker und der
außergewöhnlichen Erfolgsbilanz der Sportsoldaten bei Olympiaden
und Weltmeisterschaften sind diese Einheiten ein hervorragendes
Mittel für die Presse- und Öffentlichkeitsarbeit der Bundeswehr.

Bei einigen Dienststellen wie z.B. dem Militärgeschichtlichen
Forschungsamt (MGFA) in Potsdam ist die Vertiefung der Integration von Gesellschaft und Streitkräften explizit in ihrem Auftrag fest-
gehalten. Das MGFA hat unter anderem die Aufgabe, den Dialog
zwischen Streitkräften und Gesellschaft, insbesondere der Ge-
schichtswissenschaft, zu führen. Dafür hat es beeindruckende Leistungen erbracht. Der Wissenschaftsrat stellte im Rahmen seiner

Überprüfung der ressortgebundenen Forschung fest, dass das MGFA eine gute bis sehr gute Forschung betreibt. Insbesondere für die Zeit nach 1945 verfüge es über „... eine bundesweit einzigartige Kompetenz im Bereich der deutschen Militärgeschichte. ... Aufgrund seiner Scharnierfunktion zwischen Wissenschaft und Bundeswehr leistet es einen gesellschaftlich unverzichtbaren Beitrag zur Integration der Bundeswehr in die Gesellschaft und zur historischen Bildung der Soldaten im Sinne des Bürgers in Uniform."[58] Und für das Sozialwissenschaftliche Institut der Bundeswehr, das sozialwissenschaftliche Expertise und Beratungsleistungen für das Bundesministerium der Verteidigung liefert, ist die Verankerung im Wissenschaftssystem unverzichtbar, um die Qualität seiner Arbeit zu erhalten.[59]

Auch für die Wehrverwaltung ist die Integration der Soldaten der Bundeswehr eine wichtige Aufgabe. Dazu gehört beispielsweise die Unterstützung des beruflichen (Wieder-)Einstiegs von ehemaligen Soldaten in Wirtschaft und Verwaltung. Der bereits seit 50 Jahren bestehende Berufsförderungsdienst der Bundeswehr bietet hierfür eine breite Palette von Qualifizierungsmaßnahmen an.[60] Neu ist die über die Wehrverwaltung laufende Kooperation der Bundeswehr mit Industrie und Handel in der Berufsausbildung. Wirtschaft und Bundeswehr haben ein gemeinsames Interesse an einer qualitativ hochwertigen Ausbildung, was sie zu idealen Partnern macht. Jedes Jahr wechseln mehr als 20.000 junge Menschen als Zeitsoldatinnen oder Zeitsoldaten von der Schule und Wirtschaft in die Bundeswehr und zurück. Im Idealfall übernimmt die Bundeswehr den bereits ausgebildeten Gesellen. Nach der Dienstzeit gibt sie diesen mit höherer beruflicher Qualifizierung und einer gehörigen Portion Führungserfahrung an Industrie und Wirtschaft zurück. Im Rahmen einer weit reichenden, dauerhaften Ausbildungs- und Qualifizierungsoffensive reserviert die Bundeswehr ca. 10.000 Stellen für die zivilberuflich verwertbare Ausbildung. Dazu gehören etwa Abschlüsse in einem Ausbildungsberuf oder Fortbildungsabschlüsse wie z.B. Meisterprüfungen. Den Kammern und Verbänden kommt dabei eine wichtige Rolle als Mittler zwischen der Bundeswehr und den mittelständischen und kleineren Betrieben zu. Bundesweit hat die Bundeswehr bis heute mit rund 120 Kammern und Verbänden Kooperationsvereinbarungen abgeschlossen.

Die Bundeswehr arbeitet auch im Bereich der Lehrlingsausbildung eng mit der Wirtschaft zusammen. Sie bildet nicht nur über 5.300 eigene Auszubildende in eigenen Ausbildungswerkstätten und an Ausbildungsstätten aus; sie unterstützt darüber hinaus die Berufsausbildung in Betrieben finanziell, wenn die Auszubildenden bereit sind, sich anschließend bei der Bundeswehr zu verpflichten. Auf diese Weise fördert die Bundeswehr jährlich rund 600 Ausbildungsplätze und leistet so einen Beitrag im Kampf gegen die Jugendarbeitslosigkeit.

Auch die Stationierung der Bundeswehr trägt dazu bei, die Integration ihrer Soldaten zu erleichtern. Über Jahrzehnte hinweg war die Bundeswehr in möglichst vielen Standorten vertreten, auch wenn dies weder in militärischer noch in ökonomischer Hinsicht sinnvoll war. Im Jahre 2004 hat der damalige Bundesminister der Verteidigung, Dr. Peter Struck, eine Stationierung allein nach militärischen und wirtschaftlichen Kriterien entschieden. Künftig wird die Bundeswehr nur noch über knapp 400 Standorte innerhalb Deutschlands verfügen.[61] Dennoch gibt es von wenigen Ausnahmen abgesehen kaum "Großstandorte", die diesen Namen wirklich verdienten. Und als in den letzten Jahren viele Standorte aufgelöst wurden, haben vor allem Kommandeure und Einheitsführer enge Verbindungen zu Wirtschaft und Verwaltung etabliert, um Personal, das nicht weiter verwendet werden konnte, bei seinen Bemühungen um neue Arbeitsplätze zu unterstützen.

Die Kasernen der Bundeswehr sind in der Regel nicht mit Wohnungen für die Soldaten und ihre Familien ausgestattet, wie dies etwa bei den US-amerikanischen Streitkräften der Fall ist. Die Soldatenfamilien sollen nicht hinter bewachten Zäunen wohnen, auch wenn militärische Wohnanlagen mit eigenen Kindergärten und ggf. auch Schulen angesichts der vielen Umzüge insbesondere den Berufssoldaten helfen würden, die erheblichen Belastungen für ihre

Familien zu reduzieren. Allerdings haben sich viele Soldatenfamilien so gut in ihr ziviles soziales Umfeld integriert, dass ein Umzug für sie nicht mehr in Frage kommt. 80 Prozent der versetzten Offiziere haben mit ihren Familien entschieden, nicht mehr umzuziehen. Ohne die damit verbundenen Probleme gering schätzen zu wollen, so kann dies sicherlich auch als Beleg dafür gewertet werden, dass die Soldatenfamilien gut in ihr soziales Umfeld integriert sind.

Einen Beitrag zur Integration leisten auch die Einheiten und Verbände der Bundeswehr, die mit Gemeinden und Städten Partner- und Patenschaften vereinbart haben. So gibt es in vielen Gemeinden und Städten kaum Feste und Veranstaltungen, an denen die Bundeswehr und ihre Soldaten und Reservisten fehlen dürfen. Es charakterisiert den Soldaten der Bundeswehr, dass er weder Berührungsängste noch Überlegenheitsgefühle im Umgang mit Staatsbürgern ohne Uniform hat. Sie wohnen in „normalen" Wohnvierteln und engagieren sich in vielfältiger Weise ehrenamtlich. Umgekehrt akzeptieren viele Bürger die Soldaten als „normale" Mitbürger. Das war in den Vorgängerarmeen der Bundeswehr anders. Bei jenen war das Anderssein Teil ihres beruflichen Selbstverständnisses. Darüber hinaus bemüht sich die Bundeswehr, Bürger in die Bundeswehr hinein zu holen und sie den militärischen Dienst konkret miterleben zu lassen. Dazu gehören nicht nur die „Tage der offenen Tür", sondern auch die zweiwöchigen Lehrgänge, in denen Führungskräfte aus Wirtschaft und Verwaltung im vorläufigen Dienstgrad eines Oberleutnants der Reserve teilnehmen können. Ein weiteres Beispiel ist die militärische Ausbildung von Journalisten[62] für ihren Einsatz in Krisengebieten.

Nicht zuletzt ist es, wie weiter oben bereits angesprochen, ein wichtiges Argument für die Beibehaltung der Wehrpflicht, dass diese Wehrform am besten die Verankerung der Bundeswehr in der Gesellschaft gewährleistet. Auch die Reservisten der Bundeswehr sind ein wichtiges Bindeglied zwischen Bundeswehr und Gesellschaft. Angesichts des Umbaus der Bundeswehr zu einer Armee im Einsatz kommt den Reservisten hierfür künftig eine besondere Bedeutung zu.

Integration und Armee im Einsatz

Die Angehörigen der Bundeswehr wirken am Meinungsbildungsprozess in der Gesellschaft mit. Über 200.000 Soldaten haben bisher an den Auslandseinsätzen teilgenommen. Mit ihnen haben sich über 200.000 Familien gefragt, warum diese Einsätze erforderlich sind. Worum geht es dabei eigentlich? Ist das Geld gut investiert? Lohnt es sich, dafür eine mehrmonatige Trennung auf sich zu nehmen und sogar das eigene Leben zu riskieren? Das Nachdenken über den politischen Zweck des Einsatzes, über seine Erfolgschancen, aber auch über die dafür zu erbringenden Opfer ist damit in über 200.000 Familien angeregt worden. Und von dort setzt es sich über die Nachbarschaft und Freunde weiter in die Vereine, Schulen, Betriebe und Medien fort.

Sicherlich werden Fragen und Antworten zunächst auf einem niedrigen sicherheitspolitischen Niveau ausgetauscht. Nicht selten verbleibt es bei rhetorischen Fragen wie beispielsweise „Was wollt Ihr da eigentlich in Afghanistan?". Dennoch liegt hier der Startpunkt für die Diskussion. Sie ist wichtig, da gerade eine Armee im Einsatz auf gesellschaftlichen Rückhalt angewiesen ist. Denn im Gegensatz zu den europäischen Kriegen des 20. Jahrhunderts finden die Krisen, Konflikte und Kriege des 21. Jahrhunderts oftmals weit entfernt von der Heimat statt. Während hier - sieht man einmal von der terroristischen Gefahr ab - tiefster Frieden und Wohlstand herrschen, gibt es in den Einsatzgebieten für die Soldaten Gefahren, Not und Elend. Diese räumliche Trennung erleichtert es den Bürgern, sich allzu schnell auf ihre - vor allem wirtschaftlichen und sozialen – Alltagssorgen zu konzentrieren. Sie vergessen schlichtweg die Soldaten. Nur durch eine umfassende sicherheitspolitische Debatte, zu der aber auch die „Alltagskommunikation" gehört, kann verhindert werden, dass die Soldaten im Einsatz an den Rand der öffentlichen Aufmerksamkeit geraten und ihr Opfer als "Berufsrisiko" aus der staatsbürgerlichen Mitverantwortlichkeit ausgegrenzt wird.

In Fachzirkeln wird schon heute eine recht intensive sicherheitspolitische Debatte geführt. Das am 24. Oktober 2006 von der Bundesregierung gebilligte und einen Tag später im Deutschen Bundestag diskutierte Weißbuch zur Sicherheitspolitik Deutschlands und der Zukunft der Bundeswehr trug dazu bei.[63] Die Debatte erreicht aber noch nicht die breite Öffentlichkeit. Dafür müssen Multiplikatoren gewonnen werden, die die sicherheitspolitische Fachsprache in allgemein verständliche Begründungen umsetzen können. Besonders geeignet sind dafür die Soldaten der Bundeswehr selber, vor allem diejenigen mit Einsatzerfahrung. Sie können mit hoher Glaubwürdigkeit über verteidigungspolitische Themen diskutieren, da sie die Realität der Einsätze aus eigener Erfahrung kennen und anschaulich darstellen können, wie sich die Einsätze in den Einsatzgebieten bei den „Menschen ganz unten" positiv auswirken[64]. Hier zeigt sich ganz konkret, wie die Allgemeine Wehrpflicht mit der Möglichkeit, über den neunmonatigen Grundwehrdienst hinaus insgesamt bis zu 23 Monate freiwillig zusätzlichen Wehrdienst zu leisten und an Auslandseinsätzen teilzunehmen, eine Klammer zwischen Gesellschaft und Bundeswehr bildet.

Die über 50 Jahre hinweg eingeübte Integration von Soldaten in die Gesellschaft hat Auswirkungen auch auf das Verhalten von Soldaten. Deutsche Soldaten leben trotz der mit dem Soldatenberuf gegebenen Eigentümlichkeiten ganz normal in und mit dem zivilen Teil der Gesellschaft. Sie fühlen sich darin nicht wie in einer fremden Welt. Sie müssen „Zivilisten" nicht abqualifizieren, um ihr eigenes soziales Selbstwertgefühl zu steigern. Diese „Normalität" im zivil-militärischen Verhältnis ist eine wichtige Voraussetzung für eine effiziente Transformation und für erfolgreiches Handeln im Einsatz.

Wichtiger Teil der Transformation der Bundeswehr ist ihre Konzentration auf Kernaufgaben und damit verbunden die Übertragung der übrigen Aufgaben auf die Wirtschaft. Wenn die Bundeswehr heute im Rahmen ihrer Modernisierung selbst einsatzrelevante Aufgabenbereiche wie etwa Transportdienste oder das Bekleidungswesen neu gegründeten Gesellschaften überträgt, wenn sie mit Industrie- und Handelskammern Kooperationsverträge für die berufliche Aus- und Fortbildung von Soldaten auf Zeit schließt, dann unterstreicht dies eindrucksvoll, dass die Bundeswehr kein Fremdkörper in unserer Gesellschaft ist. Denn bei diesen neuen Formen der Kooperation geht es nicht nur um Geld, das die Bundeswehr spart und das die Wirtschaftsunternehmen verdienen, sondern auch um Akzeptanz, Zuverlässigkeit und Vertrauen.[65]

Ein partnerschaftlicher Umgang der Soldaten mit Zivilisten ist auch in den Einsatzgebieten von essentieller Bedeutung. Sie ist sogar wesentlicher Teil einer jeden Ausstiegsstrategie („*exist strategy*") für die Streitkräfte. Denn die vertrauensvolle Zusammenarbeit mit den Mitarbeitern anderer staatlicher Einrichtungen sowie von Internationalen Organisationen und Nicht-Regierungsorganisationen ist für die Stabilisierung und den Wiederaufbau des Landes ebenso wichtig wie die Einbeziehung der einheimischen Bevölkerung. Eine solche vernetzte Zusammenarbeit wäre aber kaum möglich, wenn Soldaten ihre zivilen Partner für unfähig hielten und sogar durch üble Nachrede abqualifizierten.[66]

Besonders deutlich werden die positiven Auswirkungen einer tiefen gesellschaftlichen Integration an der Art und Weise, wie deutsche Soldaten Patrouillen in den Einsatzgebieten durchführen. Zwar erfordert die gegenwärtige Sicherheitslage in Afghanistan, dem Schutz der Soldaten mehr Aufmerksamkeit zu widmen. Wo immer möglich, führen deutsche Soldaten ihre Patrouillen aber zu Fuß durch und suchen den Kontakt mit der Bevölkerung. Sie senden damit ein deutliches Zeichen: Die einheimische Bevölkerung wird nicht als anders, fremd oder sogar bedrohlich, sondern als Partner in der Stabilisierung des Landes gesehen.

Das Bild des Soldaten als eines sittlich gebundenen Helfers der Politik ist unverzichtbar für die Umsetzung des Konzepts der "Vernetzten Sicherheit". Die enge Zusammenarbeit, wie sie in Afghanistan in den ‚*Provincial Reconstruction Teams*' (PRT) zwischen Angehörigen der Bundeswehr, des Auswärtigen Amts, des Bundesministeriums für Entwicklung und Zusammenarbeit sowie anderer Organisationen praktiziert wird, wäre wohl kaum möglich, wenn die Kooperationspartner die Soldaten weiterhin mit Krieg, Zerstörung und Tod in Verbindung brächten und deren Bindung an Frieden, Freiheit und Demokratie nicht anerkennten. Innere Führung schafft also Voraussetzungen dafür, dass andere Ministerien bzw. Organisationen die Bundeswehr als Teil ihrer „Wertegemeinschaft" verstehen, ihre Soldaten als Partner anerkennen und gemeinsam mit ihnen nach effizienten Lösungen für den Wiederaufbau suchen. Es ist sicherlich keine Übertreibung, wenn man formulierte: Das Konzept der „Vernetzten Sicherheit" ist recht eigentlich nur deshalb möglich, weil es die Innere Führung gibt und sie so erfolgreich ist. Dies mag vielleicht auch ein Grund dafür sein, weshalb Deutschland für die Idee der Vernetzung so aufgeschlossen ist und sich auch im internationalen Rahmen von NATO und EU vehement für eine Verbesserung der Koordinierung zivil-militärischer Zusammenarbeit einsetzt. Integration, gesellschaftliche Verankerung und ethische Legitimation, die oftmals ja auch als Verursacher für die Verweichlichung der Bundeswehr herhalten mussten, zahlen sich für die Armee im Einsatz aus.

Kooperation als Antwort

Die Bundeswehr hat von Anfang an aktiv die Kooperation mit der Gesellschaft gesucht. Diese hat darauf positiv reagiert. Viele Institutionen, Organisationen und ehrenamtlich tätige Menschen unterstützen die Bundeswehr und ihre Soldaten. Die Bundeswehr ist künftig noch stärker auf diese Unterstützung angewiesen, da sie viele der gerade für die Armee im Einsatz erforderlichen Leistungen vor allem im wissenschaftlichen und im sozialen Bereich nicht selbst erbringen kann. Und der Soldat benötigt den Rückhalt, der in diesem Engagement zum Ausdruck kommt.

Für die aktive Unterstützung der Bundeswehr und ihrer Angehörigen haben sich verschiedene Organisationsformen herausgebildet. Für größere Reformprojekte haben die amtierenden Bundesminister der Verteidigung oftmals Kommissionen einberufen, die mit militärischem und zivilem Personal besetzt waren[67]. Daneben besitzen mehrere Dienststellen der Bundeswehr Beiräte, wie z.B. das Militärgeschichtliche Forschungsamt (MGFA)[68]. Und der Bundesminister der Verteidigung verfügt mit dem bereits 1958 eingerichteten „Beirat für Fragen der Inneren Führung" über ein persönliches Beratungsorgan. Dieser Beirat besteht aus bis zu 25 Personen unterschiedlicher gesellschaftlicher Gruppen, wie z.B. der Kirchen, der Gewerkschaften, der Arbeitgeberverbände, des Erziehungswesens sowie der Medien. Seine Aufgabe besteht vor allem in der fachlichen Beratung des jeweiligen Amtsinhabers. Darüber hinaus bringt der Beirat durch seine Truppenbesuche im In- und Ausland zum Ausdruck, dass sich die Gesellschaft für die Soldaten und ihre Belastungen interessiert. Umgekehrt tragen die Mitglieder des Beirats intime Kenntnisse über die Bundeswehr in ihre jeweiligen Tätigkeitsbereiche hinein.[69]

Das Engagement der protestantischen und katholischen Kirchen in Deutschland für die Soldaten der Bundeswehr erfolgt im Rahmen der sog. Militärseelsorge. Zwar ist die Militärseelsorge ein Organisationselement der Bundeswehr, das aus dem Verteidigungshaushalt mitfinanziert wird. Doch sind es die Landeskirchen und die Diözesen, die ihre Mitarbeiter für die vertraglich festgelegten Stellen für Militärgeistliche und Pastoralreferenten zur Verfügung stellen.[70] Wie wichtig die Militärseelsorge für die Armee im Einsatz ist, haben Befragungen von Soldaten eindrucksvoll dokumentiert.[71] Diese suchen die Militärgeistlichen und Pastoralreferenten zunächst als Ansprechpartner für private Probleme; im Laufe der Zeit tritt der seelsorgerische Aspekt stärker in den Vordergrund. Immer mehr Soldaten suchen Halt und Orientierung in den existentiellen Fragen ihres Berufes, die durch die zunehmend gefährlicheren Einsätze drängender geworden sind. Allein die Begleitung durch den Militärpfarrer bewirkt bei den Soldaten das Gefühl, dass ihr Tun angemessen und ethisch legitim ist. Dabei spielt es kaum eine Rolle, ob die Soldaten konfessionell gebunden oder konfessionslos sind.[72] Umgekehrt sind die Streitkräfte für die Kirchen ein geeigneter Ort, Menschen in einer Lebenslage, die für religiös-ethische Fragestellungen besonders empfänglich macht, mit ihren Botschaften zu erreichen.

Soldaten bei einem Feldgottesdienst

Die Zusammenarbeit zwischen Geistes- und Sozialwissenschaften und Bundeswehr war über Jahrzehnte hinweg angespannt. Manche Wissenschaftler haben es vor allem in den 70er und 80er Jahren schlichtweg abgelehnt, mit der Bundeswehr zusammen zu arbeiten.[73] Das hat sich heute geändert. Beleg dafür sind etwa die von Mitarbeitern des Militärgeschichtlichen Forschungsamts in Potsdam herausgegebenen „Wegweiser der Geschichte", die dazu beitragen, Soldaten auf Kultur und Geschichte in den Einsatzgebieten vorzubereiten.[74] Zahlreiche namhafte Wissenschaftler von Universitäten und wissenschaftlichen Instituten haben daran mitgearbeitet. Und die Universität Potsdam wird - in enger Zusammenarbeit mit dem Militärgeschichtlichen Forschungsamt und dem Sozialwissenschaftlichen Institut der Bundeswehr - für das Wintersemester 2007/2008 einen wissenschaftlichen Studiengang zur Militärgeschichte und –soziologie anbieten.[75] Früher wären derartige Kooperationen wohl noch unter den Generalverdacht der Kriegstreiberei gestellt worden, was bei einigen Erziehungswissenschaftlern[76] immer noch virulent zu sein scheint.

Besonders stark ausgeprägt ist die Zusammenarbeit zwischen Bundeswehr und gesellschaftlichen Gruppen im Bereich der Familienbetreuung. Dies liegt vor allem an den hohen Belastungen, denen Soldaten und ihre Familien durch die Einsätze heute ausgesetzt sind[77]. Auch der demographische Wandel sowie ein gesellschaftlicher Stimmungswandel über die Bedeutung der Familie haben dazu geführt, der Bundeswehr bei ihren Bemühungen um eine bessere Vereinbarkeit von Familie und Dienst zu helfen. Die Bundeswehr hat daran ein hohes Interesse; denn für den Soldaten ist seine Familie eine wichtige Stütze für den Erhalt seiner persönlichen Einsatzfähigkeit. Hier findet er Rückhalt, Kraft und Ausdauer. Und empirische Untersuchungen belegen, dass die Gewissheit, die Familie zuhause erhalte die erforderliche Unterstützung, ganz wesentlich ist für die Einsatzmotivation.[78]

Politik, Gesellschaft, BundeswehrVerband und Bundeswehr arbeiten eng zusammen, um die Familienbetreuung den Notwendigkeiten einer Armee im Einsatz anzupassen. Ein wichtiges Ergebnis dieser Zusammenarbeit ist der Aufbau der Familienbetreuungsorganisation. Heute arbeiten 31 Familienbetreuungszentren (FBZ) eng mit dem Sozialdienst der Bundeswehr, der Militärseelsorge, den kirchlichen Verbänden, dem Bundeswehr-Sozialwerk sowie ehrenamtlich tätigen Vereinen und Verbänden im „Netzwerk der Hilfe"[79], wie es genannt wird, zusammen. Die FBZ dienen dabei als eine Art „Drehscheibe", indem sie Kontakte innerhalb und außerhalb der Bundeswehr vermitteln. Die Zusammenarbeit im Betreuungsnetzwerk wird stetig intensiviert. Erst kürzlich haben der Reservistenverband und die Bundesarbeitsgemeinschaft Soldatenbetreuung e.V. eine Zielvereinbarung zur gegenseitigen Unterstützung bei der Soldaten- und Familienbetreuung unterzeichnet.[80]

Die im „Netzwerk der Hilfe" engagierten Organisationen haben ihre Angebote an den Bedarf einer Armee im Einsatz angepasst. Beispielsweise entwickelten die Katholische Arbeitsgemeinschaft für Soldatenbetreuung und die Evangelische Arbeitsgemeinschaft für Soldatenbetreuung Konzepte für die Betreuung der Soldaten im Aus-

landseinsatz.[81] Innerhalb des Bundeswehr-Sozialwerks werden Überlegungen angestellt, wie sein Betreuungsangebot besser auf die
Einsatzbelastungen zugeschnitten werden kann. Es geht dabei u.a.
um die Frage, ob Erholungsheime eingerichtet werden sollten, in denen Soldaten und zivile Mitarbeiter, die besonders häufig im Einsatz
oder besonders belastet waren, mit ihren Familien Kraft tanken können.

Kinderbetreuung während einer Veranstaltung eines FBZ

Organisationen wie das Bundeswehr-Sozialwerk oder die Militärseelsorge werden aus dem Verteidigungshaushalt mitfinanziert.
Daneben gibt es Einrichtungen, die sich ohne personelle und materielle Unterstützung durch die Bundeswehr für die Soldaten und ihre
Familien engagieren. Beispiele dafür sind etwa das Forum Soldatenfamilien[82] oder FrauzuFrau-Online[83]. Letzteres bietet seit dem Jahre
2000 einen internetgestützten Informations- und Erfahrungsaustausch für Angehörige von Soldaten der Bundeswehr im Auslandseinsatz. Der Online-Chat ermöglicht eine sofortige gegenseitige
Beratung und Unterstützung.[84] Und mit den mittlerweile über 300

„Lokalen Bündnissen für Familie"[85] stehen dem „Netzwerk der Hilfe" weitere engagierte Partner zur Verfügung. Hier liegen für die Bundeswehr vielfältige Möglichkeiten für eine Zusammenarbeit zum gegenseitigen Nutzen. Auch Vereine wie beispielsweise die „Stiftung Deutscher Offizierbund" oder der „Rohdich'sche Legatenfond"[86] unterstützen in Not geratene Soldaten und ihre Angehörigen. Daneben gibt es Vereinigungen wie etwa die „Kameradschaft ehemaliger Soldaten, Reservisten und Hinterbliebener" in Veitshöchheim[87], die seit 20 Jahren Unterstützung anbietet, um den Übergang von Berufssoldaten in den Ruhestand zu erleichtern.

Auch aktive Angehörige der Bundeswehr haben vielfältige Initiativen mit sozialen Zwecken gegründet. Das beste Beispiel ist das Soldatenhilfswerk[88], das bereits vor 50 Jahren gegründet wurde, um schnell und unbürokratisch unverschuldet in Not geratenen Soldaten und ihren Familien zu helfen. In den vergangenen zehn Jahren haben Soldaten viele weitere Aktivitäten entwickelt. Anlass dafür ist oftmals die Erfahrung von Not und Elend in den Einsatzgebieten. Dazu gehören kleinere Projekte wie etwa das "Talita Kum" des Katholischen Militärpfarrers Stefan Scheifele, mit dem er Koma-Patienten in südosteuropäischen Ländern unterstützen möchte.[89] Oder auch die mittlerweile sehr bekannte Initiative "Lachen Helfen e.V.", die Kindern in den Einsatzgebieten hilft. Erst kürzlich gewannen Prominente 150.000 Euro bei einer Gewinnshow und stellen die gesamte Summe „Lachen Helfen e.V." zur Verfügung.[90] Und die Rüstungsfirma Krauss-Maffei Wegmann verzichtete Weihnachten 2006 auf Geschenke und unterstützte mit den üblicherweise für Geschenke aufgebrachten Mitteln diese Privatinitiative deutscher Soldaten.[91] Solche Aktivitäten haben sehr positive Auswirkungen. Viele Soldaten geben ihrem Dienst in den Einsatzgebieten einen größeren Sinn, wenn sie selber einen Beitrag leisten können, die Not der Menschen, vor allem von Kindern, zu lindern. Nicht zuletzt dient das soziale Engagement auch dem Schutz der Soldaten. Wer die Herzen der Menschen in den Einsatzgebieten gewinnt, muss nicht so sehr mit Anschlägen rechnen und kann auf ihre aktive Unterstützung bauen.

Das gesellschaftliche Engagement umfasst auch die geistige Auseinandersetzung mit Themen der Inneren Führung. Die 1961 gegründete Clausewitz-Gesellschaft[92] beschäftigt sich nicht nur mit sicherheitspolitischen und strategischen Fragen, sondern u.a. auch mit dem Traditionsverständnis der Bundeswehr. Auf der letzten Jahrestagung des Clausewitz-Gesellschaft im August 2006 in Hamburg hat Professor Dr. Pommerin, Sprecher des Beirats für Fragen der Inneren Führung, einen bemerkenswerten Vortrag zum Thema „Tradition in der Bundeswehr" gehalten.[93] Ein Leuchtturm ist auch der Arbeitskreis Militär und Sozialwissenschaften (AMS), der in seiner Buchreihe „Militär und Sozialwissenschaften" bereits über 40 Bücher publiziert hat, die sich vor allem mit der Bundeswehr beschäftigen und eine Diskussionsplattform für Militärwissenschaftler über die Grenzen Deutschlands hinaus bildet.[94] Mit dem von Claus von Rosen gegründeten Baudissin-Dokumentationszentrum wurde am 22. November 2001 eine Möglichkeit geschaffen, nahezu den gesamten Nachlass Baudissins für die wissenschaftliche Forschung zugänglich zu machen.[95] Ganz neu ist der am 4. Mai 2006 gegründete Freundeskreis Zentrum Innere Führung e.V.. Sein Ziel ist es, als Service-Agentur für das Zentrum die Führungsphilosophie und das Leitbild vom „Staatsbürger in Uniform" nachhaltig zu fördern.[96] Und daneben dürfen die vielen Einzelnen nicht vergessen werden, die sich für die Bundeswehr im Allgemeinen und die Innere Führung im Besonderen engagieren. Dazu gehören beispielsweise Professor Wilfried von Bredow von der Universität Marburg, die bereits emeritierten Professoren Christian Walther und Dietrich Ungerer, die grundlegende Werke zu den ethischen und psychologischen Herausforderungen von Soldaten der Bundeswehr geschrieben haben sowie der ebenfalls emeritierte Professor Wolfgang Royl, der sich seit vielen Jahren um die Entwicklung einer europäischen Verteidigungsidentität bemüht.[97]

Die Bundeswehr insgesamt sowie ihre Soldaten und deren Familien profitieren also in vielfältiger Weise von der Zusammenarbeit mit der Gesellschaft. Dass diese Zusammenarbeit heute so vertrauensvoll möglich ist, das ist wesentlich mit auf die Innere Führung zurückzuführen. Sie hat nicht nur die Voraussetzungen dafür geschaffen, sondern auch gesellschaftliche Gruppen und Einzelpersonen dazu ermutigt. Es ist dann auch die Innere Führung, die für diese Zusammenarbeit eindeutige, politisch und ethisch begründete Grenzen zieht. Nur solche Vereine und Verbände dürfen mit der Bundeswehr kooperieren, die auf dem Boden des Grundgesetzes agieren. Alle Gruppen und Personen mit einem radikalen oder ex-tremistischen Hintergrund sind dagegen ausgeschlossen. Dazu gehört beispielsweise der „Verband deutscher Soldaten" (VdS), nachdem dieser in seiner Verbandszeitung „Soldat im Volk" unkommentiert rechtsextremistische Inhalte publiziert hatte.[98] Die politisch-ethische Fundierung des soldatischen Dienstes durch die Innere Führung ist daher Maßstab auch für die Kooperation mit Organisationen, Vereinen und einzelnen Personen.

Innere Führung als komplexes System

Innere Führung ist ein komplexes System. Neben den Angehörigen der Bundeswehr spielen viele weitere Akteure im großen Konzert mit. Das Spezifische daran ist, dass es keinen Maestro gibt, der das gesamte Orchester dirigiert. Die Politik spielt die erste Geige und Führungspersönlichkeiten in Wirtschaft, Kultur und Wissenschaft haben eine herausragende Bedeutung. Unverzichtbar sind aber die vielen Bürger, die erst zum vollen Klangkörper beitragen. Sie alle werden zusammengehalten von der mehr oder weniger einheitlichen Auffassung der Grundmelodie, die ein harmonisches Zusammenspiel ermöglicht. Und diese Grundmelodie beruht auf den Werten und dem Menschenbild des Grundgesetzes, auf gemeinsamen Überzeugungen, wozu Streitkräfte da sind und einem Respekt vor den Leistungen der Soldaten der Bundeswehr und ihrer Familien. Im Gespräch bleiben, die Leistungen des Anderen anerkennen, Verständnis und Vertrauen zueinander entwickeln – auf diese Weise kann die Leistungsfähigkeit des Orchesters verbessert werden.

Dass die Innere Führung das Orchester zusammenhält und ein gemeinsames Handeln ermöglicht, darauf hat die Deutsche Bischofskonferenz deutlich hingewiesen, als sie in ihrer Erklärung vom 29.

November 2005 feststellte, dass die „... lebendige Weiterentwicklung des Konzepts der Inneren Führung ... eine der entscheidenden Voraussetzungen für die friedensethische Zustimmungsfähigkeit der Streitkräfte"[99] ist. Deutlicher kann man es kaum sagen: Ohne die Innere Führung, ohne Streitkräfte, die sich selber um die Integration in die Gesellschaft bemühen, gäbe es nicht diese vielseitige Zusammenarbeit mit Wirtschaft, Kirche und Wissenschaft. Der Wegfall dieser Zusammenarbeit wäre für die Bundeswehr nicht nur ein enormer Legitimationsverlust, sondern auch eine Minderung ihrer Einsatzfähigkeit. Ohne diese auf dem Fundament der Inneren Führung stattfindenden Kooperationen müsste sie viele Leistungen auf dem Markt käuflich erwerben – mit den entsprechenden negativen Konsequenzen für den Verteidigungshaushalt bzw. seinen Investitionsanteil. Und nicht zuletzt würde dadurch der Aufbau privater Sicherheitsfirmen beschleunigt werden. Aber auch jenseits finanzieller Aspekte bleibt es immer noch ein Unterschied, ob beispielsweise die Betreuung von Soldaten im Einsatz durch Privatunternehmen oder durch kirchlich gebundene Arbeitsgemeinschaften geleistet wird. Denn diese verbinden Betreuung immer auch mit der Vermittlung bestimmter Werte. Für die Innere Führung ist eindeutig, wem hier der Vorzug zu geben ist.

Bildung und Selbständigkeit

In der deutschen Militärgeschichte gab es immer wieder Streit über die Frage, welche Kriterien bei der Personalauswahl insbesondere für hohe militärische Führungspositionen richtig sind. Herkunft und Gesinnung waren bei den Offizieren oftmals wichtigere Voraussetzungen als ihre formalen Bildungsqualifikationen. Beim Aufbau der Bundeswehr und ihrer Anknüpfung an die preußischen Heeresreformen sollte das Primat der Bildung vor Herkunft und Gesinnung verwirklicht werden.

Neuhumanistisches Bildungsverständnis

Wenn von dem gebildeten Offizier in der Bundeswehr gesprochen wird, ist damit immer der umfassend gebildete militärische Führer gemeint. Als mit der Gründung der Hochschulen der Bundeswehr in

Hamburg und Neubiberg bei München im Jahre 1973 ein großer Schritt in Richtung wissenschaftlicher Bildung der Offiziere getan wurde, legten die Bildungsreformer um Thomas Ellwein[100] Wert darauf, dass es hierbei nicht nur um eine akademische Spezialausbildung, sondern auch um ein *studium generale*[101] gehen sollte. Darüber hinaus sind die Sprachenausbildung sowie die militärische Weiterbildung verpflichtend. Vom Offizier wird also ein breites Bildungsspektrum abverlangt, das der neuhumanistischen Bildungstheorie Wilhelm von Humboldts nahe kommt und erneut bestätigt, dass die Bundeswehr in der Tradition der preußischen Heeres- und das heißt immer auch der Staats- und Bildungsreformen steht.[102]

Viele Gründe legten die Gründung von Hochschulen der Bundeswehr nahe. Nicht zuletzt musste es darum gehen, die Attraktivität des Offizierberufs zu steigern. Allerdings gab es immer wieder kritische Stimmen gegen die Akademisierung dieses Berufs. Würden die zivilen Bildungsinhalte den jungen Offizieranwärter bzw. Offizier nicht zu sehr vom Wesen seines Berufs, vor allem von der Menschenführung im Krieg, entfernen? Tatsächlich zweifeln nicht wenige Offizieranwärter bzw. Offiziere während der universitären Ausbildung an ihrer Berufswahl und stellen frühzeitig die Weichen für den Übergang in Wirtschaft und Verwaltung nach Beendigung ihrer Dienstzeit von zwölf oder fünfzehn Jahren.[103] Heute zeigt sich jedoch eindringlicher als in den 70er und 80er Jahren, in welch hohem Maße die wissenschaftliche Qualifizierung der Offiziere für die Erfüllung ihrer militärischen Aufgaben erforderlich ist. Nicht nur die zunehmende Technisierung und Ökonomisierung[104] der Bundeswehr erfordern wissenschaftlichen Sachverstand, auch die internationalen Einsätze der Streitkräfte in politisch-kulturell komplexen Umfeldern lassen die früher vielfach nicht ernst genommenen geisteswissenschaftlichen Disziplinen in einem neuen Licht erscheinen. Offiziere mit einem akademischen Abschluss als Historiker, Pädagogen und Politologen sind begehrt nicht nur für die Einsatzvor- und -nachbereitung, sondern auch für die Einsätze selbst. So wurde kürzlich ein promovierter Historiker des Militärgeschichtlichen Forschungsamts angefragt, innerhalb von drei Jahren dreimal für jeweils sechs Monate als „kultureller Berater" in einem Hauptquartier in Afghanistan zu arbeiten. Grundsätzlich gilt: Je schneller der Wandel im sicherheitspolitisch relevanten Umfeld, desto wichtiger ist die Bildung des Offiziers. Zu Recht kann die Gründung der heutigen Universitäten der Bundeswehr als „Sternstunde" bezeichnet werden.[105]

Breites Anforderungsprofil

Die Gründungsväter der Bundeswehr wollten verhindern, dass sie - wie im Falle der Reichswehr - zu einem Staat im Staate oder - wie im Falle der Wehrmacht - in Angriffskriege und Kriegsverbrechen verstrickt werden könnte. Die staatsbürgerliche Unterrichtung des Soldaten sollte dazu beitragen. Heute benötigt der Soldat Bildung vor allem deshalb, um seine Aufgaben in einer veränderten Welt besser zu verstehen und in den Einsatzgebieten, die häufig in politisch-kulturell anders geprägten Regionen stattfinden, vor Ort situationsangemessene Entscheidungen zu treffen und selbständig zu handeln. Im Weißbuch 2006 heißt es dazu: Das Anforderungsprofil verlangt von den Soldaten heute „... Analyse- und Handlungsfähigkeiten, die über rein militärische Aspekte weit hinausreichen. Politische Bildung hilft ihnen, die Komplexität der Krisenszenarien zu erfassen und politische Rahmenbedingungen zu beachten. Intensive ethisch-moralische Bildung trägt nicht nur dazu bei, ein reflektiertes berufliches Selbstverständnis zu entwickeln, sondern fördert auch die Fähigkeit des Einzelnen, in moralisch schwierigen Situationen eigenverantwortlich zu handeln. Eine umfassende interkulturelle Bildung schärft das Bewusstsein für die religiösen und kulturellen Besonderheiten in den jeweiligen Einsatzgebieten."[106]

Der militärische Einsatz in Afghanistan ist ein gutes Beispiel, um die Notwendigkeit eines derart breiten Anforderungsprofils zu verdeutlichen. Afghanistan ist ein islamisches Land mit traditionellen Clanstrukturen, dessen Geschichte immer wieder durch den Widerstand der Afghanen gegen Besatzungsregimes gekennzeichnet ist. Der strategische Konflikt innerhalb der NATO über die Frage, ob mehr Soldaten erforderlich sind, um den Erfolg der Operationen zu gewährleisten, darf nicht darüber hinwegtäuschen, dass es eine fundamentale Einigkeit im Bündnis gibt: Um Sicherheit und Stabilität in Afghanistan zu gewährleisten, sind militärische Mittel weiterhin unverzichtbar, aber nicht hinreichend. Ohne Sicherheit gibt es keine Entwicklung, aber ohne Entwicklung eben auch keine Sicherheit. Militärische Mittel und zivile Mittel müssen daher eng verzahnt eingesetzt werden. Dazu ist eine enge Abstimmung der militärischen und der zivilen Akteure auch vor Ort erforderlich. Auf deutscher Seite arbeiten Soldaten, Angehörige von AA, BMZ und BMI sowie Vertreter Internationaler Regierungsorganisationen und von Nicht-Regierungsorganisationen eng zusammen, auch wenn die Denk- und Führungskulturen bisweilen sehr unterschiedlich sind und die Integration weiter vertieft werden muss. Und die afghanische Seite wird zunehmend in die Wiederaufbaubemühungen eingeschaltet. Wenn es für den Erfolg der NATO-Operationen wichtig ist, dass die Herzen der Afghanen durch sichtbare Verbesserung ihrer Lebensumstände gewonnen werden, dann setzt dies die enge Zusammenarbeit mit den Afghanen, insbesondere ihren traditionellen Autoritäten, voraus. Und Vertrauen zu den Afghanen wird sich nur dann einstellen, wenn es zu persönlichen Kontakten kommt. Die Begegnung mit der afghanischen Kultur, die Kooperation mit der afghanischen Seite und die Berücksichtigung ihrer Interessen sind damit Anforderungen an den Soldaten, denen er sich täglich zu stellen hat und die sein militärisches Handeln bestimmen. Nicht als Besatzer aufzutreten und dem Wiederaufbau ein afghanisches Gesicht zu geben, d.h. die Afghanen an der Lösung zu beteiligen, also Hilfe zur Selbsthilfe zu leisten, sind zwei Seiten einer Medaille. Wenn Kultur, Geschichte, Religion, Gesellschaft so viel zählen, müssen diese Aspekte auch in die Problemlösungen mit einbezogen werden. Das müssen nicht nur die Offiziere wissen. Bildung hilft jedem Soldaten, mit den Anforderungen des Einsatzes besser zurecht zu kommen und kulturspezifische Fehler, die die eigene Sicherheit beeinträchtigen könnten, zu vermeiden. Insofern gilt auch hier: Ausbildung bzw. Bildung spart Blut.

In der praktischen Umsetzung der durch die Innere Führung begründeten Bildungsinhalte gibt es allerdings noch große Schwierigkeiten. Dies trifft vor allem auf die politische Bildung in der Truppe zu. Klagen in diesem Bereich sind Legion.[107] Große Anstrengungen wären erforderlich in den Einheiten, Verbänden und Schulen der Bundeswehr, um die Ziele der politischen Bildung besser zu erreichen. Dabei geht es nicht darum, den Stundenansatz für die politische Bildung im wöchentlichen Dienstplan weiter zu erhöhen. Politische Bildung sollte vielmehr stärker als dienstbegleitende Aufgabe verstanden werden. Insbesondere Vorgesetzte sollten in ihren Gesprächen mit Soldaten immer wieder auch politische Elemente mit einfließen lassen. Auch scheint mehr Kreativität in der Gestaltung der politischen Bildung nötig zu sein – sowohl methodisch als auch im Nutzen der verfügbaren Zeit[108]. Eins ist aber auch ganz klar: Ohne die Innere Führung, die die notwendigen gesetzlichen und organisatorischen Rahmenbedingungen für die politische Bildungsarbeit geschaffen und für ihre stärkere Relevanz in der Ausbildung der Vorgesetzten und im Truppendienst gekämpft hat, wäre es heute weitaus schwieriger, eine Qualität der politischen Bildungsarbeit zu erreichen, die den Anforderungen militärischer Einsätze wenigstens einigermaßen entspricht.

Selbständigkeit und Entbürokratisierung

Die Selbständigkeit des Soldaten ist ein zentrales Anliegen der Inneren Führung. Das Leitbild vom „Staatsbürger in Uniform", die Attraktivität des Soldatenberufs, vor allem aber die Anforderungen des auf moderner Technologie beruhenden Gefechts dienten zur Begründung der Auftragstaktik, die schon in anderen deutschen Armeen allgemeines Führungsprinzip war.[109] Bereits die preußischen Heeresreformer hatten erkannt, dass das auf Bildung und Erfahrung beruhende selbständige Denken Voraussetzung ist, um auch in schwierigen Situationen den Überblick zu behalten und Entschlüsse fassen und durchsetzen zu können. Heute ist die Auftragstaktik wichtiger denn je. Denn in den Auslandseinsätzen hat bereits der Patrouillenführer Entscheidungen zu treffen, die schnell eine politisch-strategische Bedeutung erreichen können, wie nicht zuletzt die Bilder mit den Skelettteilen aus Afghanistan bestätigt haben. Denn wer beispielsweise die kulturellen Besonderheiten des Einsatzlandes verletzt, bringt nicht nur seine Kameraden und sich selbst in Gefahr. Er gefährdet auch die Sicherheit in der Heimat und stellt die öffentliche Unterstützung für einen Einsatz in Frage. Diese Selbständigkeit soll bereits im Friedensdienst gefördert werden - durch organisatorische Rahmenbedingungen, die Freiräume gewähren (z.B. Entbürokratisierung), aber auch durch eine entsprechende Didaktik und Methodik der Ausbildung. Mehr denn je benötigt die Bundeswehr Soldaten, die sich noch im Einsatz aus- und weiterbilden und dazu auch die modernen Medien nutzen. Hohes Bildungsniveau der Soldaten, moderne Ausbildungstechnologien sowie eine auf Auftragstaktik beruhende Führungskultur sind daher die besten Voraussetzungen für Erfolg im Einsatz.

Es war vor allem die Innere Führung, die auf die Probleme eingeschränkter Selbständigkeit und Auftragstaktik durch zunehmende Bürokratie hingewiesen hat. Das Sozialwissenschaftliche Institut der Bundeswehr brachte in der „Einheitsführer-Studie" und später in der „Kommandanten-Studie" die Klage von Vorgesetzten über die zunehmende Papierflut ans Tageslicht.[110] Als der ehemalige Generalinspekteur der Bundeswehr, General Ulrich de Maiziere, 1979 den Bericht der nach ihm benannten Kommission über die „Führungsfähigkeit und Entscheidungsverantwortung in den Streitkräften" vorlegte, stellte er einen engen Bezug zur Inneren Führung her und legte einen Schwerpunkt seiner Empfehlungen auf die Erziehung.[111] Ihm ging es darum, Überregulierung durch eine werteorientierte Menschenführung, die immer auch die organisatorischen Rahmenbedingungen im Blick hat, zu vermeiden. Seitdem hat das Thema der Entbürokratisierung nicht an Aktualität verloren[112], auch wenn ihre Erfolge eher dürftig sind. Erfahrungsberichte aus den Einsatzgebieten, die Berichte des Beauftragten für Erziehung und Ausbildung beim Generalinspekteur der Bundeswehr sowie die Jahresberichte des Wehrbeauftragten des Deutschen Bundestages bieten viele Belege dafür, dass die bürokratische Last für Vorgesetzte zu hoch ist und sie für ihre eigentlichen Führungsaufgaben entlastet werden müssen. Letztlich ist eine ausufernde Bürokratie eine Entmündigung jedes Soldaten. Sie steht in einem diametralen Widerspruch zum Leitbild des „Staatsbürgers in Uniform" und auch zu den Anforderungen moderner Einsätze. Daher drängt die Innere Führung auf tatsächliche Fortschritte beim Abbau von Bürokratie in der Bundeswehr.

2.3 Erfolge als Last

Die Innere Führung ist zweifelsohne eine erfolgreiche Konzeption. Sie hat die Streitkräfte in den freiheitlich-demokratischen Rechtsstaat der Bundesrepublik Deutschland und in die sich demokratisierende deutsche Gesellschaft eingepasst, ohne dabei die Einsatzfähigkeit der Bundeswehr aus den Augen zu verlieren.

Mit Blick auf die Armee im Einsatz fordern unterschiedlichste Stimmen eine Weiterentwicklung der Inneren Führung. Damit können aber nicht ihre grundlegenden Prinzipien gemeint sein; denn das politische System in Deutschland als zentrale Bezugsgröße für die Innere Führung ist gleich geblieben. Verändert hat sich allerdings die Relevanz der Inneren Führung für den Erhalt der Leistungsfähigkeit der Streitkräfte.[113] Denn die neuen Einsätze fordern weitaus stärker als früher, dass Politik und Bevölkerung hinter den Soldaten stehen und sie aktiv unterstützen; dass die Organisationsstruktur der Streitkräfte flexibel und menschlich genug ist, um komplexe Einsätze effizient zu führen und den berechtigten sozialen Interessen der Bundeswehrangehörigen die notwendige Beachtung zu schenken; und dass die Soldaten bereit und befähigt sind, initiativreich, eigenverantwortlich und wertgebunden zu handeln.[114] Angesichts dieser Herausforderungen muss die Innere Führung das Spannungsverhältnis zwischen demokratischen Werten und militärischen Notwendigkeiten neu ausbalancieren. Es gilt weiterhin das Primat der Freiheit. Aber noch stärker als zur Zeit des Kalten Krieges kommt es heute darauf an, die freiheitlichen Werte auch in der Bundeswehr zu leben. Mehr freiheitliche Werte wagen durch Entbürokratisierung, durch Erziehung und Bildung sowie durch Beteiligung und Vertrauen und auf diese Weise eine „Kultur der Freiheit" innerhalb der militärischen Ordnung pflegen – dies ist notwendig, um die Einsatzfähigkeit der Bundeswehr auch in Zukunft zu erhalten und wo immer möglich zu verbessern.

Die vorgestellten Beispiele der Kooperation von Bundeswehr, Wirtschaft und Wissenschaft unterstreichen, dass sich das Integrationsgebot der Inneren Führung, das innerhalb der Bundeswehr teilweise heftig kritisiert[115] und auch von der Gesellschaft nicht immer honoriert wurde, ausgezahlt hat. Die Innere Führung hat immer die Verankerung der Streitkräfte in der Gesellschaft gesucht, auch in den Zeiten, in denen diese dem Soldaten kaum Sympathien entgegenbrachte. Ihre Beharrlichkeit hat am Ende gesiegt. Sie darf damit nicht nachlassen, wenn die kritisch-konstruktive Mitarbeit möglichst vieler Institutionen und Organisationen sowie einzelner Personen auch künftig gewährleistet werden soll. Und das Bildungssystem der Bundeswehr ist eine ausgezeichnete Grundlage für die ausgewogene Bildung des Soldaten als Kämpfer, Schützer, Helfer und Schlichter. Nicht zuletzt die US-Armee schaut verstärkt auf das „German model".[116]

Die Schlussfolgerung, Innere Führung sei etabliert und bedürfe keiner weiteren Diskussion, hätte allerdings schlimme Folgen. Denn die Innere Führung besteht nicht nur aus konstanten Prinzipien, sondern auch aus variablen Gestaltungsfeldern. Sie ist eine dynamische Konzeption, die sich aktiv mit den Veränderungen im sicherheitspolitischen Umfeld - und das sind nicht nur die Risiken und Bedrohungen, sondern auch die Gesellschaft und neue Technologien – auseinander setzen muss. An der Inneren Führung muss ständig weitergebaut werden - im Sinne von Renovierung, Erneuerung und Anbau. Nur so bleibt sie aktuell und relevant für die politische und militärische Praxis.

Allerdings kann die Konzeption der Inneren Führung dies selber nicht leisten; sie ist darauf angewiesen, dass Menschen sich dieser Aufgabe annehmen. Denn es ist nicht die Innere Führung, die ihre Ziele verwirklicht; es sind die Menschen, die in der und für die Bundeswehr dienen. Innere Führung steht und fällt mit den Menschen (vom Bundesminister der Verteidigung[117] bis zum Mannschaftsdienstgrad), die sich mit den Inhalten dieser Konzeption auseinander setzen und sie aus Überzeugung mit Leben füllen.

Veranstaltung des 11. Beirats für Fragen der Inneren Führung

Eine wichtige Rolle spielen dabei auch die Ausbildung und Bildung auf den verschiedenen Ebenen – von den Universitäten der Bundeswehr, die sich mit Innerer Führung unter pädagogischen, soziologischen und historischen Fragestellungen beschäftigen können über die militärischen Ausbildungseinrichtungen wie etwa das Zentrum Innere Führung und die Offizierschulen, die mehr Wert auf die praktische Anwendung legen, bis hin zur Offizier- und Unteroffizierweiterbildung in der Truppe, bei der es vor allem darum geht, ein gemeinsames Selbstverständnis über die Anwendung der Grundsätze der Inneren Führung innerhalb einer Einheit oder eines Verbandes zu erreichen.

Sich die Erfolge und die Notwendigkeit der Inneren Führung zu vergegenwärtigen, das ist schon ein erster Schritt zu einer positiven Gestimmtheit, zu der Bereitschaft, sich auf die Innere Führung persönlich einzulassen. Es ist der Sache der Inneren Führung und damit auch der Einsatzbereitschaft der Bundeswehr nicht dienlich, wenn Politiker sie vorwiegend als Schutzschild in der politischen

Auseinandersetzung nutzen oder wenn Generale stolz verkünden, auch ohne Anwendung der Inneren Führung eine steile Karriere gemacht zu haben.[118] Denn die Innere Führung ist darauf angewiesen, dass Politiker den „Geist" dieser Konzeption „hochhalten" und die Führungskräfte in der Bundeswehr das Gespräch darüber suchen, sie vermitteln und vor allem vorleben.

Innere Führung darf niemals erkalten und Asche werden. Ihre Glut muss immer neu entfacht werden. Denn trotz der signifikanten Reduzierung der Bundeswehr treten jedes Jahr immer noch über 50.000 Grundwehrdienst Leistende bzw. freiwillig zusätzlichen Wehrdienst Leistende und rund 20.000 Zeitsoldaten als Anwärter für die Laufbahnen der Unteroffiziere, Feldwebel und Offiziere in die Streitkräfte ein. Innere Führung bleibt nur dann erfolgreich, wenn auch die Neuen die Innere Führung als „ihre" Führungsphilosophie annehmen. Den einzelnen Soldaten für die Innere Führung zu „gewinnen", das muss von Anfang an im Mittelpunkt von Erziehung und Bildung stehen.

Die militärischen Führer müssen hierbei als Beispiel vorangehen. Jedes Jahr wechseln Tausende von Unteroffizieren und Offizieren auf Dienstposten, auf denen sie Führungsverantwortung tragen. Jeder Einzelne von ihnen muss sich die Frage stellen, was Innere Führung von ihm auf seiner jeweiligen Führungsebene verlangt. Dabei reicht es nicht aus, die Leitsätze für Vorgesetzte auswendig zu lernen. Es kommt darauf an, dass er sich selber für die Innere Führung als Führungskultur „aufschließt" und daraus konkrete Folgerungen für sein Führungshandeln ableitet.

Die Innere Führung ist erfolgreich und über diese Erfolge muss immer wieder gesprochen werden.[119] Es ist daher wichtig, die Debatte über Innere Führung zu intensivieren. Politik, Gesellschaft und Bundeswehr sollten hier gemeinsam an einem Strang ziehen. Die bereits in Gang gebrachte sicherheitspolitische Debatte bietet dafür viele Anknüpfungspunkte. Die vielfach artikulierten Forderungen nach einer überzeugenden Begründung von Auslandseinsätzen der Bundeswehr, nach klaren Kriterien für die politischen Entscheidungen über militärische Einsätze[120] und nach einem möglichst breiten parlamentarischen Rückhalt für die Soldaten unterstreichen, wie eng Sicherheitspolitik und Innere Führung miteinander verbunden sind.

Soldaten im Pausengespräch während eines Lehrgangs am
Zentrum Innere Führung in Koblenz

Innerhalb der Bundeswehr ist es vor allem Aufgabe des sog. „Aufgabenverbunds Innere Führung"[121], die Vermittlung der Grundsätze der Inneren Führung und ihre Weiterentwicklung zu koordinieren. Künftig sollte weitaus stärker als in der Vergangenheit herausgestellt werden, dass die Innere Führung ein „Helfer" für den Soldaten ist, dass sie vielfältige Hilfsangebote für Führung, Ausbildung und Erziehung, für seine Aufgaben im Einsatz und auch als „Medizin" gegen individuelle Nöte bereit hält. So wie viele Soldaten den Militärgeistlichen im Einsatz neu entdecken, weil er ihnen in persönlichen Fragen und Problemen helfen kann, so nutzt auch die Innere Führung die Situation des Einsatzes, um mit ihren Produkten eine positive Einstellung bei den Soldaten über die Innere Führung zu wecken. Moderne Medien (z.B. die Fernausbildung) könnten künftig stärker genutzt werden, die Hilfsangebote der Inneren Führung jederzeit verfügbar zu machen und zur persönlichen Beschäftigung mit der Inneren Führung anzuregen. Entscheidend ist aber weiterhin das persönliche Gespräch vor allem der Vorgesetzten mit ihren Soldaten über „ihre" Führungsphilosophie.

3   Defizite und ihre Wirkungen

Trotz der unbestreitbaren Erfolge der Inneren Führung ist auch einiges gründlich schief gegangen. Zu Recht wird ihr vorgeworfen, sie sei zu unbestimmt. So gäbe es ja noch nicht einmal eine einigermaßen verbindliche Definition, was angesichts des in den Streitkräften weit verbreiteten Hangs zum Definieren tatsächlich verwundert. Manche vermuten sogar, die Innere Führung solle gar nicht definiert, d.h. ja immer auch begrenzt werden[122], um für alles und nichts in der Bundeswehr zuständig und verantwortlich zu sein. Legion sind auch die Vorwürfe, die Innere Führung habe die Bundeswehr zu einer „unsoldatischen Armee" gemacht, der die Einsatz- und Kriegsorientierung fehle. Gerade in jüngster Zeit wurde mehrfach darauf hingewiesen, dass die Innere Führung ihre Kriegstauglichkeit noch unter Beweis stellen müsse.

Die Innere Führung scheint zudem eine Konzeption zu sein, die zumindest in den letzten Jahrzehnten eine Diskussionsplattform für eher links der politischen Mitte eingestellte Offiziere bot und auf diese Weise ihren Schulterschluss mit gesellschafts- und militärkritischen Kreisen ermöglichte. Andere Offiziere, die eher rechts der politischen Mitte stehen, kritisierten die Konzeption der Inneren Führung als realitätsfern, vielleicht auch, um auf diese Weise politisch Andersdenkende zu treffen. Und dann gibt es noch die Gruppe der Offiziere, die sich für die Innere Führung öffentlich aussprechen (weil es für die eigene Karriere opportun erscheint), aber sich nicht für sie interessieren und schon gar nicht für sie engagieren. Viel ist durch politisch motivierte Streitigkeiten und karriereförderliche Indifferenz verloren gegangen, von der kritisch-konstruktiven Auseinandersetzung über die Weiterentwicklung der Inneren Führung bis hin zur praktischen Arbeit an den tatsächlichen Problemen. So gibt es zum Beispiel keine einheitliche Auffassung zur soldatischen Erziehung. Der zu Beginn der 90er Jahre geführte Streit über Erziehung in der Bundeswehr hat vor allem die bestehenden ideologischen Fronten aufgedeckt, aber für die praktische Arbeit kaum etwas gebracht.[123]

Im Folgenden werden diese Defizite analysiert und Angebote entwickelt, um inhaltliche Lücken zu schließen und ein neues Verständnis zu fördern. Dies ist wichtig, damit die Innere Führung ihre Kraft und Energie für die Gestaltung der neuen Handlungsfelder (siehe Kapitel 4) nutzen kann.

3.1 Was ist Innere Führung?

Es gibt verschiedene Versuche, Innere Führung zu definieren. Sie scheitern zumeist an dem Widerspruch zwischen der Erwartung, eine eingängige Definition zu finden, und dem umfassenden Charakter der Inneren Führung. Aus diesen Problemen bei der Definition erwachsen ernst zu nehmende kritische Fragen. Ist Innere Führung alles - und damit nichts? Und wo liegt ihre Mitte?

Innere Führung verbindet Politik und Militär

Der beinahe schon universale Charakter der Inneren Führung hängt damit zusammen, dass sie Politik und Militär innerhalb einer pluralistischen Gesellschaft verbindet. Ihre Spannweite ist wirklich enorm. Wer sich beispielsweise mit Fragen der Motivation von Soldaten für einen Einsatz beschäftigt, kommt automatisch zu den Fragen nach den politischen Zielen, die die Politik damit verfolgt, nach ihrer Akzeptanz in der Bevölkerung und bei den Soldaten und nach der richtigen Ausrüstung für die Auftragsdurchführung.[124]

Schon Leben und Werk des wichtigsten Begründers der Inneren Führung, Wolf Graf von Baudissin, zeigt, dass die Übergänge von Innerer Führung zu Fragen der Sicherheits- und Verteidigungspolitik, aber auch zu gesellschaftspolitischen Themen fließend sind. Für Baudissin selber war es ein logischer Schritt, sich nach Beendigung seiner militärischen Karriere[125] der sicherheitspolitischen Forschung und Lehre zu widmen. In gesellschaftspolitische Diskussionen hatte er sich Zeit seines Lebens eingemischt und mit seinem politischen Bekenntnis zur SPD und zu den Gewerkschaften[126] klar Position bezogen. An der Person Baudissins lässt sich also anschaulich nachvollziehen, dass Innere Führung immer politische und militärische Konzeption zugleich ist.

Wolf Graf von Baudissin (1907-1993)

Dabei besitzt die politische Dimension das Primat. Es ist die zentrale Aufgabe der Inneren Führung, Veränderungen im sicherheitspolitischen Umfeld festzustellen, zu analysieren und Schlussfolgerungen für das Verhältnis von Politik, Gesellschaft und Militär sowie für Führung, Ausbildung und Erziehung in den Streitkräften zu ziehen. Sie fordert auf, Distanz zu nehmen von dem täglichen politischen oder militärischen Geschäft, zurückzutreten und das Ganze zu betrachten. In dieser Besinnung sieht die Innere Führung – ganz dem Denken von Scharnhorst und Clausewitz verhaftet – im übrigen einen wesentlichen Garanten dafür, dass das Militär an der Spitze des

Fortschritts marschiert und nicht den Anschluss an politische und militärische Umbrüche verpasst, wie es der preußischen Armee gegen Ende des 18. Jahrhunderts passierte und was durch die vernichtenden Niederlagen von Jena und Auerstedt am 14. Oktober 1806 traurige Berühmtheit erlangte.[127] Aus der Analyse der Ursachen für diese Katastrophe des preußischen Staates zogen die Staats- und Heeresreformer damals u.a. die Konsequenz, dass militärische Führer, insbesondere Generale und Generalstabsoffiziere, über eine umfassende Bildung verfügen müssten, damit sie Veränderungen in Politik und Gesellschaft auf ihre Auswirkungen für das Militär rechtzeitig erkennen könnten. Die Innere Führung steht in dieser Tradition und hat daher eine ausgeprägte sicherheitspolitische Relevanz. Sie ist ein wichtiger Beitrag zur Zukunftsvorsorge des Staates.

Darüber hinaus bedeutet das Primat der Politik die unauflösbare Bindung des sicherheitspolitischen und militärischen Handelns an die politische Ethik Deutschlands, also an die Werte und das Menschenbild des Grundgesetzes. In dieser Hinsicht ist die Innere Führung der ethische Kompass für die Soldaten der Bundeswehr, aber auch für alle gesellschaftlichen Gruppen, die mit oder für die Bundeswehr arbeiten. Artikel 1 des Grundgesetzes, der den Schutz der Menschenwürde als Verpflichtung aller staatlichen Gewalt bestimmt, gilt für die Politiker, die über die politisch-strategischen Zwecke von Einsätzen der Bundeswehr entscheiden, ebenso wie für die Generale bzw. Admirale und Stabsoffiziere, die diesen Zweck in operativ-taktische Ziele umsetzen, und auch für die Offiziere und ihre Soldaten, die vor Ort handeln. Der Kölner Kardinal Meisner hat dafür während des Internationalen Soldatengottesdienstes im Kölner Dom am 11. Januar 2007 die mahnenden Worte gefunden, „Soldaten müssten Experten in Sachen Menschenwürde" sein. Deutlicher kann man kaum sagen, dass der Soldat sich in seinem Denken und Handeln durch das Grundgesetz gebunden fühlen soll.

Dass die große Regierungspolitik in Berlin und das Verhalten einzelner Soldaten in den Einsatzgebieten in Wechselwirkung miteinander stehen, haben – in einem negativen Sinne – die sog. Schädelbilder aus Afghanistan und – in einem positiven Sinne – das beherzte Eingreifen u.a. deutscher Soldaten der EUFOR RD CONGO zum Schutz des Präsidentschaftskandidaten Bemba und seiner Gäste, unter denen sich auch der deutsche Botschafter befand, gezeigt. Heute ist es nicht erst eine gewonnene oder verlorene Schlacht, die heftige, auch emotionale Reaktionen in Politik und Öffentlichkeit hervorruft; es reichen bereits kleinere Aktionen einzelner Soldaten. Diese „Schicksalsgemeinschaft" von Politik und Militär personifiziert sich im Verteidigungsminister, dessen Amt durchaus als eine Art „Feuerstuhl"[128] bezeichnet werden kann.

Innere Führung ist eine pragmatische Konzeption

Die Analyse von Politik und Militär in ihren vielfältigen Wechselwirkungen ist kein Selbstzweck. Ziel ist immer die Verbesserung der militärischen Praxis von Führung, Ausbildung und Erziehung, um dadurch die Einsatzfähigkeit der Streitkräfte zu erhalten und wo immer möglich zu verbessern. Innere Führung ist daher eine pragmatische Konzeption. Sie geht aber davon aus, dass dieses Verbessern nur möglich ist, wenn sie gleichzeitig eine wissenschaftlich begründete Theorie ist. Denn, so lautet ein auch in der Bundeswehr gängiges geflügeltes Wort: „Nichts ist praktischer als eine gute Theorie." In dieser Funktion liefert sie die *Suchscheinwerfer*, mit denen Veränderungen im sicherheitspolitischen, gesellschaftlichen und technologischen Umfeld der Bundeswehr erkannt und analysiert werden können, um sie anschließend in praktische Konsequenzen für Politik, Gesellschaft und Streitkräfte umzusetzen. Innere Führung ist also der geistige Rahmen, innerhalb dessen die Bundeswehr für ihre Aufgaben in Gegenwart und Zukunft vorbereitet wird. Daher drängt sie darauf, eine angemessene Rolle im Transformationsprozess der Bundeswehr zu spielen, auch in dessen technologischem Teil der *Network Centric Warefare*. Und um ihre Aufgabe bestmöglich zu erfüllen, sucht sie die Nähe zu den Geistes- und Sozialwissenschaften.[129]

Für die Analyse des sicherheitspolitischen Umfelds und die Schlussfolgerungen für die militärische Praxis nimmt das bereits 1956 gegründete Zentrum Innere Führung eine wichtige Funktion wahr.

Das Zentrum ist *primus inter pares* im sog. „Aufgabenverbund Innere Führung". Diese Stellung ermöglicht ihm, mit den Universitäten der Bundeswehr, dem Militärgeschichtlichen Forschungsamt, dem Sozialwissenschaftlichen Institut der Bundeswehr sowie mit der Katholischen und Evangelischen Militärseelsorge und höheren Ausbildungs- und Bildungseinrichtungen der Streitkräfte zusammen zu arbeiten. Das Zentrum Innere Führung ist gewissermaßen eine idealtypische Verkörperung, wie die Innere Führung „Vernetzungen" innerhalb der Bundeswehr und darüber hinaus zu den Institutionen von Wissenschaft, Wirtschaft und Kirche herstellt, um die Gesamtlage der Streitkräfte besser zu verstehen und die richtigen Konsequenzen für die militärische Praxis zu ziehen.

Ohne den Sachverhalt zu stark komplizieren zu wollen, soll hier zumindest darauf hingewiesen werden, dass die Innere Führung ein ähnliches Verständnis von Theorie und Praxis besitzt wie es Carl von Clausewitz in seinem Werk „Vom Krieg" entwickelt hat. Clausewitz' Theorie des Krieges gilt als komplex und schwierig, was ja häufig auch der Konzeption der Inneren Führung vorgeworfen wird. Nun ist die Innere Führung keine umfassende Theorie des Krieges, sondern eher eine Theorie zur Führung von Streitkräften in der Demokratie. Sie bedient sich aber wesentlicher Elemente der Clausewitzschen Kriegstheorie. Wie Clausewitz den eigentlichen Krieg als ein Chamäleon definiert, das sein Erscheinungsbild in Abhängigkeit von den drei Variablen Regierung, Volk und Feldherrn mit seinem Heer ändere, so geht es auch der Inneren Führung immer um das Verhältnis von Politik und Militär, von Bevölkerung und Soldaten, von Führer und Unterstellten. Sie hat dabei immer auch die andere Seite, also den Gegner, im Blick, wenn sie etwa diese Aspekte auf der gegnerischen Seite analysiert und daraus Folgerungen für das eigene Handeln zieht. Und ähnlich wie bei Clausewitz ist die dialektische Grundstruktur des Krieges bzw. des Spannungsverhältnisses zwischen Demokratie und Militär nicht in einer theoretisch begründbaren Synthese aufhebbar, sondern muss in der Praxis von politischer Leitung und militärischer Führung sowie von Ausbildung und Erziehung immer wieder neu ausbalanciert werden.[130]

Carl von Clausewitz (1780-1831)

Das dialektische Verhältnis zwischen Frieden und Krieg, zwischen Demokratie und Militär, zwischen Freiheit und Gehorsam lässt sich nicht mit allgemeingültigen Gesetzen auflösen. Es gibt keine Synthese, die dem Politiker und Soldaten absolute Sicherheit geben könnte. Damit erhalten der Einzelne und seine Bildung, insbesondere seine Charakterstärke, eine herausragende Bedeutung für erfolgreiches Handeln. Bildung meint hier ganz im Sinne von Scharnhorst und Clausewitz die Fähigkeit, Maßregeln für das Handeln in sich selbst zu finden und entschlossen umzusetzen. In den wandelnden Lagen müssen Politiker ebenso wie militärische Führer immer wieder neu deren dialektische Grundstruktur bewerten und verantwortlich entscheiden. Am ehesten ließen sich noch auf den unteren militärischen Führungsebenen allgemeine Handlungsgrundsätze begründen. Je höher die Führungsebene, desto mehr kommt es auf Bildung, Intellekt und Charakter an.

Innere Führung zielt auf den Soldaten als verantwortlich handelnde Person
Trotz ihres umfassenden Charakters geht es der Inneren Führung im Kern immer um den einzelnen Soldaten. Die Innere Führung schaut auf ihn – um erneut die Clausewitzsche Umschreibung des Krieges zu verwenden - als Ringer, der in einem Zweikampf steht, sei es als Kämpfer im Krieg bzw. in kriegsähnlichen Lagen oder als Akteur im Prozess der Stabilisierung von Krisenregionen und bei der Herstellung staatlicher Strukturen. Sie versetzt sich in die Lage des Soldaten und fragt: Welche politische Führung, welche gesellschaftliche Unterstützung und welche militärische Führung, Ausbildung und Erziehung benötigt der Soldat für die Erfüllung seiner zukünftigen Aufgaben? Sie mahnt, dafür einen angemessenen politischen, gesellschaftlichen und organisatorischen Rahmen zu schaffen. Sie will aber auch ganz konkret Hilfsmittel für den einzelnen Soldaten anbieten, damit er seine Aufgaben besser versteht und mit ihnen besser zurecht kommt.[131]

Die Innere Führung versteht sich allerdings nicht als eine Sozialtechnologie, die den Vorgesetzten "Psychotricks" an die Hand gibt, damit sie unterstellte Soldaten effektiver führen können. Schon gar nicht geht es ihr um Manipulation und Indoktrination. Das auch weiterhin gültige Leitbild vom "Staatsbürger in Uniform" unterstreicht vielmehr, dass am Anfang von Führung, Ausbildung und Erziehung immer die Anerkennung des Soldaten als einer Person steht, die aus Verantwortung vor seinem Gewissen gehorsam ist und nach besten Kräften seinen Aufgaben nachkommt. Für die Vorgesetzten bedeutet dies, dass sie das Verantwortungsbewusstsein der Soldaten und ihre innere Bereitschaft zur Mitarbeit wecken, erhalten und wo immer möglich vertiefen sollen. Ob bei der konkreten Umsetzung des Führens mit Auftrag oder der Beteiligung – stets muss der Vorgesetzte ausloten, wie weit er gehen kann in der Gewährung von Freiräumen für selbstverantwortliches Handeln. Der Grundsatz dafür ist eindeutig: Soweit wie möglich!

Die Anerkennung der Selbstverantwortlichkeit des Soldaten schließt nicht aus, dass die Innere Führung stellvertretend für ihn kritische Fragen stellt, die der Einzelne ggf. vor seinem Gewissen abwägen muss, bevor er gehorcht. Dazu gehören grundsätzliche Fragen wie: „Ist der Einsatz von Gewalt legitimiert, um bestimmte sicherheitspolitische Ziele zu erreichen?" und auch konkrete Fragen wie: „Kann ich es vor der Familie verantworten, ein drittes Mal in den Einsatz zu gehen und sie erneut für vier oder sechs Monate allein zu lassen, obwohl die Lage dort einfach nicht besser wird?" Wenn der Wehrbeauftragte des Deutschen Bundestages darauf hinweist, dass Soldaten, die mehrfach auf dem Balkan im Einsatz waren und dort immer noch keine politischen und wirtschaftlichen Fortschritte erkennen können, an dem Sinn von EUFOR in Bosnien-Herzegowina und von KFOR im Kosovo zweifeln[132], so erfüllt er eine wesentliche Aufgabe der Inneren Führung: den Einzelnen zu verstehen und seine Schwierigkeiten in der Legitimation und Motivation für Einsätze an die Verantwortlichen in Politik und Militär heran zu tragen.

Der Soldat als verantwortlich handelnde Person bedeutet in letzter Konsequenz, dass er selber für seine eigene Persönlichkeitsentwicklung - d.h. für seine Einstellungen und Tugenden - Verantwortung übernimmt. Mit dieser Forderung steht die Innere Führung ebenfalls in der Tradition der preußischen Heeresreformen. Der Soldat als Subjekt und nicht als Objekt pädagogischer Maßnahmen, das war der Paradigmenwechsel, den die Reformer im Jahre 1807 praktisch vollzogen haben. Scharnhorst hatte bereits 1782 die Bedeutung der Selbstverantwortung für den Erfolg im Gefecht erkannt, als er schrieb: „Die Verrichtungen auch der Subaltern-Offiziere erfordern beständig Beurtheilungen, Einsichten und Uebungen, die nicht beim Exerzieren und im Corps de Garde erlangt werden. Man erinnere sich der häufigen Vorfälle, worin der Offizier entscheiden muss. – Es ist ohnmöglich, im Reglement und Ordern Gesetze auf alle Fälle vorzuschreiben. Das Reglement kann nur eine Gleichheit der maschinalen Verrichtungen in einer Armee bewerkstelligen. Der Offizier muss daher in unbestimmten Vorfällen Maßregeln in sich selbst zu finden wissen, in allen Verwicklungen die der Sache angemessenen besten Mittel zu wählen...".[133] Diese Anforderung des Krieges müsse sich auch in der Ausbildung widerspiegeln. Scharnhorst entwickelte dafür die „sokratische Lehrmethode", die sein berühmtester und bester Schüler Carl von Clausewitz mit folgenden Worten beschrieb: „Indem er für einzelne Begebenheiten (von Feldzügen; U.H.) die umständlichsten Züge mühsam herbeitrug, besonders für solche, die er selbst mit erlebt hatte, suchte er den Vorgang sich vor den Augen seiner Zuhörer gewissermaßen von neuem zutragen zu lassen; - nach Art eines Geschworenen-Gerichts stellte er ein ausführliches Zeugenverhör an, und ließ nun den gesunden Menschenverstand die Resultate darin finden, wobei sein geübtes Urtheil bloß leitete. Da er so von wirklichen Begebenheiten in einer breiten Basis ausging, schienen sich in ihm und den Zuhörern zugleich die allgemeinen Grundsätze von selbst zu bilden; - kein wegwerfender Blick auf das Alte, sondern ein unbefangenes ruhiges Auffassen der Eigenthümlichkeiten verschiedener Zeiten und Verhältnisse."[134] Dieses historische Beispiel verdeutlicht, dass der Einzelne Verantwortung für seine Bildung übernehmen muss, weil er im Krieg nur bestehen kann, wenn er über eigene Grundsätze verfügt. Und es zeigt, dass Vorgesetzte so führen und ausbilden sollen, dass ihm die Bildung dieser Grundsätze erleichtert wird.

Innere Führung meint also auch die Fähigkeit des Einzelnen, sich selbst innerlich zu führen, d.h. sich in seinen Einstellungen und Tugenden so weiter zu entwickeln, dass er für die wandelbaren Anforderungen eines Einsatzes gewappnet ist. Hier bündeln sich alle politischen und militärischen Schlussfolgerungen wie in einem Brennglas: Nach der Analyse des sicherheitspolitischen Umfeldes, den daraus erwachsenen Konsequenzen für das politische Handeln sowie für die militärische Führung, Ausbildung und Erziehung ist es schließlich der Einzelne, der sich die selbstkritische Frage stellen muss, ob er den neuen Anforderungen gerecht wird oder sich ggf. weiterentwickeln muss. Innere Führung ist insofern immer auch eine Selbsterziehungsaufgabe. Damit ist gleichzeitig auch das Ziel jeder

Erziehung und Bildung im Militär beschrieben: Das ist der sich selbst erziehende Soldat, der gewissermaßen durch eine eigene, selbstgesteuerte Transformation seine Leistungsfähigkeit erhält und verbessert.[135]

Gerhard von Scharnhorst (1755 – 1813)

In diesem Sinne steht das Wohl des Soldaten im Mittelpunkt der Inneren Führung. Sie ist ganz parteiisch, wenn es darum geht, die Selbstverantwortlichkeit des Soldaten zu fördern. Sie dient damit seiner Persönlichkeitsentwicklung und stärkt ihn auf diese Weise für seine Aufgaben beim „Ringen" in Krieg und Einsatz. Dies unterstreicht, dass Innere Führung als soldatische Erziehung zur Verantwortung „einsatzorientiert" ist.

Innere Führung ist eine variable Konzeption mit einem konstanten Kern
Hilfreich für das Verstehen der Inneren Führung ist die Unterscheidung zwischen Konstanten und Variablen. Das Neue der Bundeswehr im Vergleich zu ihren Vorgängerarmeen hat General a.D. Ulrich de Maiziére im Jahre 2005, also im 50. Jubiläumsjahr der Bundeswehr, folgendermaßen bestimmt: Armee in einem Bündnis, Armee für die Verteidigung, Armee in einer Demokratie, Organisation als Gesamtstreitmacht. Daraus erwachsen folgende Konstanten für die Innere Führung: Das Primat der Politik gegenüber dem Militär, die Bindung des soldatischen Handelns an Recht und Gesetz, insbesondere die Werte des Grundgesetzes, das Leitbild vom Staatsbürger in Uniform, der Ausgleich der Spannungen zwischen den individuellen Rechten des Bürgers einerseits und den militärischen Pflichten andererseits.[136] An diesen Konstanten hat sich trotz des epochalen sicherheitspolitischen Wandels von 1989/90 nichts geändert. Daher besteht hier auch kein grundsätzlicher Weiterentwicklungsbedarf für die Innere Führung.

Als konstant haben sich auch viele ihrer Grundsätze erwiesen. Dass der Soldat die Werte, die er ggf. unter Einsatz seines Lebens verteidigen soll, auch im militärischen Dienst selber erleben muss, hat von seiner Relevanz nichts eingebüßt. Dies zeigt nicht zuletzt der Bericht des Wehrbeauftragten des Deutschen Bundestages aus dem Jahre 2006, in dem dieser vor allem den schlechten Zustand der Kasernen, die unzureichende sanitätsdienstliche Versorgung im Inland sowie die Ausstattung von Verbänden in personeller und materieller Hinsicht beklagt.[137] Wenn er darauf hinweist, dass diese Mängel schon seit längerer Zeit bekannt sind, aber immer wieder „weichgespült" werden, dann wird deutlich, wie wichtig der Grundsatz ist, dass der Soldat die Werte, die seinen Dienst legitimieren, auch selbst erleben können muss.

Andererseits ist eine Armee – wie General a.D. Ulrich de Maizière unterstreicht – niemals fertig. Sie ist immer in Bewegung. Die
Innere Führung ist daher auch eine dynamische Konzeption mit einer Vielzahl von Variablen. Dazu gehören vor allem die Art und
Weise der Menschenführung, die Durchführung der politischen Bildung und die Gestaltung der soldatischen Ordnung. Ändern sich die
sicherheitspolitischen Rahmenbedingungen oder zeichnet sich ein
Wandel ab, dann müssen die konkreten Anwendungsbereiche angepasst oder ggf. neue Anwendungsbereiche hinzu gefügt werden. Die
Vereinbarkeit von Familie und Dienst, die in den letzten Jahren einen
enormen Bedeutungszuwachs erfahren hat, ist dafür ein eindrucksvolles Beispiel. Anhand der begrifflichen und inhaltlichen Veränderung der Anwendungsbereiche kann die Innere Führung deutlich
machen, wie sie auf den Wandel im sicherheitspolitischen Umfeld
reagiert. Und wenn in der neuen ZDv 10/1 „Innere Führung" nicht
mehr von „Anwendungsbereichen", sondern von „Gestaltungsfeldern" der Inneren Führung gesprochen werden sollte, so wäre dies
ein deutliches Signal, dass sie vor allem von den Führungskräften
künftig mehr initiativreiches Gestalten als bloßes Anwenden verlangt.

Innere Führung als Menschenführung unter Berücksichtigung der individuellen und sozialen Belange der Soldaten

Menschenführung hat im deutschen Militär seit jeher einen hohen
Stellenwert. Sie gilt als der Schlüssel für militärische Leistungsfähigkeit.[138] Die Innere Führung steht hier in einer Tradition, die Führen
an Verantwortung, Erziehung, Auftragstaktik, helfende Dienstaufsicht[139] und Vorbildsein (individuelle Belange) sowie Betreuung und
Fürsorge (soziale Belange) bindet. Seine Soldaten kennen, ihre Persönlichkeitsentwicklung fördern und sich um sie und ihre Angehörigen kümmern, das sind Aufgaben, die zu den vornehmsten Pflichten
eines Vorgesetzten gehören. Die Innere Führung hat hier aber neue
Maßstäbe gesetzt, vor allem in der Fürsorge. Indem die Fürsorge im
Rahmen der Wehrgesetzgebung Teil der staatlichen Verantwortung
und nicht mehr persönlicher Gnadenakt von Vorgesetzten war, wurde sie verlässlich und berechenbar.[140] Vorgesetzte stehen heute weit-

aus stärker als früher in der Verantwortung, besondere Belastungen (die nicht immer dienstlich begründet sein müssen) zu erkennen und darauf mit besonderer Unterstützung zu reagieren. Gerade psychische und physische Überbelastungen müssen rechtzeitig erkannt werden. Viele Soldaten verstehen Innere Führung daher vor allem als zeitgemäße Menschenführung, nicht zuletzt deshalb, weil sie von der Qualität der Menschenführung in der Bundeswehr unmittelbar betroffen sind und so die Praxis der Inneren Führung am eigenen Leib erleben.

Die Bundeswehr hat im Bereich der zeitgemäßen Menschenführung viel erreicht. Es ist nicht zu gewagt zu behaupten, dass die Führungsleistungen in den Streitkräften im Vergleich zu Wirtschaft und Handwerk, aber auch zum öffentlichen Dienst ein recht hohes Qualitätsniveau erreicht haben. Auch im internationalen Maßstab steht die Bundeswehr gut da. Die intensive Vorbereitung von Unteroffizieren und Offizieren auf ihre künftigen Führungsaufgaben an den Schulen und in der Truppe sowie die hohe Qualitätskontrolle im Rahmen der Dienstaufsicht, aber auch durch den Wehrbeauftragten des Deutschen Bundestages und den Beauftragten für Erziehung und Ausbildung beim Generalinspekteur der Bundeswehr sind dafür wesentliche Gründe. Und nicht zuletzt haben Lehr- und Bildungseinrichtungen wie die Führungsakademie der Bundeswehr und das Zentrum Innere Führung bewährte Führungsmethoden aus Wirtschaft und Industrie auf ihre Tauglichkeit für die Bundeswehr überprüft und eingeführt. Neuestes Beispiel dafür ist das Pilotprojekt der „Führungsbegleitung in militärischen Organisationen" (FMO), der militärischen Variante des „Coaching". Mobile Teams des Zentrums Innere Führung gehen auf Anforderung in die Einheiten, Verbände, Stäbe, Ämter und Schulen und beraten dort Vorgesetzte, wie sie ihre Führungsleistungen verbessern können.[141]

Nicht zuletzt aufgrund der Einsätze kommt es mehr als jemals zuvor auf die kommunikativen Kompetenzen von Vorgesetzten an. Der Informationsbedarf der ihnen unterstellten Soldaten und zivilen Mitarbeiter ist dramatisch gewachsen. Vorgesetzte müssen den politischen Zweck und die militärischen Ziele von Einsätzen so vermitteln, dass die Einsatzmotivation[142] ihrer Soldaten und zivilen Mitarbeiter erhalten bleibt und diese daraus Folgerungen nicht nur für ihr militärisches Handeln im Einsatz, sondern auch für ihre eigene Persönlichkeitsentwicklung ableiten können. Zudem erfordert Führen innerhalb multinationaler militärischer Strukturen und in enger Zusammenarbeit mit zivilen Akteuren gute fremdsprachliche Fähigkeiten. Vorgesetzte müssen sich in der jeweiligen Arbeitssprache über ein breites Themenspektrum unterhalten können, das von den politischen Zielsetzungen eines Einsatzes über taktische Begriffe bis hin zu technischen Details bei der Umsetzung von Projekten reicht. Vertrauensvolle Beziehungen zu Mitarbeitern und Partnern sind erforderlich, um in komplexen, schwierigen Lagen entscheidungsfreudig und charakterstark zu führen. Empathie ist unverzichtbar, um die individuellen Belange der unterstellten Soldaten und zivilen Mitarbeiter angemessen zu berücksichtigen. Zu den individuellen Belangen gehört – neben den beruflichen Qualifikationen, die ein Soldat mitbringt – auch seine Persönlichkeit, vor allem seine Einstellungen und Tugenden. Menschenführung ist untrennbar mit Erziehung und Bildung verbunden. Wer führt, muss immer versuchen, die auf den einzelnen Soldaten bezogenen Erziehungs- und Bildungsziele zu verwirklichen. In einer Wehrpflichtarmee mit einer hohen personellen Fluktuation stellt eine derartige pädagogische Aufgabe sicherlich eine große Herausforderung dar. Dieser Anspruch zeigt jedoch, dass die Innere Führung nicht den „standardisierten Zweikämpfer" zum Ziel hat, sondern das selbstverantwortliche Individuum. Der Soldat bleibt immer Subjekt und darf auch in der Großorganisation Bundeswehr nicht zum Objekt von Führung werden.

Die Einsätze der Bundeswehr haben die Bedeutung der sozialen Rahmenbedingungen stärker ins Blickfeld gerückt. Einsatzversorgung, Vereinbarkeit von Familie und Dienst - viel wurde durch gesetzliche Neuregelungen erreicht. Jeder militärische Führer muss in seinem Verantwortungsbereich dafür Sorge tragen, dass er im Rahmen seiner Möglichkeiten die sozialen Rahmenbedingungen so gestaltet, dass die Soldaten sich auf ihre Aufgaben konzentrieren können. Es ist empirisch nachgewiesen, dass die Einsatzmotivation der Soldaten wesentlich durch die eigene soziale Absicherung und vor allem durch die Qualität der Betreuung der Familien zuhause beeinflusst wird.[143]

Versuch einer Orientierung

Die hier dargestellten Grundsätze und Gestaltungsfelder der Inneren Führung unterstreichen ihre enorme Komplexität, die von der großen Politik bis zur Selbsterziehung des Einzelnen reicht. Daher hat der Generalinspekteur der Bundeswehr, General Schneiderhan, Recht, wenn er es für unmöglich erachtet, eine Definition von Innerer Führung zu erarbeiten und diese damit inhaltlich zu begrenzen. Aber vielleicht ist es möglich, die „Mitte" der Inneren Führung zu beschreiben, um so eine Orientierungshilfe zu geben. Dieser Versuch soll hier unternommen werden:

Die Innere Führung

- hilft dem Soldaten bei der Erfüllung seiner Aufgaben. Sie ergreift Partei für ihn, indem sie fragt, ob Politik, Gesellschaft und Streitkräfte die richtigen Rahmenbedingungen schaffen, damit er seine Aufgaben erfolgreich erfüllen kann. Von einer umfassenden Analyse des sicherheitspolitischen Umfeldes ausgehend, formuliert sie konkrete Erwartungen an Politik und Gesellschaft und entwickelt Vorgaben für die Führungskräfte in der Bundeswehr.

- verdeutlicht dem Soldaten die Komplexität seiner Aufgaben und stellt hohe Anforderungen an seine Befähigung zur Erziehung bzw. Selbsterziehung im Sinne des Leitbilds vom „Staatsbürger in Uniform".

- stellt den Menschen in den Mittelpunkt. Sie fordert, den Soldaten stets als eine selbstverantwortliche Person zu behandeln, der sein Potenzial für die Erfüllung seiner militärischen Aufgaben bestmöglich entwickeln will. Dazu gehört neben der soldatischen Erziehung und einer umfassenden Bildung auch die angemessene Berücksichtigung seiner sozialen Belange.

- bindet das Handeln des einzelnen Soldaten an die Werte und Normen und insbesondere das Menschenbild des Grundgesetzes. In diesem Sinne dient die Innere Führung als ein ethischer Kompass.
- fordert den Soldaten auf, aktiv an der Gestaltung der Gesellschaft ebenso wie an der Transformation der Bundeswehr mitzuwirken. Gleichzeitig motiviert sie gesellschaftliche Gruppen, die Bundeswehr und ihre Soldaten aktiv zu unterstützen.

Dieser Versuch einer orientierenden Umschreibung ist ein Angebot. Wichtiger als jede offizielle und damit verbindliche Definition ist vielmehr, dass Politik, Gesellschaft und Bundeswehr im Gespräch darüber bleiben, was Innere Führung ist und von ihnen fordert. Aus diesen Gesprächen und den eigenen Erfahrungen findet der Einzelne seinen Weg zur Inneren Führung.

3.2 Was ist Erziehung?

Militärische Vorgesetzte in der Bundeswehr haben einen Erziehungsauftrag. Sie sollen Führer, Ausbilder und auch Erzieher der ihnen unterstellten Soldaten sein. Dieser Auftrag beruht auf einer Tradition, die weit über Wehrmacht und Reichswehr hinaus in das preußisch-deutsche Heer des 19. Jahrhunderts zurückreicht.[144] Seine Soldaten zu erziehen, das erschien Offizieren als ein nicht weiter zu hinterfragender Bestandteil ihres beruflichen Selbstverständnisses. Zwar gab es schon gegen Ende des 19. Jahrhunderts vereinzelte Stimmen, die die praktische Umsetzung der Erziehung in der Armee kritisierten.[145] Doch erst in der Bundeswehr der 80er Jahre des letzten Jahrhunderts kam es zu einem "Generalangriff" auf die soldatische Erziehung. "Dürfen erwachsene Soldaten überhaupt erzogen werden?", so lautete die vor allem von sozialwissenschaftlich gebildeten Offizieren aufgeworfene Frage, deren Beantwortung ein klares Nein erwarten ließ. Damit entstand eine paradoxe Situation. Offiziere, die sich als Verfechter der Inneren Führung verstanden, stellten die soldatische Erziehung in Frage, die für die Innere Führung von Anfang an eine zentrale Rolle gespielt hatte. In einem offiziellen Dokument aus dem

Bundesministerium für Verteidigung von 1957 wurde Innere Führung sogar mit Erziehung gleichgesetzt.[146] Und wenn die Innere Führung u.a. die Bindung soldatischen Handelns an die Werte des Grundgesetzes meint und diese Bindung als „sich selber binden" aus Verantwortung für die Sache versteht, dann ist damit doch wohl vor allem die Erziehung und Selbsterziehung von Soldaten gemeint. Zu Recht bezeichnet der Militärhistoriker Kai Uwe Bormann die Erziehung als „Herzstück der Inneren Führung".[147]

Trotz dieser grundsätzlichen Kritik hielt die politische Leitung und militärische Führung der Bundeswehr weiterhin am Erziehungsauftrag fest. Seine Relevanz wurde vor allem dann unterstrichen, wenn die Streitkräfte sich in kritischen Situationen befanden. Die Probleme bei der Verlegung deutscher Luftwaffeneinheiten nach Erhac in Ostanatolien zum Schutz der Südflanke der NATO im Jahre 1991, die rechtsextremistischen Vorfälle in der Bundeswehr gegen Ende der 90er Jahre sowie die Folterungen von Rekruten in Coesfeld im Jahre 2004 und zuletzt die "Schädelbilder" aus Afghanistan veranlassten Politiker wie Generale, die Bedeutung der soldatischen Erziehung zu unterstreichen. Erziehung scheint also ein "Krisenmanagement-Instrumentarium" zu sein, vielleicht sogar ein probates Heilmittel gegen alle Formen von "inneren" Krankheiten der Streitkräfte.

Im Kontext der im Jahre 2003 eingeleiteten Transformation der Bundeswehr stellt Erziehung eine permanente Aufgabe dar. Transformation bezeichnet die kontinuierliche und umfassende Anpassung von Streitkräften an das sicherheitspolitische Umfeld, um ihre Einsatzfähigkeit zu erhalten. Es geht also nicht mehr um Reformen mit einem definierbaren Anfang und Ende, sondern um einen auf Dauer gestellten Anpassungsprozess. In diesem Zusammenhang ist Erziehung weniger ein Mittel für das akute Krisenmanagement als vielmehr für den konstruktiven Umgang mit dem ständigen, aber schwer vorhersehbaren Wandel im beruflichen Umfeld der Soldaten. Auch die komplexen Einsätze der Bundeswehr stellen Herausforderungen für den Einzelnen dar, für deren erfolgreiche Bewältigung die soldatische Erziehung helfen soll. Dementsprechend heißt es im neuen Weißbuch: „Der Erziehung in den Streitkräften kommt eine neue Bedeutung zu, da der Erfolg von Transformation und Einsätzen wesentlich von der Befähigung des Einzelnen abhängig ist, Verantwortung zu übernehmen."[148]

Das Ende der soldatischen Erziehung auf der einen Seite und soldatische Erziehung als permanente Aufgabe auf der anderen Seite - zwischen diesen beiden Positionen scheinen viele militärische Vorgesetzte eine "positive Indifferenz" zu haben. Sie lehnen ihren Erziehungsauftrag zwar nicht grundsätzlich ab, sind allerdings auch kaum daran interessiert, diese Aufgabe in reflektierter Weise anzugehen. Es ist daher eine grundsätzliche Diskussion erforderlich, in deren Zentrum die fundamentale Frage „Was ist Erziehung in den Streitkräften?" steht. Daraus leiten sich dann weitere Fragen ab, wie z.B.: In welchem Zusammenhang steht Erziehung zum Führungs- und Ausbildungsauftrag? Was ist mit dem Erziehungsziel der Verantwortung gemeint? Worin liegen die Unterschiede und Gemeinsamkeiten von Erziehung und Bildung?

Dass Erziehung in der Bundeswehr bisher nicht angemessen definiert wurde, hängt auch mit der bisherigen Beliebigkeit des Begriffs der Inneren Führung[149] zusammen. Und natürlich gilt dies auch umgekehrt. Dass Innere Führung bisher nicht definiert oder begrifflich näher umschrieben wurde, hängt auch mit der Beliebigkeit des militärischen Erziehungsbegriffs zusammen. Innere Führung kann ohne ein reflektiertes Verständnis von soldatischer Erziehung nicht begriffen werden.

Was ist soldatische Erziehung?

Wenn Skandale über das Fehlverhalten von Soldaten die Öffentlichkeit erschüttern, leitet die politische Leitung und militärische Führung des BMVg in der Regel eine unverzügliche Untersuchung der Vorfälle ein. Dazu werden dann auch die Ausbildungskonzepte einer detaillierten Prüfung unterzogen, wie es zuletzt nach der Veröffentlichung der sog. Schädelbilder aus Afghanistan geschehen ist. Gleichzeitig wird darauf hingewiesen, dass als Ursache für das Fehlverhalten von Soldaten auch erzieherische Defizite in Familie und Schule in Betracht gezogen werden müssten. Denn wenn die Bundeswehr ein Spiegelbild der Gesellschaft ist, so gilt dies für ihre guten wie auch für ihre schlechten Seiten. Und dass es Defizite in der Erziehung in Schule und Familie gibt, ist nicht nur durch viele nationale und internationale Studien bestätigt, sondern hat sich auch in der öffentlichen Meinung fest verankert.

Es ist ganz im Sinne der Inneren Führung, dass Politik und Gesellschaft für erzieherische Defizite, die sich aufgrund der besonderen psychischen und physischen Belastungen des militärischen Dienstes am ehesten bei jungen Soldaten zeigen, mit in die Verantwortung genommen werden. Denn die soldatische Erziehung als wesentliches Element der Inneren Führung ist kein Reparaturbetrieb für gesellschaftliche Mängel. Allein das sachlich richtige Argument, bei den Skandalen in der Bundeswehr handele es sich um das Fehlverhalten Einzelner, macht deutlich, dass die soldatische Erziehung nicht auf deren „Nach-Erziehung" beschränkt werden darf. Soldatische Erziehung wendet sich an alle Soldaten und sie verfolgt eigene, positive Ziele, die aus dem militärischen Auftrag und nicht aus gesellschaftlichen Defiziten erwachsen.

Damit besteht aber noch keine Klarheit darüber, was mit der soldatischen Erziehung gemeint ist. Tatsächlich gibt es in der pädagogischen Begrifflichkeit der Bundeswehr so etwas wie eine "babylonische Sprachverwirrung", wie die folgende kleine Begebenheit zeigt: Wenige Monate vor Baudissins Tod im Frühsommer 1993 hatte ich die Gelegenheit, ein Interview mit ihm zu führen. Ich begann meine erste Frage mit dem Hinweis auf die häufige Verwendung des Erziehungsbegriffs in seinen frühen Reden und Artikeln. Baudissin ließ mich nicht ausreden, schüttelte heftig den Kopf und sagte: „Den Erziehungsbegriff habe ich nie genutzt. Ich selber habe immer nur von Bildung gesprochen!" Erziehung oder Bildung - das scheint eine wichtige Frage zu sein. Für den frühen Baudissin war Erziehung ohne jeden Zweifel der zentrale pädagogische Grundbegriff für die Konzeption der Inneren Führung. Offensichtlich hatte er mit dem

Erziehungsbegriff dieselben oder zumindest ähnliche pädagogische Inhalte verbunden wie später mit dem Bildungsbegriff. Selbst einer der wichtigsten Mitbegründer der Inneren Führung hatte also seine liebe Not mit dem Erziehungsbegriff. Erziehung in den Streitkräften zu verstehen und zu erklären - das ist ihm nie so richtig gelungen. So stellte etwa Ernst Wirmer, der erste Leiter der Abteilung Verwaltung im Bundesministerium der Verteidigung, nach einer hitzigen Kontroverse in einem Brief an den Bundesminster der Verteidigung Theodor Blank lapidar fest, dass Baudissins Erziehungsverständnis ihm auch weiterhin unklar geblieben sei.[150]

Dabei sind Baudissins Einlassungen zur soldatischen Erziehung alles andere als nur mit sich selbst ausgemachte Überlegungen. Er hatte immer darauf geachtet, dass die Konzeption der Inneren Führung unter weitestmöglicher Beteiligung gesellschaftlicher Gruppen, vor allem von Geistes- und Sozialwissenschaftlern, erarbeitet wurde. Die „Siegburger Tagungen", die in der Gründungsphase der Bundeswehr stattfanden, sind ein besonders beeindruckendes Beispiel für den Neuansatz, die innere Ordnung der Streitkräfte auf der Grundlage eines gesamtgesellschaftlichen und wissenschaftlich untermauerten Diskussionsprozesses zu gestalten.[151] Vor allem der Göttinger Erziehungswissenschaftler Erich Weniger, der sich bereits in der Wehrmacht intensiv mit Fragen der soldatischen Erziehung beschäftigt hatte und sich früh über die innere Ausgestaltung neuer deutscher Streitkräfte in der Demokratie Gedanken machte, hat Baudissins Erziehungsverständnis beeinflusst. Während der Debatte über die Wiederbewaffnung Deutschlands gehörte er zu den ersten Wissenschaftlern, die ihre Fachkompetenz und Autorität in die Diskussion einbrachten. Die noch zu schreibende Geschichte der Inneren Führung wäre ohne eine Würdigung der Beiträge, die Erich Weniger dazu geleistet hat, unvollständig.

Erich Weniger stand in der Tradition geisteswissenschaftlicher Pädagogen[152], die die Erarbeitung einer Militärpädagogik forderten, um die Praxis von Ausbildung, Bildung und Erziehung in der Armee zu verbessern. Denn im preußisch-deutschen Militär wurde Erziehung vor allem als Disziplinierung und später, unter dem wachsenden Einfluss sozialdemokratischer Bewegungen, auch als politische Indoktrinierung praktiziert. Als Herman Nohl, der Nestor der geisteswissenschaftlichen Pädagogik in Deutschland, im Jahre 1915 zum Kriegsdienst einberufen wurde, erlebte er in seiner militärischen Ausbildung die Anwendung von „… nur negativen Mitteln: Furcht, Drohung, Zwang, Brutalität, Freudlosigkeit". Er forderte daher einen neuen „… pädagogischen Geist, dessen Kern die Anerkennung der Menschenwürde im Soldaten und ein neues Verhältnis des Vorgesetzten zum Mann ist, und neue Methoden des soldatischen Unterrichts und der soldatischen Erziehung".[153] Durch Nohl erfährt der traditionelle soldatische Erziehungsbegriff eine entscheidende Wendung, die auch auf die Bundeswehr und ihre Innere Führung übertragen wurde: Erziehung soll sicherstellen, dass die militärischen Vorgesetzten die Menschenwürde ihrer unterstellten Soldaten beachten und diese jederzeit als Person behandeln. Erziehung meint damit, dem Einzelnen auch als Soldat ein Recht auf die eigene Persönlichkeitsentwicklung zu geben. Sie ist damit ein Gegenmittel gegen die Kultur der Erniedrigung von Soldaten und der Unterdrückung ihrer Individualität, wie sie für deutsche Armeen vor 1945 durchaus charakteristisch war.

Erich Weniger hat Nohls Gedanken aufgenommen und weiterentwickelt. Nachdem die Nationalsozialisten ihn im Jahre 1933 von seiner Hochschullehrerstelle entfernt hatten, „emigrierte" er in die Wehrmacht, um dort seine pädagogische Arbeit mit Erwachsenen fortzusetzen. Fünf Jahre später veröffentlichte Weniger ein Buch über „Wehrmachtserziehung und Kriegserfahrung". Darin sprach er sich gegen die Erziehungslehre des damaligen Generalmajors Friedrich Altrichter aus, der wenige Jahre zuvor Erziehung von Soldaten als „Entpersönlichung" definiert hatte. Für Altrichter bedeutete Erziehung, dem Soldaten vor allem durch Drill „… die für das zu erreichende Ziel gewünschte Richtung zu geben, d.h. ihn gleichzuschalten mit dem des Vorgesetzten und dem sittlichen Gehalt der militärischen Berufsgemeinschaft sowie mit den allgemeinen Grundsätzen der soldatischen Berufsethik".[154] Erziehung im Sinne Altrichters war also alles andere als die Gewährung des Rechts auf eigene Persönlichkeitsentwicklung. Weniger dagegen, der Kriegsfreiwilliger war und während des gesamten Ersten Weltkrieges als Artillerieoffizier an der Front diente, sprach sich gegen den Drill als Erziehungsmittel (nicht als Ausbildungsmittel!) aus. Er forderte stattdessen eine Erziehung zum denkenden Gehorsam, damit „… jeder einzelne Kämpfer Aufgabe und Befehl in Beziehung setzt zu der Lage, die er vorfindet, und nun selbständig und selbsttätig handelt im Bewusstsein der Zusammenarbeit mit den Kampfgenossen, ohne von Kommando, Hilfe und körperlicher Nähe des anderen abhängig zu sein".[155] Erziehung soll also das Personsein des Einzelnen sicherstellen, indem sie – ganz im Sinne der preußisch-deutschen Auftragstaktik – das Verantwortungsbewusstsein des Soldaten fördert und seine Bereitschaft und Befähigung zu selbständigem Handeln stärkt.

Zentraler Ort der Erziehung in der Armee sei, so Weniger, die Erziehungsgemeinschaft, aus der im Krieg die Kampfgemeinschaft erwüchse. Aus dem Begriff der Kampfgemeinschaft und dem Grundsatz, dass die soldatische Erziehung den Anforderungen eines künftigen Krieges an die Soldaten gerecht werden müsse, entwickelt Weniger drei Gesetze „… für die Friedensausbildung und für die Führung des Soldaten und der Truppe im Frieden. Erstens: es darf im Friedensdienst nichts geschehen, was die Kampfgemeinschaft des Krieges erschweren oder unmöglich machen könnte. Zweitens: der Friedensdienst hat die technischen und organisatorischen, die körperlichen und seelischen, die geistigen und sittlichen Voraussetzungen zu schaffen, auf denen im Kriege die Kampfgemeinschaft ruht. Drittens: Gehalt und Form der Kampfgemeinschaft müssen im Frieden symbolisch vertreten sein in den Lebensformen der Truppe, in Befehl und Gehorsam, im Umgang zwischen Führer und Geführten, im Verkehr der Mannschaft untereinander, im Auftreten der Truppe als Waffenträger der Nation und als Verkörperung der Staatsmacht."[156] Deutlich zeigt sich hier, dass Erziehung nicht auf die persönlichen Beziehungen zwischen Vorgesetztem und Untergebenen beschränkt werden darf, sondern den Gesamtzusammenhang von Führung, Ausbildung, Organisation, soldatischer Ordnung und die Einbindung der Streitkräfte in Staat und Gesellschaft umfasst. Im Mittelpunkt steht dabei, dass sich der soldatische Dienst auch im Frieden bzw. im Grundbetrieb immer an den Realitäten des Einsatzes orientieren muss.

Von 1950 bis zu seinem Tod im Jahre 1963 veröffentlichte Weniger zahlreiche Schriften, in denen er sich mit der Inneren Führung im allgemeinen und mit dem soldatischen Erziehungsbegriff im besonderen auseinander setzte. Dabei stimmte er sich eng mit Wolf Graf von Baudissin ab. Weniger und Baudissin haben die soldatische Erziehung fest an die Demokratie als Staats- und Lebensform gebunden und damit einen radikalen Bruch mit der deutschen Militärtradition vollzogen. Sie haben Erziehung in der Bundeswehr an das Leitbild des „Staatsbürgers in Uniform" gebunden und als indirekte Erziehung definiert, d.h. darauf begrenzt, die äußeren Rahmenbedingungen des militärischen Dienstes so zu gestalten, dass das Verantwortungsbewusstsein des Soldaten systematisch gefördert wird. Dazu sollten die Vorgesetzten dem einzelnen Soldaten oder der kleinen Einsatz- bzw. Kampfgemeinschaft Freiräume und mannigfaltige Situationen zur Einübung verantwortlichen Handelns gewähren. Denn, davon waren Baudissin und Weniger überzeugt, nur der verantwortlich handelnde Soldat könnte den Anforderungen moderner Kriege genügen. Sie unterstrichen damit, dass der Soldat nicht zum Rädchen in einer jede Individualität zermalmenden Maschine degradiert werden dürfte, sondern im Mittelpunkt der auf größtmögliche militärische Schlagkraft zielenden Organisation stehen müsste. Erzieherische Verantwortung der militärischen Vorgesetzten forderte also, die Persönlichkeitsentwicklung des Soldaten durch eine erzieherisch geleitete Führung und Ausbildung weitestmöglich zu fördern, damit er mit all seinen Kräften seine Aufgaben in Krieg und Einsatz übernehmen, d.h., um in dem Bild Clausewitz' zu bleiben, als Ringer im Zweikampf bestehen kann. Und selbstverständlich gehörte dazu, jederzeit die Menschenwürde des Soldaten und seine Rechte zu respektieren.

Auf diese Weise haben Baudissin und Weniger klar gestellt, dass der Erziehungsauftrag militärischer Vorgesetzter eben nicht ihrem Führungs- und Ausbildungsauftrag nachgeordnet ist, sondern geradezu das Primat besitzt. Erziehung sei keine Gelegenheitsaufgabe, die unabhängig von Führung und Ausbildung praktiziert würde, sondern eine permanente Aufgabe, die für die militärische Führung und Ausbildung den „pädagogischen Takt" vorgibt, so wie die linke Hand die Melodie beim Klavierspielen begleitet.[157] Und es wird auch klar, warum der Erziehungsauftrag an das Vorgesetztenverhältnis, d.h. in der Regel an den Dienstgrad und nicht etwa an Lebensalter und –erfahrung gebunden ist. Denn die Befugnis, Organisationsstrukturen, Führungsprozesse und Ausbildungsverfahren so zu gestalten, dass sie – bei Gewährleistung der Auftragserfüllung – der Persönlichkeitsentwicklung des Einzelnen dienen, ist in einer hierarchischen Organisation wie dem Militär notwendigerweise an die Amtsautorität gebunden.

Im Leitbild des „Staatsbürgers in Uniform" kommt diese positive Wendung des Erziehungsbegriffs besonders deutlich zum Ausdruck. Baudissin sagte dazu im Jahre 1954: „So ergibt sich die grundsätzliche Forderung, neben all den Bereichen des militärischen Lebens, in welchen nun einmal das Gesetz von Befehl und Gehorsam – nicht zuletzt im Interesse des Gehorchenden – herrschen muss, Bezirke einzuräumen und zur Gestaltung freizugeben, in denen der Mensch zum verantwortlichen Subjekt und damit zur Persönlichkeit wird. Diese Persönlichkeit ist der ‚Staatsbürger in Uniform', der alle Härten, Entbehrungen und notwendigen Einschränkungen seiner persönlichen Freiheit auf sich nimmt für die Erhaltung der freiheitlichen Lebensordnung."[158] Immer wieder wies er darauf hin, so zu organisieren, zu führen und auszubilden, dass „… ein möglichst großer freiheitlicher Raum für den Untergebenen gewahrt bleibt".[159] Dies sei das Markenzeichen für eine „vermenschlichte Organisation".

Das Bewusstsein für diese Zusammenhänge ist in der Bundeswehr weithin verloren gegangen. So nimmt es nicht Wunder, dass mit Frank Nägler ein Militärhistoriker vom Militärgeschichtlichen Forschungsamt darauf hinweisen muss, dass der „>Staatsbürger in Uniform< … nicht faktische Voraussetzung eines liberalen Binnengefüges der Streitkräfte (ist), sondern umgekehrt diese Ordnung für jenen Soldaten."[160] Mit diesem Verständnis konkurriert die auch heute noch verbreitete Lesart, dass der bereits erzogene „Staatsbürger in Uniform" Voraussetzung sei für den Aufbau einer freiheitlichen inneren Ordnung der Streitkräfte. Auf diese Weise fällt es leicht, der Gesellschaft die Verantwortung dafür zu übertragen, dass die in die Armee eintretenden jungen Soldaten noch keine Staatsbürger sind und sie damit indirekt auch für die nicht voll genutzten Möglichkeiten bei der weiteren Demokratisierung der Streitkräfte verantwortlich zu machen. Und manche Kritiker der Inneren Führung und ihres Integrationsgebots leiteten daraus sogar die Forderung ab, die Gesellschaft müsse an Haupt und Gliedern reformiert werden.[161] Es kommt also darauf an, das Leitbild vom „Staatsbürger in Uniform" wieder richtig herum aufzustellen und die pädagogischen Aufgaben, die sich daraus für die Bundeswehr ergeben, klar zu benennen.

Wenn heute den Vorgesetzten in der Bundeswehr das Bewusstsein für ihre pädagogischen Aufgaben fehlt, dann unterstreicht dieses Defizit die Notwendigkeit einer wissenschaftlichen Militärpädagogik. Dass dieses Aufgabengebiet bisher nicht in den Erziehungswissenschaften etabliert und durch Lehre und Forschung abgedeckt werden konnte, belegt deren weiterhin bestehende Ressentiments gegenüber dem Militär.[162] In vielerlei Hinsicht könnte eine wissenschaftlich fundierte Militärpädagogik dazu beitragen, die Soldaten der Bundeswehr bei der Bewältigung neuer Aufgaben zu unterstützen. Ihre Ergebnisse leisteten nicht nur einen Beitrag zur Persönlichkeitsentwicklung der Soldaten und hülfen bei der Vor- und Nachbereitung sowie der Durchführung militärischer Einsätze. Sie offerierten auch Angebote zur Effizienzsteigerung der Bundeswehr bis hin zu einer tieferen Integration von Gesellschaft und Streitkräften. Aber noch heute gilt, was Herman Nohl vor knapp 100 Jahren festgestellt hat: „… dass es in keiner Pädagogik das Kapitel Militärpädagogik gibt. Es wird das die erste Forderung sein: in die Pädagogik dieses Problem einzuführen und es mit den Mitteln der modernen Pädagogik zu behandeln".[163]

Die Innere Führung mit ihrem Leitbild vom „Staatsbürger in Uniform" geht davon aus, dass Soldaten in der Lage sein müssen, selbstverantwortlich zu handeln und Verantwortung für den Auftrag und die anvertrauten Menschen zu übernehmen. Verantwortung ist in der Bundeswehr das oberste Erziehungsziel. Aus dieser Perspektive gewinnen Treue, Tapferkeit, Disziplin, Einsatzwille und Kameradschaft ihre eigentliche Bedeutung. Aber was ist mit Verantwortung gemeint?

Im ersten Moment kommt vielen das „zur Verantwortung gezogen werden" in den Sinn. Wenn jemand einen Fehler gemacht oder gegen Gesetze verstoßen hat, wird er dafür zur Rechenschaft gezogen. Tatsächlich liegt in diesem Verständnis auch der ursprüngliche, noch aus dem Mittelhochdeutschen stammende Sinn von Verantwortung. Der „antwürter" ist der Angeklagte, der sich „durch Antworten verteidigen" muss. Idealtypisch erfolgt dies vor Gericht; hier prüft ein Richter, ob das dem Angeklagten zugerechnete Handeln und dessen Folgen den Gesetzen entspricht oder zuwiderläuft. Ein solches Handeln aus Verantwortung ist charakterisiert durch die Orientierung des Einzelnen an vorgegebenen Gesetzen und Verhaltensnormen. Angesichts einer möglichen Zurechnung der Folgen des Handelns ist hier die Angst vor Schuld ein wesentliches Motiv. Und wer die Truppenpraxis in der Bundeswehr kennt, weiß nur zu gut, dass die Suche nach dem Schuldigen („dafür ist Soldat X verantwortlich") und die daraus erwachsene „Absicherungsmentalität" durchaus geläufig ist.

Was passiert aber in Situationen, in denen es keine Gesetze oder Normen gibt, an denen der Einzelne sich orientieren kann und die ihm Verhaltenssicherheit geben? Was ist zu tun, wenn bisher gültige Gesetze und Normen nicht weiterhelfen? Es ist kein Wunder, dass vor allem militärische Führer sich früh mit diesen Fragen beschäftigt haben. Denn in Kriegen werden sie mit Unbestimmtheit und Ungewissheit konfrontiert. Ein nur an der Zurechnung orientiertes, bloß pflichtgemäßes Handeln reicht nicht aus, um im modernen Krieg als militärischer Führer bestehen zu können. Scharnhorst hatte bereits die Bedeutung des Verantwortungsbegriffs erweitert, indem er Selbständigkeit im Denken und Handeln forderte.[164] Clausewitz baut darauf in seiner Theorie des Krieges auf und ergänzt das Begriffsverständnis um eine weitere Dimension, indem er schreibt: „Der Krieg ist das Gebiet der Gefahr; es ist also Mut vor allen Dingen die erste Eigenschaft des Krieges. Der Mut ist doppelter Art: einmal Mut gegen die persönliche Gefahr, und dann Mut gegen die Verantwortlichkeit, sei es vor dem Richterstuhl irgendeiner äußeren Macht, oder der inneren, nämlich des Gewissens".[165] Verantwortung des Soldaten meint nicht nur die Zurechnung vor einer äußeren Macht (z.B. einem Kriegsgericht), sondern auch vor der inneren Macht des eigenen Gewissens. Wahrhaft sittliches Handeln erfolgt also nicht aus Angst vor einer gerichtlichen Zurechnung, sondern zu allererst, weil der Mensch es als verbindlichen Anspruch an seine Person erkennt und nur dadurch seine ethische Integrität wahren kann.

Der mitdenkende und ethisch gebundene Gehorsam ist allerdings kein Freibrief, die Ausführung eines Befehls zu verweigern, weil man mit dessen Zweck nicht einverstanden ist. Dies sieht auch der deutsche Soziologe Max Weber so und macht es an der Beziehung zwischen einem Politiker und einem Beamten (oder, so ließe sich hier ergänzen, einem Soldaten) deutlich. Pflicht und Ehre des Beamten (Soldaten) sei seine „... Fähigkeit, wenn - trotz seiner Vorstellungen - die ihm vorgesetzte Behörde auf einem ihm falsch erscheinenden Befehl beharrt, ihn auf Verantwortung des Befehlenden gewissenhaft und genauso auszuführen, als ob er seiner eigenen Überzeugung entspräche: ohne diese im höchsten Sinne sittliche Disziplin zerfiele der ganze Apparat. Ehre des politischen Führers, also des leitenden Staatsmannes, ist dagegen gerade die ausschließliche Eigenverantwortung für das, was er tut, die er nicht ablehnen oder abwälzen kann und darf."[166] Hier, gegenüber der Politik als der obersten Ebene von Verantwortung, ist Loyalität erforderlich. Sie darf allerdings nicht absolut gesetzt werden. In der deutschen Militärgeschichte gibt es einige Beispiele von militärischen Führern, die explizit gegen Befehle verstoßen haben, weil sie diese nicht mit ihrer Verantwortung vor ihrem Gewissen vereinbaren konnten.

Das hier skizzierte Verständnis von Verantwortung entspricht dem, was der Philosoph Walter Schulz mit Verantwortung als „Selbsteinsatz aus Freiheit" beschrieben hat. Damit bringt er das selbständige Handeln von Menschen für das gegenwärtige und zukünftige Wohl von Mitmenschen, ja letztlich für das Leben schlechthin, auf eine griffige Formel. Handeln als „Selbsteinsatz aus Freiheit" beruhe, so Walter Schulz, auf selbstgesetzten hohen ethischen Maximen. Diese öffneten dem Menschen erst die Augen für die Notwendigkeit seines persönlichen Einsatzes. Ohne solche Maximen sei der Mensch ethisch blind und könnte etwa die Erwartungen anderer Menschen an seinen persönlichen Einsatz gar nicht erkennen. Sein Handeln bliebe nur auf das beschränkt, was Gesetze, Vorschriften oder Pflichten von ihm verlangten. Walter Schulz weist uns noch auf einen elementaren Zusammenhang hin, ohne den das Wesen von Verantwortung nicht richtig verstanden werden kann. Verantwortliches Handeln resultiere, so Schulz, nicht aus einer äußeren Notwendigkeit, die mich zu einem bestimmten Tun zwingt, sondern beruhe auf der Freiheit des Einzelnen, sich als Person für das Wohl etwa von Mitmenschen zu binden. Freiheit und Verantwortung sind daher einander zugehörig wie zwei Seiten einer Medaille.[167]

Die ethische Maxime, sich etwa für andere Menschen einzusetzen, ist allerdings nicht grenzenlos. Hier gibt es ein Maß, das durch das „sich einsetzen *können*" bestimmt wird. Ein Mensch, der nicht helfen kann, weil er für den Einsatz nicht über die erforderlichen Mittel oder gar die Macht verfügt, ist auch nicht verantwortlich dafür. Daraus folgt aber im Umkehrschluss, dass eine Person dann zu einem verantwortlichen Handeln aufgerufen ist, wenn diese über die Macht oder sonstige Mittel dafür verfügt. Diesen Zusammenhang zwischen Verantwortung und Macht bzw. Können hat der Philosoph Hans Jonas in seinem Buch „Das Prinzip Verantwortung" herausgearbeitet, in dem er angesichts der technologischen Möglichkeiten des Menschen und der Verletzlichkeit der Natur eine „Ethik der Zukunftsverantwortung" entwickelt. „Die Sache", so schreibt Jonas, „wird meine, weil die Macht meine ist und einen ursächlichen Bezug zu eben dieser Sache hat. Das Abhängige in seinem Eigenrecht wird zum Gebietenden, das Mächtige in seiner Ursächlichkeit zum Verpflichteten. Für das so ihr Anvertraute wird die Macht objektiv verantwortlich und durch die Parteinahme des Verantwortungsgefühls affektiv engagiert..."[168]. Die „Ehrfurcht vor dem Leben", die der Arzt und Philosoph Albert Schweitzer für notleidende Menschen in Afrika praktizierte, mag dafür als Beispiel dienen. „Wahrhaft ethisch ist der Mensch nur, wenn er der Nötigung gehorcht, allem Leben, dem er beistehen kann, zu helfen und sich scheut, irgend etwas Lebendigem Schaden zu tun."[169]

Heute, in der Armee im Einsatz, ist die Erziehung zur Verantwortung wichtiger denn je. Dies liegt an der gestiegenen Komplexität der Aufgaben des Soldaten. Um Lagen richtig verstehen zu können, muss der Soldat über die Ziele und die Bewaffnung eines Gegners hinaus die politisch-historischen und psychisch-kulturellen Rahmenbedingungen mitbedenken. Zudem muss er trotz einer Vielzahl teilweise widersprüchlicher Informationen intuitiv die Lage richtig einschätzen können. Dabei kann er mit der Erkenntnis konfrontiert werden, dass sein Wissen und Können nicht ausreichen. Dennoch darf er nicht immer auf Befehle von oben warten. Verantwortung kann vielmehr ein selbsttätiges Handeln im Sinne der Absicht der übergeordneten Führung erfordern – bei vollem Bewusstsein für die Folgen des Handelns und der Zurechnung im Falle des Scheiterns. Dazu gehört auch die Selbstqualifikation während eines Einsatzes, um sich für die Wahrnehmung von Verantwortung zu „ermächtigen". Für die Durchführung militärischer Einsätze ließe sich folgender Grundsatz formulieren: Je unstrukturierter militärische Einsatzsituationen sind, desto wichtiger wird der auf selbstgesetzten ethischen Maximen beruhende „Selbsteinsatz aus Freiheit".

Die Erziehung zur Verantwortung hat auch eine sicherheitspolitische Dimension. Für die Begründung soldatischen Dienens reicht die allgemeine Pflicht zur Vaterlandsverteidigung nicht mehr aus. Die Verantwortung für die weltweite Geltung von Menschenwürde, Recht und Freiheit gewinnt an Bedeutung. Der Schutz und die Hilfe für die Menschen, denen die Teilhabe an diesen Werten verwehrt wird, stellt einen Anspruch dar an die Mitmenschen, die die Macht dazu haben oder haben könnten. Die Verbindlichkeit eines derartigen Anspruchs vermag aber nur eine ethisch sensible Person zu erkennen. Für die ethische Legitimation soldatischen Dienens ließe sich daher als Grundsatz formulieren: Je höher und allgemeiner die Bildung, desto eher erkennt der Soldat die Ansprüche, die weltweite Aufgaben an seine Person stellen.

Soldatische Erziehung in der Praxis

Was bedeutet Erziehung ganz konkret? Zunächst muss es immer darum gehen, die unterstellten Soldaten so zu führen und auszubilden, als seien sie ein wenig verantwortungsbewusster und reifer, als sie in Wirklichkeit sind. Das gibt ihnen eine Decke, nach der sie sich strecken können, dass gibt ihnen das Gefühl der Freiheit, die über das hinausreicht, was sie bisher erlebt und bewältigt haben. Es bedeutet, sich um sie zu kümmern, d.h. zu wissen, wer sie sind, was in ihnen steckt und was sie ggf. daran hindert, ihre Persönlichkeit, ihre Fähigkeiten und ihre Tugenden ganz in den Dienst der Sache zu stellen. Es bedeutet, ihnen Gewissheit zu geben, wichtig zu sein, dass sie es selbst sind, um die es trotz der notwendigen Ausrichtung am konkreten Auftrag immer auch geht. Es bedeutet, sie zu motivieren, d.h. sie zu Leistungen zu führen, die sie selbst überraschen. Es bedeutet, ihnen eine Chance zu geben, sich zu bewähren, auch wenn das Risiko besteht, sie könnten daran scheitern. Es bedeutet, Respekt vor den Leistungen des anderen zu haben, sich ohne Neid darüber zu freuen, wie er sich weiterentwickelt hat und zuzulassen, dass er stolz auf sich selbst sein kann. Und es bedeutet, ihnen Werte zu vermitteln und d.h. vor allem vorzuleben. Daher ist es nur konsequent, wenn militärische Führung auch mit dem Begriff der Liebe für seine Soldaten verbunden wird. Der Theologe Christian Walther beschreibt die Relation von Führung und Liebe als „… ein Geschehen…, durch das Führende und Geführte in einer spezifischen Weise aneinander vermittelt und so über technische und funktionelle Aspekte des Führens hinaus füreinander wirklich werden".[170] Es ist also eine gefühlsmäßige Bindung, die über die im Soldatengesetz verankerten Pflichten des Vorgesetzten weit hinausreicht. Ohne sie erstarrt Innere Führung schnell zu bloß rechtlich-bürokratischen Regelungen. Der Begriff der Liebe taucht in den Veröffentlichungen zu Führung und Erziehung in der Bundeswehr kaum auf. Es erfordert Mut und Leidenschaft, Führung so zu sehen.[171] Vielleicht ist dies aber auch ein Zeichen für eine verbesserungsbedürftige Orientierung an Einsatz und Krieg. Denn andere Armeen gehen mit diesem Begriff viel unkomplizierter um.

Im Hinblick auf die organisatorischen Rahmenbedingungen fordert Erziehung, die Organisation der Streitkräfte und ihrer einzelnen Dienststellen ebenso wie die Arbeitsabläufe in den Einheiten, Verbänden, Ämtern und Schulen so zu gestalten, dass bürokratische Regelungen die Arbeit erleichtern und Vorgesetzten und Untergebenen ausreichend Freiräume haben, verantwortliches Handeln einzuüben bzw. zu praktizieren. Vorgesetzte müssen ihren Mitarbeitern gezielt Freiräume gewähren, damit diese ihr Verantwortungsbewusstsein, insbesondere ihre gestalterischen Fähigkeiten üben können. Regelungswut und übermäßige Bürokratie sind der größte Feind der Erziehung. Denn diese schränkt eben gerade die Freiräume ein – für die Soldaten, aber auch für die Vorgesetzten. Soldatische Erziehung wendet sich auch gegen die Vorstellung einer technokratischen Führung in der Bundeswehr. Statt weitestmöglich zentral von oben zu führen geht es ihr darum, Werte zu vermitteln und Freiräume zu gewähren, um auf diese Weise die Gestaltungskraft von unten zu fördern.[172]

Erziehung in den Streitkräften, richtig verstanden und richtig angewandt, ist ein Schutzschild gegen übermäßige Bürokratie und technokratische Machbarkeitsträume. Damit wird deutlich, dass Erziehung sich nicht nur an die jungen Offiziere und Unteroffiziere richtet, die sicherlich eng mit und an den Soldaten arbeiten. Es ist Aufgabe derjenigen, die die Macht über Rahmenbedingungen haben, diese so zu gestalten, dass Freiräume für selbstverantwortliches Handeln entstehen. Wenn die Bürokratie inzwischen so mächtig ist, dass sie sogar die Handlungsfreiräume im Einsatz einschränkt[173], dann unterstreicht dies, dass die organisatorischen Rahmenbedingungen dringend reformiert werden müssen. Dafür sind vor allem die Politiker und die Generale bzw. Admirale verantwortlich. In diesem Sinne sind die politische Leitung und die militärische Führung die „obersten Erzieher" in der Bundeswehr.

Erziehung stellt auch konkrete Anforderungen an die politische Bildung. Diese meint zunächst einmal die Wissensvermittlung, um den Sinn des soldatischen Dienstes zu verstehen, die politischen Hintergründe und die politische und ethische Legitimation eines bestimmten Einsatzes zu erkennen sowie Kenntnisse über das Einsatzland und deren besondere Bedingungen zu erwerben. Politische Bildung hat aber eine erzieherische Dimension, die über die Unterrichtung hinaus geht. Im Sinne der indirekten Erziehung meint die politische Bildung vor allem, dass die Soldaten die Grundwerte, für deren Erhaltung sie ggf. auch mit ihrem Leben eintreten, im täglichen Dienst selbst erleben. Sie steht daher in einer engen Beziehung mit der Menschenführung, der Ausbildung sowie der soldatischen Ordnung. Auch die Beteiligung von Soldaten in der Dienst- und Ausbildungsgestaltung oder bei der Durchführung der politischen Bildung ist Teil davon.[174] Baudissin sprach in diesem Zusammenhang von einer „Erlebnistherapie", um deutlich zu machen, dass Vorgesetzte Erlebnisse schaffen und dabei wohl überlegt ans Werk gehen müssen.

Diese Beispiele zeigen, wie wichtig die Erziehung für die Umsetzung der Inneren Führung vor allem in der Truppe ist. Wer seinen Erziehungsauftrag als „Herzstück"[175] der Inneren Führung nicht versteht, kann sie auch nicht richtig praktizieren. Ein klares Bewusstsein über soldatische Erziehung hilft dabei, den einzelnen Soldaten immer als Person zu behandeln und seine Bereitschaft zu einem verantwortlichen Handeln zu fördern. Sie trägt dazu bei, dass Veränderungen nicht auf Strukturentscheidungen begrenzt bleiben und verhindert, dass sozialtechnokratische Machbarkeitsvorstellungen die Führungskultur bestimmen. Als Armee im Einsatz bei gleichzeitiger Transformation benötigt die Bundeswehr eine Rückbesinnung auf die soldatische Erziehung.

Die Definition von Erziehung als eine indirekte Erziehung, die vor allem Anregungen und Erfahrungen für die Selbsterziehung ermöglicht, ruft das Gegenargument einer Idealisierung des jungen Soldaten, vor allem des Grundwehrdienst Leistenden, auf den Plan. Dagegen ließe sich das alte pädagogische Argument einwenden, dass jeder gute Erzieher im zu Erziehenden den Menschen voraussetzt, der dieser erst noch werden soll. Dieses Argument wirkt für viele Vorgesetzte in der Bundeswehr nicht allzu überzeugend. Selbst als Ausbildungsarmee war die Bundeswehr kein "pädagogischer Schonraum" wie etwa eine Schule, die von dem Ernst des normalen Lebens abgegrenzt ist. Erst recht scheint dies für eine Armee im Einsatz zu gelten.

Allerdings hat der Umbau der Bundeswehr in den letzten 15 Jahren Rahmenbedingungen geschaffen, die für eine Revitalisierung der Erziehung durchaus günstig sind. Die Anzahl der Grundwehrdienst Leistenden wurde radikal reduziert; mit ihnen wurden die auf Masse angelegten Waffensysteme wie Kampfpanzer und Artilleriesysteme stark abgebaut. Heute sind selbst die Grundwehrdienst Leistenden in gewisser Weise "Freiwillige": Wer nicht will, muss trotz der allgemeinen Wehrpflicht keinen militärischen Dienst leisten. Alternativen sind vielfältig und frei zugänglich. Das bedeutet, dass die heutigen Grundwehrdienstleistenden nicht wie ihre Vorgänger in den 70er und 80er Jahren behandelt werden dürfen. In gewisser Weise ist die Bundeswehr bereits eine Freiwilligenarmee und muss wie verbündete Armeen, die bereits vor Jahren ihre Wehrstruktur umgestellt haben, die Theorie und Praxis von Führung, Ausbildung und Erziehung dem neuen Klientel anpassen.

Weiterhin hat sich das Bildungsniveau der Zeitsoldaten in der Bundeswehr sehr positiv entwickelt. Das Weißbuch 2006 liefert Zahlen, die für die meisten wohl überraschend sind: „Im Jahre 2005 verfügten 70 Prozent der eingestellten Bewerberinnen und Bewerber für die Laufbahngruppen der Mannschaften und Unteroffiziere bereits über einen qualifizierten Berufsabschluss. Bei den eingeplanten Bewerberinnen und Bewerbern für die Laufbahnen der Feldwebel lag der Anteil mit den Schulabschlüssen der Mittleren Reife, Fachhochschulreife oder Abitur bei 93 Prozent".[176] Damit sind die Voraussetzungen für die soldatische Erziehung zu selbstverantwortlichem Handeln besonders gut. Und die Bundeswehr sollte sich ernsthaft daran orientieren, denn in dem Kampf um das beste Personal auf dem Arbeitsmarkt liegt hier ein wichtiger Wettbewerbsvorteil, den die Streitkräfte gegenüber Industrie und Wirtschaft haben.

Der Erziehungsauftrag sollte integraler Bestandteil des Selbst- und Berufsverständnisses der Vorgesetzten aller Ebenen sein. Vorgesetzte müssen sich Klarheit über ihre erzieherische Verantwortung verschaffen, sie müssen diese Aufgabe annehmen und kreativ umsetzen. Und sie müssen Erziehung auch als Pflicht verstehen, an sich selbst zu arbeiten und Selbsterziehung beispielhaft vorleben. Dazu gehört neben der Selbstreflexion auch das Einholen von Rat – auch von Untergebenen – sowie das Eingestehen von Fehlern. Auf diese Weise erhöhen sie in Zeiten der Transformation ihre Autorität als Vorgesetzte.

Und was bedeutet "Bildung"?

Die preußischen Heeresreformer Scharnhorst und Clausewitz benutzten in ihren Reformkonzepten nicht den Erziehungsbegriff, sondern ausschließlich den Bildungsbegriff. Die von ihnen gegründete Kriegsakademie etwa wurde als "Hauptbildungsstätte der ganzen Nation für den Krieg" bezeichnet. Für sie war Bildung der Leitbegriff, mit dem die Selbständigkeit gefördert und die Attraktivität des Soldatenberufs auch für die bürgerlichen Schichten erhöht werden sollte.[177]

Als Baudissin und Weniger die pädagogische Zielsetzung der Inneren Führung ausarbeiteten, glaubten sie, den Bildungsbegriff trotz seiner Nähe zu den preußischen Heeresreformen nicht nutzen zu können. Denn er war durch das deutsche Bildungsbürgertum angesichts des Drucks anti-liberaler Kräfte im 19. Jahrhundert auf eine apolitische und ästhetische Bedeutung verkürzt worden. Mit dem an individueller und gesellschaftlicher Freiheit orientierten Bildungsbegriff der preußischen Reformphase hatte jener nichts mehr gemein.

Die nationalsozialistische Rassenlehre sowie der Eroberungs- und Vernichtungskrieg von 1939 bis 1945 hatten den deutschen Bildungsbegriff, so schien es Anfang der 50er Jahre, endgültig diskreditiert. Dies änderte sich erst im Zuge der Bildungsreformen Ende der 60er und Anfang der 70er Jahre. Nun erschien eher der Erziehungsbegriff antiquiert und ungeeignet, das neue Denken auf den Begriff zu bringen. Daraus resultierte wohl auch Baudissins Aussage in dem oben dargestellten Interview, er habe den Erziehungsbegriff nie benutzt. Unabhängig davon, ob der Bildungs- oder Erziehungsbegriff im Vordergrund standen: Immer wurde mit diesen Begriffen deutlich gemacht, worum es bei Führung und Ausbildung sowie Reformen und organisatorischen Änderungen gehen sollte: um den Schutz der Menschenwürde, die Achtung der Person, die weitestmögliche Entwicklung seiner Persönlichkeitseigenschaften, die Abwehr bürokratischer bzw. technokratischer Tendenzen und die Etablierung einer „Kultur der Freiheit" innerhalb des Militärs. Auf diese Weise sollte eine Armee gestaltet werden, die den Anforderungen moderner Kriege bzw. Einsätze gewappnet ist.

3.3 Ist Innere Führung einsatzorientiert?

Über 50 Jahre hinweg hat es die Innere Führung nicht geschafft, die Vorurteile, sie sei unsoldatisch und trüge zur Verweichlichung der Soldaten bei, zu widerlegen. Bis heute hält sich zumindest hinter vorgehaltener Hand der Vorwurf, die Innere Führung wäre nicht einsatzorientiert.[178] Sie habe zur „Vergeistigung" des Offizierberufs beigetragen und den militärischen Dienst mit Eigentümlichkeiten der zivilen Arbeitswelt infiziert. Als Beleg für diese Vorwürfe werden u.a. die langjährige akademische Ausbildung der Offiziere oder gesetzliche Bestimmungen wie beispielsweise das neue Soldatengleichstellungsdurchsetzungsgesetz angeführt. Und in der militärischen Praxis wird dieses Vorurteil immer wieder dadurch bestätigt, dass bei Übungen der G 1 bzw. der A 1, der für die Bearbeitung der Fragen der Inneren Führung in einem Stab zuständig ist, kaum eine größere Rolle spielt, wenn er denn überhaupt anwesend ist. Und so ist es nicht verwunderlich, dass das Weiterbildungsangebot des Zentrums Innere

Führung von den Teilstreitkräften und Organisationsbereichen der Bundeswehr und den verschiedenen Waffengattungen des Heeres unterschiedlich wahrgenommen wird. Solche Teilstreitkräfte und Waffengattungen, die mehr als andere mit Kampfeinsätzen in Verbindung gebracht werden, waren unter den Lehrgangsteilnehmern am Zentrum Innere Führung bisher unterrepräsentiert.[179]

Vielen Kritikern der Inneren Führung gilt Wolf Graf von Baudissin als Personifizierung dieser Verweichlichungswelle. Sie hielten ihm über Jahrzehnte hinweg vor, er verfüge über keine ausreichende Fronterfahrung im Zweiten Weltkrieg. Dass er bereits im April 1941 in britische Kriegsgefangenschaft geriet und dadurch nicht am Kampf der Wehrmacht im Osten teilnahm, habe dazu geführt, so lautete ihre Schlussfolgerung, dass die Konzeption der Inneren Führung zu idealistisch geraten sei. Dieses Urteil gelte vor allem im Hinblick auf die Qualitäten und Einstellungen der jungen wehrdienstfähigen Männer. Solange die Gesellschaft nicht einen „fertigen Staatsbürger" am Kasernentor abgebe, könne es auch keinen „Staatsbürger in Uniform" geben.

Ab wann aber ist der junge Mensch ein vollwertiger „Staatsbürger"? Es wird immer so sein, dass Vorgesetzte in der Bundeswehr die Fähigkeiten und Einstellungen der jungen Menschen, die sie führen, ausbilden und erziehen sollen, eher skeptisch beurteilen. Daraus erwachsen wie von selbst kritische Anfragen an Staat und Gesellschaft, vor allem an die Qualität der Schulausbildung und der familiären Erziehung. In Industrie und Wirtschaft ist dies auch nicht anders. Das Leitbild vom „Staatsbürger in Uniform" lenkt aber den Blick nicht so sehr auf die Fähigkeiten und Einstellungen, die der junge Staatsbürger bei seinem Dienstantritt gewissermaßen als „Marschgepäck" mitbringt, sondern auf die Rahmenbedingungen, unter denen er als Soldat dienen soll. Dazu gehört zu aller erst, dass er auch in Uniform über die gleichen Grundrechte verfügt wie alle anderen Staatsbürger, es sei denn, sie sind aufgrund militärischer Notwendigkeiten gesetzlich eingeschränkt. Diesen Anspruch haben die Vorgesetzten jederzeit zu garantieren. Darüber hinaus müssen sie so führen, ausbilden und erziehen, dass der „Staatsbürger in Uniform" – unabhängig davon, wo seine Startlinie liegt - sich in seiner Persönlichkeit weiter entwickeln kann. Und schließlich soll die Bundeswehr, wie Baudissin es einmal formulierte, eine „vermenschlichte Organisation" sein, die ihren Angehörigen Beteiligung und Anerkennung gewährt. Freier Mensch, guter Staatsbürger und vollwertiger Soldat zu sein – das gehört zusammen und es befruchtet sich gegenseitig. Und dieser Dreiklang formuliert hohe Ansprüche an den einzelnen Soldaten wie auch an deren Vorgesetzte. Mit weicher Welle hat dies sicherlich nichts zu tun.

Natürlich wäre es für die Streitkräfte einfacher, junge Menschen würden ihren Wehrdienst in vollem Bewusstsein ihrer staatsbürgerlichen Pflichten, in Kenntnis der sicherheitspolitischen Lage und mit Einsicht in den Sinn soldatischen Dienens antreten. Dies ist ein Ideal, das allerdings nur annäherungsweise erreicht werden kann. Die Bundeswehr kann und muss dafür realistische Erwartungen an Politik und Gesellschaft formulieren. Letztlich muss sie die Menschen so nehmen, wie sie sind. Es liegt dann in ihrer Verantwortung, dass der Einzelne sich während seiner Wehrdienstzeit als Mensch, Staatsbürger und Soldat weiterentwickeln kann. Insofern steht die Bundeswehr in einer Reihe mit anderen staatlichen Einrichtungen wie den Schulen und gesellschaftlichen Institutionen wie der Familie, deren Aufgabe es ist, das staatsbürgerliche Bewusstsein zu fördern. Sie hat daran auch ein eigenes Interesse, da staatsbürgerliches Verantwortungsbewusstsein sich positiv auf die Einsatzfähigkeit des Soldaten auswirkt.

Dass für Baudissin das Leitbild vom „Staatsbürger in Uniform" und eine fordernde Ausbildung zusammengehörten, hat der Militärhistoriker Helmut R. Hammerich nachgewiesen, indem er dessen Führung als Kommandeur der Kampfgruppe C2 (Brigade) in Göttingen unter der Fragestellung „Kerniger Kommiss oder Weiche Welle?" beleuchtete.[180] Hammerich weist nicht nur darauf hin, dass in der gesamten deutschen Militärgeschichte immer dann, wenn das Kriegsbild sich änderte, über neue Ausbildungskonzepte gestritten wurde. Er zeigt auch, dass Baudissin gezielt mit Slogans wie „Elend des

Baudissinismus" und „ÖTV-Graf" diffamiert wurde, um ein negatives Bild über den Reformer und die Innere Führung zu verbreiten. Dies erfolgte durchaus ohne Rücksichtnahme auf eine zunehmende Verunsicherung unter den Offizieren und die daraus resultierenden Auswirkungen auf die Einsatzfähigkeit der Bundeswehr. Und in der Öffentlichkeit verfestigte sich nicht zuletzt durch diese Diffamierung die Meinung, die Bundeswehr sei eine „Gammelarmee".[181] Baudissin dagegen hat in einer Weise geführt, die sowohl bei seinen unterstellten Offizieren als auch bei Vorgesetzten höchste Wertschätzung erfahren hat. Er weckte die Einsicht in die Notwendigkeit einer fordernden Ausbildung, legte viel Wert auf die Aus- und Weiterbildung der Inneren Führer in der Truppe und trat selber stets vorbildlich auf (z.B. intensive Dienstaufsicht auch bei Nacht, gleicher Anzug wie die Soldaten).

Es war zu keinem Zeitpunkt das Ziel der Inneren Führung, demokratische Verfahren wie die Wahl von Vorgesetzten oder Mehrheitsentscheidungen einzuführen. Die Demokratisierung der Streitkräfte hat Grenzen. Es ist nicht zuletzt die Innere Führung selber, welche die Verantwortung des Vorgesetzten für seine Entscheidungen unterstrichen hat. „Wie könnte", so fragte General a.D. Ulrich de Maizière, sonst „… die Bundeswehr ein politisch zuverlässiges Instrument in der Hand der legitimen politischen Führung sein, wenn der Minister und die Inspekteure nicht einen Durchgriff in die unterste Ebenen hätten, oder wenn gar nachgeordnete Kommandeure in ihren Entscheidungen von der Zustimmung ihrer Untergebenen abhängig gemacht würden."[182] Aber wo die Grenzen der Gewährung von Freiräumen liegen, das ist von vielen Faktoren abhängig und das muss jeder Vorgesetzte in seinem Verantwortungsbereich immer wieder überprüfen und ggf. anpassen.

Im übrigen ist der Vorwurf der Verweichlichung allein schon deshalb absurd, weil - auch wenn Wolf Graf von Baudissin der prominenteste Vertreter der Vätergeneration der Inneren Führung ist - auch die späteren Generale Johann Adolf Graf von Kielmansegg und Ulrich de Maizière maßgeblich zu ihrer Ausarbeitung und Umsetzung beigetragen haben. Und diese Offiziere waren bis zum Ende des Zweiten Weltkrieges Soldat und aktiv an der Operationsplanung und -führung bzw. den Gefechten im Osten beteiligt.[183]

Offensichtlich haben viele Kritiker der Inneren Führung vergessen, dass diese selber die Kriegs- und Einsatzorientierung der Bundeswehr betont hat. Schon im „Handbuch Innere Führung" aus dem Jahre 1957 haben die Väter der Inneren Führung, wenn auch unter anderen sicherheitspolitischen Rahmenbedingungen, unmissverständlich festgestellt: „Die einzig legitime Frage für den Neuaufbau der Streitkräfte in der heutigen Situation lautet: Wie kann die deutsche Bundeswehr als ein Instrument von höchster Schlagkraft gestaltet werden?"[184] General a.D. Ulrich de Maizière hat diese Frage rückblickend folgendermaßen beantwortet: „Die innere Ordnung der Streitkräfte war so auszugestalten, dass die unverzichtbare hierarchische Ordnung und das System von Befehl und Gehorsam in ein ausgewogenes Verhältnis mit den Grundsätzen von Freiheit und Menschenwürde gebracht wurden. Das Ziel aller Bemühungen musste sein, eine funktionsfähige Armee zu schaffen, sich dabei aber solcher Wege und Methoden zu bedienen, die den politischen, rechtlichen und sozialen Maßstäben des Grundgesetzes entsprachen".[185] Als Folge des Verfassungsgebotes in Art. 87a des Grundgesetzes („Der Staat stellt Streitkräfte zur Verteidigung auf") leistet auch die Innere Führung ihren Beitrag dazu, ein Höchstmaß an militärischer Leistungsfähigkeit sicherzustellen. Dabei – und, so sollte man sagen, gerade deshalb – garantiert sie ein Höchstmaß an Freiheit und Rechten für den einzelnen Soldaten.

Auch bei der Verankerung der Streitkräfte in der Gesellschaft und der politischen Bildung der Soldaten geht es der Inneren Führung immer um deren Einsatzfähigkeit. Im mit ideologischen Mitteln geführten Kalten Krieg waren der Rückhalt der Soldaten in Politik und Gesellschaft ebenso wie ihre Überzeugung vom Sinn ihres Dienstes ein wichtiger Gradmesser für Verteidigungsbereitschaft. Diese wurde nicht nur durch die psychologische Kriegführung des Warschauer Pakts, sondern auch durch innergesellschaftliche Auseinandersetzungen in Mitleidenschaft gezogen. Die Demonstrationen Hunderttausender deutscher Bürger gegen den NATO-Doppelbeschluss und die gewalttätigen Auseinandersetzungen um die Feierlichen Gelöbnisse der Bundeswehr in Bremen zu Beginn der 80er Jahre mögen als Beispiele dienen, dass Soldaten in diesem inner-gesellschaftlichen „Ringen" eine wichtige Rolle spielten und dafür – in einem demokratischen Sinne – „geistig gerüstet" sein mussten.

Heute, für die Armee im Einsatz, ist die politische und ethische Bildung wichtiger denn je.[186] Wenn militärische Einsätze nicht klar begründet werden oder die von der Politik gegebene Begründung nicht richtig gegenüber der Öffentlichkeit und den Streitkräften ver-mittelt wird, dann hat dies Auswirkungen auf die Motivation der Sol-daten. Der Einsatz deutscher Soldaten im Rahmen der EUFOR RD CONGO im Jahre 2006 ist dafür ein gutes Beispiel. Der Politik ist es zunächst kaum gelungen, eine überzeugende Antwort auf die Fragen nach dem Warum des Einsatzes zu geben. Und sicherlich gab es auch innerhalb der Bundeswehr Defizite in der Vermittlung der politisch-ethischen Legitimation. Der Unmut der Soldaten über manche An-laufschwierigkeiten vor allem im logistischen Bereich kann wohl auch darauf zurückgeführt werden, dass sie den Sinn des Einsatzes nicht nachvollzogen hatten. Erst vor Ort haben sie die Notwendigkeit und Richtigkeit ihres Einsatzes erkannt. Heute gilt die Operation als ü-beraus erfolgreich.

General Ulrich de Maizière (1912-2006)

Es gibt aber auch Beispiele, in denen die Motivation der Soldaten vor oder zu Beginn eines Einsatzes hoch war, dann aber im Verlauf des Einsatzes signifikant abnahm.[187] Auch in solchen Situationen
ist die politische Bildung ein wichtiges Führungsmittel. Enttäuschun-
gen bei den Soldaten, die durch ausbleibende politische Fortschritte
in den Einsatzgebieten verursacht werden, können dadurch sicherlich
nicht behoben werden. Zumindest kann die politische Bildung Verständnis für die Schwierigkeiten im Friedensprozess wecken. Und
auch nach Beendigung eines Einsatzes muss die politische Bildung
fortgesetzt werden. Die Soldaten interessieren sich in der Regel für
den weitere politische Entwicklung in der Region, für die sie ja einen
persönlichen Beitrag geleistet haben. Und nicht zuletzt kann politische Bildung dazu beitragen, die Einsatzmotivation der Soldaten zu

erhalten. Denn der nächste Einsatz ggf. in derselben Region wird bereits geplant.

Für die schnell verlegbaren Einsatzkräfte wie die *NATO Response Force* (NRF) und die *Battlegroups* der EU (EU BG) haben die politische und die ethische Bildung eine wichtige einsatzvorbereitende Funktion. Wenn ein solcher Verband in der Lage sein soll, innerhalb von 5 bis 30 Tagen in ein Einsatzgebiet zu verlegen, dann muss sichergestellt sein, dass die Soldaten vorweg gut informiert sind - über die politischen Kriterien für Einsätze der Bundeswehr, über das Konzept der NRF und EU BG, über Zwecke und Ziele möglicher Einsätze sowie über potentielle Einsatzgebiete und deren politisch-kulturelle Besonderheiten.

Die Innere Führung betont aber nicht nur die Bedeutung dieser eher „weichen Themen". Es war vor allem das Zentrum Innere Führung, das bereits in den 80er Jahren den Themen „Menschenführung im Gefecht" und „Drill als Ausbildungsmittel" neue Aufmerksamkeit schenkte. Vor diesem Hintergrund mag der heute bisweilen zu lesende Vorwurf, die Innere Führung schicke die Soldaten mit CDs für Stressbewältigung in einen kriegsähnlichen Einsatz, geradezu absurd erscheinen. Und wenn das Zentrum Innere Führung seit Mitte der 90er Jahre Vorgesetzte in einer einwöchigen Ausbildung für die Einsatzkontingente mit Themen wie Geiselhaft und Gefangenschaft, Verwundung und Tod sowie soldatischem Verhalten in ethischen Grenzsituationen konfrontiert[188], so verfolgt es damit das Ziel, die Handlungsfähigkeit des Soldaten zu steigern. Keineswegs geht es ihr darum, dadurch sein Selbstbewusstsein und Selbstvertrauen zu unterminieren.

Es ist doch gerade die Konzeption der Inneren Führung, die die Besonderheiten des Soldatenberufs[189] klar benennt, wie z.B. die hierarchische Organisation mit klaren Über- und Unterordnungsverhältnissen, die Verfügungsgewalt über Waffen mit erheblichem Zerstörungspotential oder das Prinzip von Befehl und Gehorsam. Und dazu gehört natürlich auch die weitreichende Treuepflicht des Soldaten, die, wenn erforderlich, den Einsatz des eigenen Lebens verlangt. Gerade weil die Konzeption der Inneren Führung diese Besonderheiten des soldatischen Dienstes für unerlässlich hält, fordert sie von allen Soldaten, ihr Handeln an die Werte und Normen des Grundgesetzes zu binden. Und sie stellt hohe Anforderungen an die Menschenführung, gerade auch im Einsatz. Wer seine Unterstellten nach Gutsherrenart führt, ihre Würde und ihre Rechte missachtet und sie nicht als verantwortungsvolle Personen behandelt, darf sich nicht wundern, wenn diese spätestens im Einsatz mit Frustration, Rückzug und sogar mit einer „stillen Verweigerung" reagieren. Wer seine Soldaten nach den Grundsätzen der Inneren Führung führt, darf erwarten, dass sie im Grundbetrieb ebenso wie im Einsatz initiativreich und selbständig handeln. Wenn Soldaten das Instrument der Beschwerde oder der Eingabe an den Wehrbeauftragten des Deutschen Bundestages nutzen, um auf Führungsfehler von Vorgesetzten hinzuweisen, dann dient dies nicht nur der Wiederherstellung der Rechte und der Würde der betroffenen Soldaten, sondern auch der Aufrechterhaltung der Einsatzbereitschaft einer Einheit oder eines Verbands. Mit Verweichlichung und Zivilisierung hat das sicherlich nichts zu tun.

Zeugt es nicht von der Einsatzorientierung der Inneren Führung, dass sie die Veränderungen im modernen Kriegsbild analysiert und daraus konkrete, bisweilen auch unangenehme Erwartungen an Politik, Gesellschaft und Streitkräfte ableitet? Ist es nicht vielmehr eine Verdrängung der neuen Anforderungen an die Soldaten im Einsatz, wenn bestimmte Teilstreitkräfte und Waffengattungen der Bundeswehr ihre Vorgesetzten nicht zur Ausbildung an das Zentrum Innere Führung schicken? Manche Kritiker der Inneren Führung haben wohl immer noch das historische Beispiel des Ostfeldzugs der Wehrmacht im Hinterkopf, wenn sie der Inneren Führung vorwerfen, sie sei nicht kriegs- bzw. einsatzorientiert. Aber wäre die Wehrmacht, so herausragend viele ihrer militärischen Leistungen beurteilt werden mögen, für die modernen Einsätze der Bundeswehr, die in einem veränderten sicherheitspolitischen Szenario stattfinden, das richtige Vorbild? Und kann die Wehrmacht angesichts ihrer Verstri-

112

ckungen in Kriegsverbrechen beispielhaft für die Bundeswehr als Armee im Einsatz sein?

Die Frage, ob die Innere Führung einsatzorientiert ist, kann also mit einem klaren Ja beantwortet werden. Dennoch muss der immer wieder vorgebrachte Vorwurf der Verweichlichung ernst genommen werden. Ihr „Image" muss nachjustiert werden. Es ist daher wichtig, dass die Innere Führung ihren Beitrag zum Erhalt und zur Steigerung der Einsatzfähigkeit der Bundeswehr deutlich herausarbeitet. Einsatzversorgung, Betreuung der Familien, psychologische Betreuung[190], Erziehung und Bildung sind kein Luxus einer verweichlichten Armee, sondern sind eine Folge des modernen Kriegs- bzw. Einsatzbilds. Lagen der Inneren Führung müssen künftig Teil von einsatzvorbereitenden Übungen sein; Führungskräfte in den Einsatzkontingenten müssen eine Ausbildung am Zentrum Innere Führung nachweisen können. Und diejenigen, die sich um die Vermittlung der Inneren Führung und ihre Weiterentwicklung von Amts wegen kümmern, müssen ihre Einsatzorientierung selber beispielhaft vorleben. Und sie sollten gegen bestimmte Missverständnisse „in den eigenen Reihen" argumentativ einschreiten. Wer in einer Besprechung eine Übung mit einem Massenanfall von Verwundeten kritisiert, weil die Bundeswehr doch nicht für Einsätze, in denen so etwas geschehen könne, vorgesehen sei, darf er sich dabei nicht auf die Innere Führung berufen. Andererseits müssen Vorgesetzte dringend eingreifen, wenn Offiziere erklärten, sie hätten Karriere auch ohne die Innere Führung gemacht. Der persönliche Stolz darauf, die Innere Führung gering zu schätzen, darf nicht belohnt werden. Wer Innere Führung bewusst missversteht und sie aus politischen Erwägungen denunziert, untergräbt ihren unverzichtbaren Beitrag für den Erhalt und für die Steigerung der Einsatzfähigkeit der Bundeswehr. Und solche Vorgesetzte dürfen in der Bundeswehr als einer Armee im Einsatz nicht gefördert werden!

3.4 Ist Innere Führung links?

Die Bundeswehr befindet sich gegenwärtig in der größten Umbruchphase ihrer Geschichte. Strukturen, Konzeptionen, Ausrüstungen, Führungs- und Ausbildungsmodelle wurden und werden weiterhin radikal verändert. Wie ist angesichts dieses dramatischen Wandels zu erklären, dass es um die Innere Führung relativ ruhig geworden ist, während in den 70er und 80er Jahren die Auseinandersetzungen um die Innere Führung schon fast den Charakter von „Schicksalsfragen" hatten? Wo bleiben die Versuche, neue Wege zu gehen und beispielsweise die Diskussion darüber mit einem „Kursbuch Innere Führung 2020" anzuregen? Und warum gibt es heute keine „Leutnante 70" oder „Hauptleute von Unna", die mit provozierenden Thesen zum Zeitgeschehen die Debatte über ein zukunftsorientiertes Berufsbild voranbringen?

Der politische Geist der 68er Reformbewegung machte auch vor den Kasernentoren der Bundeswehr nicht Halt. Sozialwissenschaftler wie Martin Kutz, Rudolf Hamann und Wolfgang R. Vogt trugen gesellschaftskritisches Denken in die Bundeswehr hinein und konfrontierten das weithin traditionelle Berufs- und Selbstverständnis der Offiziere mit neuen Ideen.[191] Sie gingen davon aus, dass die Innere Führung bereits ab Mitte der 50er Jahre an den sogenannten Traditionalisten gescheitert war. Daher beabsichtigten sie, die Reformkonzeption der Inneren Führung endlich zu dem zu machen, was es von Anfang an sein sollte: nämlich ein radikaler Bruch mit allen ständischen und politischen Traditionen aus der Reichswehr- und Wehrmachtszeit.

Heute dagegen gibt es keine vergleichbare politische Aufbruchbewegung. Die Politik auf Bundesebene beschränkt sich seit einigen Jahren weitgehend auf kleine Schritte. Und wenn die Politik keine Visionen hat, dann wird es auch um die Innere Führung irgendwie ruhiger. Andererseits gilt auch hier, dass die derzeit amtierende Große Koalition für die Weiterentwicklung der Inneren Führung eine große Chance bietet, da notwendige Reformprojekte nicht im Parteienstreit aufgelöst werden. Auch aus Sicht der Inneren Führung war die Erarbeitung des Weißbuches 2006 ein wichtiger Schritt, zumal darin die Bedeutung der Inneren Führung für die Armee im Einsatz unterstrichen wurde. Einiges wurde erreicht etwa bei der Stabilisierung der Allgemeinen Wehrpflicht, der Einsatzversorgung, der Anpassung der Beteiligungs- und Gleichstellungsrechte, der Verbesserung der Attraktivität des Soldatenberufs, der Gesetzgebung über die Weiterverwendung von im Einsatz versehrten Angehörigen der Bundeswehr sowie der Errichtung eines Ehrenmals für die Toten der Bundeswehr.

Eine weitere Ursache für die fehlende Debatte über Innere Führung ist wohl auch darin zu suchen, dass viele deutsche Bürger die Sicherheitspolitik ihres Landes und die Zukunft der Bundeswehr nicht mehr als „wichtig" bewerten. Andere Dinge wie etwa die Reform des Arbeitsmarktes und des Gesundheitswesens stoßen auf größeres Interesse. Zwar rufen die Einsätze der Bundeswehr ein größer werdendes Medienecho hervor. Und anlässlich der Mandatsverlängerungen für Auslandseinsätze beschäftigt sich auch der Deutsche Bundestag regelmäßig mit der Bundeswehr. Positiv ist sicherlich auch, dass der Verteidigungsausschuss des Deutschen Bundestages im Jahr 2003 einen Unterausschuss Innere Führung eingerichtet hat, der sich beispielsweise mit Fragen der Ausbildung, der Personalauswahl, der Tradition und der Vereinbarkeit von Familie und Dienst beschäftigt. Doch wer diskutiert heute noch öffentlich über Themen der Inneren Führung, wie es früher der Fall war? Kann man sich überhaupt noch vorstellen, dass eine Studie über Erziehung in den Streitkräften, die in den 80er Jahren noch im Panzerschrank verschlossen wurde, heute derartiges Aufsehen erregen würde?[192] Dies hat sicherlich auch seine positiven Seiten, da negative Schlagzeilen über die Bundeswehr vermieden werden. Andererseits trägt es auch zur weiteren Entkopplung von Bundeswehr und Gesellschaft bei.

Selbst innerhalb der Bundeswehr ist es um die Innere Führung seltsam ruhig geworden. Die Geistes- und Sozialwissenschaftler sowie die Offiziere, welche die Diskussion über Innere Führung maßgeblich initiiert und beeinflusst haben, befinden sich fast ausschließlich im Ruhestand. Ihre Nachfolger gehören einer anderen Generation an und legen häufig nicht den gesellschafts- und militärkritischen Tatendrang an den Tag. Eine weitere Ursache für die Flaute mag aber auch darin bestehen, dass die Diskussionskultur in der Bundeswehr sich stark verändert hat. Die Innere Führung hat die gesetzlichen Rahmenbedingungen dafür geschaffen, dass Soldaten sich politisch engagieren und in gewissen Grenzen auch innerhalb des Dienstes über Sicherheits- und Verteidigungspolitik kontrovers diskutieren. Diese dem einzelnen gewährte Freiheit hängt auch mit den Bedingungen des Aufbaus deutscher Streitkräfte zusammen. Als gut zehn Jahre nach Beendigung des Zweiten Weltkriegs ehemalige Reichswehr- und Wehrmachtsoldaten die neuen deutschen Streitkräfte aufstellten, trugen diese unterschiedliche Berufs- und Selbstbilder in die Streitkräfte hinein. Die politische Leitung und militärische Führung musste sicherstellen, dass diese Ehemaligen loyal zu den demokratisch gewählten Politikern standen. Dafür erarbeitete die Innere Führung inhaltliche Vorgaben, um die Diskussion in die richtigen Bahnen zu leiten. Sie musste aber auch verhindern, dass die Soldaten sich in ideologischen Straßenkriegen verrannten und dadurch der schnelle Aufbau neuer deutscher Streitkräfte verzögert wurde. Daher hat die Innere Führung nicht nur auf einen partnerschaftlichen Kommunikationsstil Wert gelegt, sondern auch bewusst Freiräume für die Diskussion gerade auch über Themen der Inneren Führung gegeben. Auf diese Weise sollte ein "hermeneutischer Bürgerkrieg" über den Auf- und Ausbau der Bundeswehr und ihre Rolle als Streitkräfte in der Demokratie vermieden werden.

Ein gutes Beispiel dafür ist das Traditionsverständnis. Der erste Generalinspekteur der Bundeswehr, Adolf Heusinger, hatte sich explizit für ein "Wachsenlassen" von Traditionen ausgesprochen. Und der Traditionserlass von 1965 gab eine linke und rechte Grenze vor, ohne den Spielraum für Diskussionen zu stark einzuengen. Später, in den 70er und 80er Jahren bis in die 90er Jahre hinein, wurden nicht nur die gewährten Freiräume eingeschränkt; auch der Umgang miteinander hat sich verändert. Ein ideologischer Eifer, Traditionalisten als Feinde der Inneren Führung zu diffamieren, hat dazu nicht unwesentlich beigetragen. Noch heute wird diese ideologische Keule bisweilen eingesetzt. Das Vorurteil, Innere Führung sei links, hat sich in dieser Zeit verfestigt. Nicht zuletzt aus diesem Grund wird von politisch anders orientierten Politikern und Offizieren die Innere Führung reflexartig abgelehnt. Innere Führung ist aber weder links noch rechts. Sie ist loyal zur politischen Leitung und militärischen Führung. Aber sie will den offenen, fairen Meinungsaustausch über die Sicherheits- und Verteidigungspolitik sowie über die Bundeswehr und ihre Stellung in Politik und Gesellschaft. Heute ist dies eine wesentliche Voraussetzung dafür, dass die Bundeswehr in Transformation und Einsätzen an der Spitze des Fortschritts marschieren kann.

Ein aktuelles Beispiel für die Einschränkung der Diskussionskultur innerhalb der Bundeswehr, aber auch zwischen Bundeswehr und Gesellschaft ist die Erarbeitung des neuen Weißbuchs. Es gab sicherlich gute Gründe, dieses Dokument der Bundesregierung, das unter Federführung des Bundesministeriums der Verteidigung erarbeitet wurde, auf möglichst wenige Mitarbeiter der jeweiligen Ministerien zu beschränken. Für die Diskussionskultur in der Gesellschaft, zwischen den sicherheitspolitischen Fachzirkeln, vor allem aber auch innerhalb des Bundesministeriums der Verteidigung und seinem nachgeordneten Bereich hatte dieses Verfahren allerdings negative Auswirkungen. Es ist schon paradox, dass ein Weißbuch mit der Zielsetzung veröffentlicht wird, die sicherheitspolitische Debatte zu intensivieren, dann aber von einem kleinen Kreis auserwählter Experten geschrieben wird. So ist nicht verwunderlich, dass das Weißbuch in der Öffentlichkeit wie auch in der Bundeswehr trotz seiner inhaltlichen Qualitäten bisher kaum wahrgenommen wurde. Damit blieben auch die Passagen des Weißbuches über Innere Führung – sieht man einmal von der Bundestagsdebatte über das Weißbuch ab, die angesichts der unmittelbar davor veröffentlichten Schädelbilder aus Afghanistan den Stellenwert der Inneren Führung im Weißbuch unterstrich – bisher weithin unbeachtet.[193]

Für die Zukunft kommt es entscheidend darauf an, die Diskussionskultur über Fragen der Inneren Führung auch innerhalb der

Bundeswehr zu verbessern – durch den Aufbau entsprechender Foren und Medien, die es früher beispielsweise in Form der „Schriftenreihe Innere Führung", der monatlich erscheinenden „Information für die Truppe"[194] und dem „Wettbewerb Winterarbeiten" schon einmal gab. Unterschiedliche Positionen müssen ggf. hart, aber fair diskutiert werden. Standpunkte, die früher eher Traditionalisten wie Heinz Karst zugeordnet wurden, dürfen nicht von vornherein ausgeblendet werden. Und wenn innerhalb der Bundeswehr intensiver über sicherheits- und verteidigungspolitische Themen diskutiert wird, dann dürfte dies auch die Debatte in Politik und Gesellschaft voranbringen. Darüber hinaus muss der Dialog mit Partnern in Bundeswehr und Gesellschaft intensiviert werden, um die Weiterentwicklung der Inneren Führung voranzubringen. Dazu gehören neben dem Reservistenverband beispielsweise die „Gemeinschaft Katholischer Soldaten" oder der neu gegründete „Freundeskreis Innere Führung". Wichtige Diskussionspartner sind auch der „Arbeitskreis Militär und Sozialwissenschaften" und Forschungsinstitute wie das „Institut für Sicherheit und Frieden" in Hamburg, das einen Forschungsbereich ‚Bundeswehr und Gesellschaft' eingerichtet hat. Auch der Beirat für Fragen der Inneren Führung könnte wie in der Vergangenheit einen wichtigen Beitrag leisten. Den Diskurs über Innere Führung voranzubringen, das ist auch Sache der Soldaten selbst. Denn sie haben ein elementares Interesse daran, dass die Erfolgsgeschichte der Inneren Führung auch unter in einem veränderten sicherheitspolitischen Umfeld fortgesetzt wird.

4   Aktuelle Handlungsfelder

Deutschland verändert sich. Politik und Gesellschaft befinden sich in einem rasanten Prozess des Wandels, der, so scheint es, alle Lebensbereiche umfasst. Die Bürger spüren den enormen Veränderungsdruck, der auf ihnen lastet. In diesem allgemeinen Wandel ist die Transformation, die die Bundeswehr für sich selbst in Gang gebracht hat, nur eine militärspezifische Variante. Wenn die Soldaten der Bundeswehr eine größere gesellschaftliche Anerkennung für die hohen Belastungen fordern, denen sie durch den Umbau der Bundeswehr zu einer Armee im Einsatz ausgesetzt sind, dann erscheint dies vielen Bürger nicht ohne weiteres plausibel zu sein. Ist nicht für alle Menschen das Leben in Deutschland irgendwie härter geworden? Und wenn die Menschen angesichts der verbreiteten Befürchtung, zu den Verlierern der neuen Zeit zu gehören, sich stärker auf ihre persönliche Situation konzentrieren und weniger auf Deutschlands Verantwortung in der Welt und den Beitrag, den die Soldaten dafür leisten, so ist dies durchaus nachvollziehbar. Daher stellt sich die Frage, wie unter den Bedingungen der Globalisierung, die Deutschland ebenso wie den einzelnen Bürger herausfordert, eine neue Beziehung zwischen Politik, Gesellschaft und Militär gefunden werden kann.

Veränderung beginnt in den Köpfen. Das gilt auch für Streitkräfte, vielleicht sogar besonders für Streitkräfte, stehen diese doch im Ruf, eher strukturkonservativ zu sein. Künftig soll jeder Einzelne seinen ihm möglichen Beitrag leisten, um die Einsatzfähigkeit der Bundeswehr zu erhalten und wo immer möglich zu verbessern. Im Kern geht es um eine neue Führungskultur und um ein soldatisches Berufs- und Selbstverständnis, das Anpassungsprozesse erleichtert. Und – wie in der Vergangenheit – ist das Traditionsverständnis der Bundeswehr dafür ein wichtiger Kristallisationspunkt.

Die Neubestimmung des Verhältnisses von Politik, Gesellschaft und Militär sowie die Gestaltung der Veränderungsprozesse in der Bundeswehr – diese Herausforderungen sind mit elementaren Fragen verbunden, die zum Kernbestand der Inneren Führung gehö-

119

ren. Die Erwartungen an die Innere Führung, darauf Antworten zu finden, sind hoch. Es reicht sicherlich nicht aus, dafür nur Anregungen zu geben. Die Innere Führung muss ihre Fragen und mögliche Antworten in die Mitte von Politik und Gesellschaft tragen, einen gesamtgesellschaftlichen Diskussionsprozess initiieren, verpflichtende Vorgaben insbesondere für die Führungskräfte in der Bundeswehr erarbeiten und konkrete, praktische Hilfen für die Soldaten und die zivilen Mitarbeiter bereitstellen.

4.1 Politik, Gesellschaft und Bundeswehr

Das Verhältnis von Politik, Gesellschaft und Bundeswehr wird in den Politikwissenschaften weithin als die zivil-militärischen Beziehungen (*civil-military relations*) bezeichnet. Diese sind nicht zu verwechseln mit der Zivil-Militärischen Zusammenarbeit (ZMZ), wie sie in den Auslandseinsätzen der Bundeswehr oder auch im Inland (ZMZ-I) bei größeren Unfällen sowie Naturkatastrophen praktiziert wird.

Die preußisch-deutsche Geschichte bietet mehrere Epochen, in denen die zivil-militärischen Beziehungen sowie das Verhältnis zwischen Bürgern und Militär angespannt waren. So konzipierte Feldmarschall Alfred von Schlieffen einen Angriffsplan, den sog. Schlieffenplan, der einen Vorstoß auf Frankreich über das neutrale Belgien vorsah und dafür eine Verletzung internationalen Rechts in Kauf nahm.[195] Die Feldmarschälle Hindenburg und Ludendorff, die sich während der Kriegsführung im Ersten Weltkrieg jede Einflussnahme durch die Politik verbaten, übertrugen im Jahre 1918 der Politik die Verantwortung, als der Krieg militärisch nicht mehr gewonnen werden konnte. Und für Hitlers Ernennung zum Reichskanzler war der General Kurt von Schleicher ein wichtiger Wegbereiter.[196] Viele Deutsche glaubten daher an einen unüberbrückbaren Gegensatz von Politik und Militär sowie eine Unvereinbarkeit des Zivilen mit dem Militärischen.[197] Nicht zuletzt aufgrund dieser historischen Erfahrungen hat der damalige Bundeskanzler Konrad Adenauer den Aufbau neuer deutscher Streitkräfte als „Bewährungsprobe für die Demokratie" bezeichnet und auf diese Weise nicht nur die Politiker, sondern alle Bürger der noch jungen Bundesrepublik Deutschland in die Verantwortung genommen, die zivil-militärischen Beziehungen auf eine neue Grundlage zu stellen.

Politiker, Wissenschaftler, Theologen, Arbeitgeber, Gewerkschaftler und andere haben in den 50er Jahren intensiv und kontrovers über die Wiederbewaffnung Deutschlands diskutiert. Die Befürworter einer Wiederbewaffnung engagierten sich aktiv für den Aufbau der Bundeswehr als einer Armee in der und für die Demokratie. Welcher radikale Neuanfang damit verbunden war, kommt auf politischer Seite vor allem in den Änderungen des Grundgesetzes, in der Wehrgesetzgebung (u.a. Wehrpflichtgesetz und Soldatengesetz) sowie in dem Gesetz über den Wehrbeauftragten des Deutschen Bundestages zum Ausdruck.[198] Auf gesellschaftlicher Seite stehen dafür die Militärseelsorgeverträge, die auf einer partnerschaftlichen Kooperation zwischen Staat und Katholischer bzw. Evangelischer Kirche beruhen. Wie ernst es die Bürger damals meinten und wie weit ihr Engagement für einen militärischen Neuanfang reichte, davon legte die bereits erwähnte sechsbändige Buchreihe „Schicksalsfragen der Gegenwart" ein beeindruckendes Zeugnis ab. Viele Bürger hatten damals den sicherheitspolitischen Ernst der Lage erkannt, auch wenn der Wiederaufbau des Landes und das Wirtschaftswunder ihre Kräfte stark beanspruchten und die Wiederbewaffnung nicht zuletzt wegen der damit verbundenen Wiedervereinigungsproblematik weiterhin auch auf Ablehnung stieß. Besonderes Augenmerk legten sie dabei auf die Gestaltung des zivil-militärischen Verhältnisses sowie auf die Menschenführung in den Streitkräften. Heute dagegen haben sich die Bürger an ihre Streitkräfte nicht nur gewöhnt, sondern sie bringen ihnen sogar großes Vertrauen entgegen. Vielleicht trägt auch dieser Erfolg zu dem allgemeinen Desinteresse an der Bundeswehr bei.

Wenn es darum geht, das Verhältnis von Politik, Gesellschaft und Militär neu zu bestimmen, dann ist damit nicht gemeint, die Gesellschaft auf den militärischen Einsatz hin zu organisieren. Es geht heute nicht – wie es in den 50er Jahren beim Aufbau der Bundeswehr bisweilen gefordert wurde – um eine „Umstellung der öffentlichen

Meinung"[199], sondern um Dialog und Diskurs und als Folge davon um ein gemeinsames staatsbürgerliches Problembewusstsein.

Primat der Politik

Für die Innere Führung ist das Primat der Politik Teil ihres konstanten Kerns. Primat der Politik bedeutet, dass die Bundesregierung über die Einsätze der Bundeswehr, ihre Wehrstruktur, größere Rüstungsprojekte und dergleichen entscheidet. Ein Politiker – im Krieg der Bundeskanzler, in Krise und im Frieden der Bundesminister der Verteidigung – ist „Inhaber der Befehls- und Kommandogewalt". Der Deutsche Bundestag besitzt ein Zustimmungsrecht für Auslandseinsätze und übt die parlamentarische Kontrolle über die Streitkräfte aus. Diese politischen Entscheidungs- und Zustimmungsprozesse sind eingespielt. Und dass die Generalität der Bundeswehr aus Überzeugung für die Demokratie einsteht, steht heute – im Unterschied zur Aufbauphase der Bundeswehr - außer Frage.[200]

Die neuen Einsätze der Bundeswehr bestätigen einmal mehr Clausewitz' Diktum, dass „... der Krieg ... nichts anderes (ist) als eine Fortsetzung des politischen Verkehrs mit Einmischung anderer Mittel"[201]. Die Politik habe den Krieg erzeugt, sie sei die Intelligenz, der Krieg „bloß das Instrument". Clausewitz folgert daraus „... das Unterordnen des militärischen Gesichtspunktes unter den politischen".[202] Diese Unterordnung des Militärs gilt auch – anders als es etwa Helmuth von Moltke oder der US-amerikanische Politologe Samuel Huntington forderten[203] – für den Verlauf eines Krieges bzw. heutiger militärischer Einsätze. Es wird immer eine Einmischung der Politik in die strategische und operative und bisweilen sogar in die taktische Planung und Durchführung militärischer Einsätze geben – eben weil daraus politische Implikationen erwachsen könnten. Dabei sollte die Politik aber eine gewisse Zurückhaltung pflegen nach dem Grundsatz: Soviel wie nötig, so wenig wie möglich! Denn der Paradigmenwechsel, den die preußischen Heeresreformer in der vom Freiherr vom und zum Stein geführten Militär-Reorganisationskommission einleiteten, war die Professionalisierung der Armee. Moderne Kriege konnten nur noch mit gebildeten Offizieren gewonnen werden, die - wie Clausewitz es nannte – die „eigene Grammatik" des Krieges beherrschten.

Clausewitz fordert weiterhin, dass die verantwortlichen Politiker für ihre Entscheidung über Krieg und Frieden den Ratschlag des Militärs hinzuziehen. Sie müssten allerdings wissen, dass der Generalstabschef keinen rein militärischen Kommentar dazu abgeben könne. „Ja, es ist ein widersinniges Verfahren, bei Kriegsentwürfen Militäre zu Rate zu ziehen, damit sie rein militärisch darüber urteilen sollen, wie die Kabinette wohl tun."[204] Jeder militärische Ratschlag betrete das Feld der Politik und sei deshalb immer auch ein politischer Ratschlag.

Es besteht also durchaus ein Spannungsverhältnis zwischen Politik und Militär: Die Politik mischt sich in die Planung und Führung des Militärs ein und umgekehrt gibt das Militär Ratschläge, die die Grenze zur Politik überschreiten. Diese Spannung lässt sich theoretisch nicht auflösen, sie kann nur in der Praxis der jeweiligen Entscheidungsprozesse aufgehoben werden. Und mit den zahlreichen militärischen Auslandseinsätzen der Bundeswehr und dem sicherheitspolitischen Konzept der „Vernetzten Sicherheit", das den Einsatz bewaffneter Gewalt möglichst eng mit diplomatischen, wirtschaftlichen, entwicklungspolitischen u.a. Mitteln verzahnen will, stehen solche Entscheidungsprozesse gewissermaßen auf der Tagesordnung. Die Fähigkeit, strategisch-operativ zu denken, wird deshalb zu einem wesentlichen Attribut des Politikers. Zum „Bohren dicker Bretter", wie Max Weber die Aufgaben des Politikers beschrieb, kommt nun die „Bewegung im erschwerenden Mittel", wie Clausewitz den Krieg charakterisierte, hinzu. Friktion, Gefahr, Informationsmangel bzw. –überfluss sowie der Takt des Urteils, Entschlossenheit und Charakterstärke[205], all diese Dinge spielen nun eine Rolle auch in der Durchführung der Vernetzten Sicherheitspolitik. Das macht die Entscheidungen so komplex, und das macht das Vertrauen untereinander sowie das Selbstvertrauen so unerlässlich. Die Politik sollte dabei Vorkehrungen treffen, damit nicht der folgende Zusammenhang die zivil-militärischen Beziehungen bestimmt: Je weniger

Politiker Krieg verstehen, je weniger sie die Führungskultur im Militär kennen, je weniger sie den Militärs vertrauen, desto eher neigen sie dazu, in die militärische Planung und Durchführung von Einsätzen einzugreifen bzw. zu detaillierte Anweisungen zu geben.

Die Militär-Reorganisationskommission

Das Primat der Politik wird in Zukunft wichtiger sein denn je. „Gerade in einer Zeit", so schrieb Admiral a.D. Wellershoff kurz vor seinem Tode im Jahre 2005, „in der offene Kriege zwischen Staaten und Bündnissen zur seltenen Ausnahme geworden sind, und neue Konfliktformen die Verzahnung zwischen politischen Zielen und militärischen Operationen immer enger werden lassen, muss die Politik führen."[206] Damit steigen die Anforderungen an die gesamtpolitische Professionalität der verantwortlichen Politiker. Von ihnen wird verlangt, dass sie das Wesen der ihnen zur Verfügung stehenden Instrumente kennen, klare Weisungen geben und Vertrauen in diejenigen entwickeln, die diese Instrumente in ihrem Auftrag einsetzen.

Zum Primat der Politik gehört auch, dass die Bürger – und der einzelne Bundestagsabgeordnete als seinem Gewissen verpflichtete Person ist dafür das Bindeglied – über die Grundsätze deutscher Sicherheitspolitik nicht nur aufgeklärt werden, sondern darüber debattieren und an ihrer Ausgestaltung und Weiterentwicklung aktiv mitwirken. So wie die Bundeswehr als Wehrpflichtarmee aufgebaut wurde, um Verteidigung zu einer Angelegenheit aller Staatsbürger zu machen, so sollte Sicherheitspolitik ebenfalls eine gemeinsame, von allen Bürgern getragene Aufgabe sein. Die „staatsbürgerliche Verantwortung" in der Demokratie ist mit einer Aufforderung wie „Der König hat eine Bataille verloren, nun ist Ruhe erste Bürgerpflicht", die noch aus der Zeit der europäischen Kabinettkriege stammt, genauso wenig vereinbar wie die Indoktrination der Bürger für den „Totalen Krieg" während der NS-Diktatur.

Für Staaten, deren Gesellschaften sich im tiefsten Frieden befinden, deren Soldaten aber in weit entfernten Regionen Dienst für Freiheit und Frieden in der Welt leisten und dabei ggf. töten und getötet werden, ist eine möglichst breite sicherheitspolitische Debatte von großer Bedeutung. Nicht nur in Deutschland, auch in anderen kontinentaleuropäischen Staaten, ja sogar in Großbritannien neigen Bürger dazu, Sicherheitspolitik und den Einsatz von Soldaten aus ihrem Bewusstsein zu verdrängen. Viele sehen in den neuen Risiken und Bedrohungen wie beispielsweise im internationalen Terrorismus, in der Proliferation von Massenvernichtungswaffen und in zerfallenden Staaten mit ihren Folgewirkungen wie der Migration eher abstrakte Phänomene, die sie nicht unmittelbar betreffen. Tatsächlich sind die gegenwärtigen und künftigen sicherheitspolitischen Herausforderungen nicht so real nachvollziehbar wie es während des Kalten Krieges die Bedrohung durch die gewaltigen Panzerarmeen oder die atomaren Mittelstreckenraketen des Warschauer Pakts war. Es erfordert schon ein intensives Nachdenken, warum ein Land wie Deutschland, obwohl von Freunden umgeben, seine Soldaten in weit entfernte Regionen entsenden muss, um Gefahren für die eigene Sicherheit zu beheben oder zumindest auf Abstand zu halten. Während des

Kalten Krieges genügte vielen ein Blick auf die innerdeutsche Grenze mit ihren Grenztürmen und Selbstschussanlagen, um zu erkennen, dass jeder Bürger von der Bedrohung durch den Sowjetkommunismus betroffen war und einen Beitrag dazu leisten musste, die Freiheit und Sicherheit seines Landes und der gesamten westlichen Welt zu verteidigen. Heute dagegen besteht bei den Bürgern ein weit verbreitetes Desinteresse nicht nur an sicherheitspolitischen Fragen, sondern auch an den Streitkräften selbst. Sie sehen sich selber nicht in der Verantwortung.

Das Desinteresse der Bürger hat viele Nachteile, die im Folgenden noch herausgearbeitet werden. Darüber dürfen aber nicht die damit durchaus gegebenen Vorteile in Vergessenheit geraten. Statt der Fixierung auf die nukleare Konfrontation zwischen Ost und West verstehen die Menschen Bedrohung heute weitaus umfassender. Neben dem internationalen Terrorismus gewinnen vor allem ökologische Fragen einen hohen Stellenwert in der Bedrohungswahrnehmung der Menschen. Die Bundeswehr wird damit ein Instrument unter vielen, die für die staatliche Sicherheitsvorsorge wichtig sind. Dies hat die frühere, hohe Emotionalität im zivil-militärischen Verhältnis deutlich verringert. Und es fördert das allgemeine Bewusstsein für die Notwendigkeit einer „Vernetzten Sicherheitspolitik".

Die Soldaten erwarten eine möglichst starke politische und gesellschaftliche Unterstützung, wenn sie ihre gefährlichen Aufgaben in den Krisengebieten der Welt durchführen, während die Bürger zuhause wie gewohnt ihren Tätigkeiten in Beruf, Familie und Freizeit nachgehen. Sie wünschen sich eine größere gesellschaftliche Anerkennung für das persönliche Opfer, das sie bringen. Und dieses Opfer ist real: Fast 70 deutsche Soldaten haben in den Auslandseinsätzen der Bundeswehr bisher ihr Leben verloren. Rund 9.000 Soldaten sind mit körperlichen oder seelischen Verletzungen aus dem Einsatz zurückgekehrt. Und Tausende Familien haben darunter gelitten, dass der Vater bzw. die Mutter oder der Sohn bzw. die Tochter im Einsatz waren. Daraus entsteht ein Dilemma: Die Soldaten erwarten vom Bürger eine Unterstützung für einen Dienst, der für diese nur eine untergeordnete Relevanz besitzt. Nicht Fragen der Sicherheit, sondern die wirtschaftliche Entwicklung und der Erhalt des persönlichen Wohlstands stehen für die überwiegende Mehrheit der Bürger im Vordergrund.[207] Die neuen Bedrohungen und Risiken, mit denen die Soldaten in ihren Einsatzgebieten konfrontiert sind, erfährt der Bürger zumeist nur über die Medien. Er hat, wie der Generalinspekteur der Bundeswehr, General Schneiderhan, es einmal formulierte, höchstens eine theoretische Vorstellung davon. Soldaten und Bürger sitzen, so scheint es, nicht mehr in einem Boot. Diese Diagnose mag besonders auf Deutschland zutreffen, das aufgrund seiner geostrategischen Lage in besonderer Weise von den positiven Entwicklungen in der Friedensgemeinschaft der EU profitiert. Sie ist aber letztlich ein gesamteuropäisches Phänomen.

Aus dieser Entkopplung von Gesellschaft und Streitkräften erwachsen widersprüchliche Einstellungen bei deutschen Bürgern. Zu Recht erwarten sie, dass der Staat ihnen hilft, falls sie beispielsweise in ihren Urlaubsgebieten in Gefahr geraten. Aber nur wenige wissen, dass die Bundeswehr Verbände bereit stellt, die im Fall der Fälle Evakuierungsoperationen durchführen und deren Soldaten dazu verpflichtet sind, deutsche Bürger unter Einsatz ihres Lebens zu retten. Und sicherlich sind die Bürger Deutschlands aufgrund von Verzögerungen in der Gasversorgung und aufgrund gestiegener Preise für Rohstoffe heute sensibler für das vitale Interesse ihres Landes an einem freien Welthandel als dies noch vor wenigen Jahren der Fall war. Das neue Weißbuch hat bei der Definition deutscher Interessen auf diese Abhängigkeit Deutschlands als „Exportweltmeister" hingewiesen.[208] Aber viele Bürger sehen darin keinen direkten Zusammenhang mit den militärischen Fähigkeiten der Bundeswehr oder etwa dem Einsatz deutscher Soldaten im Rahmen der Operation ENDURING FREEDOM am Horn von Afrika, die ja auch dem Schutz der Seewege dient.

Kommentatoren weisen daher unverblümt auf Paradoxien und Realitätsverluste hin. Klaus-Dieter Frankenberger beschreibt diese wie folgt: „Die Deutschen reisen wie die Weltmeister, und die Deutschen exportieren wie die Weltmeister. Die Deutschen geben ihr Geld gerne im Ausland aus, und ihre Unternehmen verdienen gerne viel Geld im Ausland. Man müsste also meinen, wer so sehr die Welt in Augenschein nimmt – und sei es nur die Oberfläche – und wer so in die weltwirtschaftliche Arbeitsteilung eingebunden ist, dessen Antennen für die Weltpolitik müssten besonders hoch und stark sein. Und der müsste besonders viel politische Energie in das Verhältnis seines Landes zur Welt in nah und fern investieren. Das aber ist nicht in einem ausreichenden Maße der Fall. Offenkundig sehen viele Deutsche, die zum Wandern in den Himalaja reisen und zum Sonnenbaden an den Persischen Golf, diese Welt am liebsten und noch immer als großen Ferienplatz und Amüsierbetrieb." Und er resümiert: „Es tut sich also eine Wahrnehmungskluft auf zwischen der weltpolitischen Wirklichkeit und dem Interesse an Außen-, Sicherheits- und Weltpolitik."[209]

So ist es kein Wunder, dass die Einsicht kaum verbreitet ist, dass in einer globalisierten Welt jeder von den neuen Risiken und Bedrohungen betroffen sein kann – ob als Staatsbürger in Uniform im Einsatz auf dem Balkan, in Afghanistan oder in Afrika oder als Staatsbürger ohne Uniform, der in Deutschland oder im Ausland lebt und arbeitet. Trotz der Entfernung zwischen der Bundeswehr-Patrouille in Afghanistan und dem Angestellten eines deutschen Unternehmens am Potsdamer Platz in Berlin ist deren Wohl enger miteinander verflochten, als es auf den ersten Blick zu sein scheint. Dies hat nicht zuletzt der Streit um die Mohammed-Karikaturen in einer dänischen Zeitschrift deutlich gemacht, der in gewalttätigen Demonstrationen gegen die NATO-Streitkräfte in Afghanistan gipfelte. Wer beispielsweise in Deutschland die Konfrontation mit dem Islam sucht, der muss wissen, dass dies Auswirkungen hat auf die Lage der in Afghanistan stationierten deutschen und verbündeten Soldaten. Und umgekehrt gilt: Das Verhalten der deutschen Soldaten in den Einsatzgebieten trägt dazu bei, wie die Sicherheitslage in Deutschland ist. Aber nicht nur Fehlverhalten deutscher Soldaten in den Einsatzgebieten, sondern schon allein ihre Beteiligung an internationalen Einsätzen könnte terroristische Anschläge in Deutschland provozieren. Wegen der Beteiligung der Deutschen Marine an UNIFIL seien, so hieß es aus offiziellem Munde, deutsche Staatsbürger im Libanon gefährdet[210]. Und die Warnung, dass deutsche Bürger aufgrund des Einsatzes von Tornados in Afghanistan gefährdet seien, wurde schon wenig später Realität, als zwei Deutsche im Irak entführt wurden, um einen sofortigen Abzug deutscher Soldaten aus Afghanistan zu erpressen.

Diese Zusammenhänge verdeutlichen: Der große sicherheitspolitische Zugewinn infolge des Epochenwandels von 1989/90 wird zumindest teilweise kompensiert durch die mit der Globalisierung gegebenen Möglichkeiten, Länder und Menschen über Tausende von Kilometern hinweg zu bedrohen. Es hilft einem Land nicht viel, von Freunden umgeben zu sein, wenn die Flugzeuge oder Raketen darüber hinweg fliegen, täglich Tausende von Containern in Häfen angeliefert werden, oder wenn seine Bürger überall auf der Welt gefährdet sind. Daher liegt es nahe, sich mit seinen Nachbarn zusammen zu tun und seine Mittel nicht mehr nur zur Abschreckung einzusetzen, sondern dazu, Sicherheit an der Quelle der Risiken und Bedrohungen selbst zu schaffen. Moderne Sicherheitspolitik fordert daher, Krisen am Ort ihres Entstehens möglichst umfassend und am besten vorbeugend zu beheben. Dies gilt nicht zuletzt auch deshalb, weil Krisen häufig in den Regionen entstehen, die für die globale Energieversorgung und für eine gerechte Weltordnung wichtig sind.

Während des Kalten Krieges waren die grundlegenden sicherheitspolitischen Zusammenhänge vergleichsweise leicht erkennbar. Politik, Gesellschaft und Streitkräfte bildeten eine Schicksalsgemeinschaft. Heute fliegen Deutsche in exotische Urlaubsgebiete, ihre Soldaten aber in gefährliche Einsatzregionen. Statt einer Schicksalsgemeinschaft gibt es eine Trennung in unterschiedliche Erlebniswelten – ein paradoxes Phänomen in der globalisierten Welt, in der doch irgendwie alles mit allem zusammenhängt und alles zusammenwächst. Dabei sind die Unterschiede zwischen den Erlebniswelten der Soldaten auf der einen und ihrer Mitbürger auf der anderen Seiten heute größer denn je. Während deutsche Soldaten in den Auslandseinsatz gehen und dort Krieg oder zumindest die Nachwirkungen von Kriegen selber erleben, „erfahren" die Bürger in Deutschland – sieht man von den älteren Generationen ab, die den Zweiten Weltkrieg und die Nachkriegszeit noch in guter Erinnerung haben - Krieg und Kriegsfolgen nur als Bilder in den Medien. Während deutsche Soldaten im Einsatz konkret bedroht werden, haben die Deutschen weithin kein Bedrohungsgefühl. Während sich die Soldaten immer auch als Kämpfer verstehen, bringen die Bürger den Soldaten vor allem dann Sympathien entgegen, wenn diese anderen Menschen in Not helfen oder Aufgaben wahrnehmen, die denen des Technischen Hilfswerks und der Polizei ähnlich sind. Viele sehen in der Bundeswehr eine „Hallo-wir-bohren-euch-einen-Brunnen-Armee".[211] Besonders hoch sind ihre Sympathiewerte, wenn sie bei größeren Unfällen und Naturkatastrophen in Deutschland hilft.

Allerdings gibt es erste Hinweise, dass die unterschiedlichen Erlebniswelten durch einen breiteren sicherheitspolitischen Dialog verbunden werden könnten. Dass heute intensiver über Sicherheitspolitik gesprochen wird, liegt an der schieren Notwendigkeit, international, aber auch national enger zusammen zu arbeiten, um die komplexen sicherheitspolitischen Probleme zu lösen. Vor allem das Konzept der „Vernetzten Sicherheit", mit dem Deutschland die neuen sicherheitspolitischen Herausforderungen meistern will, fordert und fördert einen sicherheitspolitischen Diskurs zumindest der für seine Umsetzung relevanten Akteure. Und das sind enorm viele, häufig auch solche, die zuvor kaum miteinander gesprochen oder auf unterschiedlichen Wellen kommuniziert haben. Vernetzte Sicherheit kann in der Praxis nur funktionieren, wenn alle relevanten Akteure strategische Fragen diskutieren, die unterschiedlichen sicherheitspolitischen Instrumente kennen, ihr effizientes Zusammenwirken anstreben und gemeinsame Ziele koordiniert verfolgen. Politik, Ministerien, wissenschaftliche Einrichtungen, Internationale Organisationen, Nichtregierungsorganisationen, aber auch Industrie und Wirtschaft nehmen an diesem Diskurs teil, um bei Wahrung ihrer Eigenständigkeit an einem Strang zu ziehen und die ihnen verfügbaren Mittel im Rahmen eines umfassenden sicherheitspolitischen Konzepts anzuwenden. Und da militärische wie zivile Einsätze unter dem Dach der Vereinten Nationen, der NATO und der EU stattfinden, werden diese Konzepte auch international abgestimmt. Die sicherheitspolitische Debatte in den jeweiligen Ländern steht also in Wechselwirkung mit dem internationalen Diskurs.[212]

Bei der Vernetzung der verschiedenen Politikbereiche hat es bereits Fortschritte gegeben. Die Erarbeitung des deutschen Beitrags zum G8 Afrika Aktionsplan hat die Notwendigkeit und das Potenzial für eine ressortübergreifende Zusammenarbeit deutlich zum Vorschein gebracht.[213] Die positiven Erfahrungen in der Zusammenarbeit beflügelten auch die Erarbeitung und gemeinsame Umsetzung des „Aktionsplans Zivile Krisenprävention, Konfliktlösung und Friedenskonsolidierung".[214] In der Vorbereitung der deutschen Beteiligung an internationalen Friedensmissionen führen die Ministerien regelmäßige Abstimmungsgespräche durch. Personal wird untereinander ausgetauscht; die militärischen Führer der Einsatzkontingente werden gemeinsam durch BMVg, AA und BMZ in ihre Aufgaben eingewiesen. Deren Mitarbeiter arbeiten in den deutschen *Provincial Reconstruction Teams* (PRT) in Afghanistan eng zusammen. Und wie schnell die Politik auf neue Lagen in den Einsatzgebieten reagieren kann, zeigen die sog. *Quick-Impact*-Projekte im Norden Afghanistans. Diese Projekte werden gemeinsam von Soldaten und Entwicklungsexperten mit Haushaltsmitteln der Einzelpläne 14 (Verteidigung) und 23 (Entwicklungszusammenarbeit) durchgeführt.

Fortschritte gibt es auch auf der internationalen Ebene. Die NATO hat mit der *Comprehensive Political Guidance* dafür einen konzeptionellen Rahmen geschaffen. Es geht ihr dabei nicht um eigene zivile Fähigkeiten, sondern um eine verbesserte Kooperation mit zivilen Akteuren. Und die EU, deren komparativer Vorteil zur NATO ja gerade darin besteht, dass sie über breitgefächerte zivile Mittel in ihrem Portfolio für die Sicherheits- und Verteidigungspolitik verfügt, unternimmt vielfältige Anstrengungen, um die Koordination ihres zivilen und zivil-militärischen Instrumentariums zu verbessern. Dass es zur Zeit zehn zivile und eine militärische, aber keine zivil-militärische

Operation der EU gibt, zeigt allerdings den weiteren Koordinierungsbedarf. Weiterhin müssen auch die Arbeitsbeziehungen unter den internationalen Sicherheitsorganisationen, insbesondere zwischen der NATO und der EU, verbessert werden.

Dem bereits relativ weit vorangeschrittenen Dialog unter den sicherheitspolitisch relevanten Akteuren steht das weit verbreitete Unbehagen vieler Deutscher an den Auslandseinsätzen der Bundeswehr, vor allem ihren Kampfeinsätzen[215], gegenüber. Zwar unterstützen rund 80 Prozent der Bürger in Deutschland solche Einsätze der Bundeswehr, die einen ausgesprochen humanitären oder friedenserhaltenden Charakter haben. Einsätze mit friedensschaffenden Elementen wie z.B. in Afghanistan finden dagegen deutlich weniger Unterstützung. Dies sind aber die gefährlicheren Einsätze, für die die Soldaten der Bundeswehr eine besondere politische und gesellschaftliche Unterstützung benötigen. Dass die Politik dieses Unbehagen erkannt hat und darauf Rücksicht nimmt, zeigt sich beispielsweise an dem Verschwinden des Wortes ‚Krieg' und der zögerlichen Verwendung des Wortes ‚Kampf' in der offiziellen sicherheitspolitischen Debatte. So ist das Wort ‚Krieg' weder im Weißbuch noch in den meisten sicherheitspolitischen Verlautbarungen von Parteien oder Ministerien zu finden. Dies liegt nicht zuletzt daran, dass die deutschen Bürger nur Einsätzen, in denen die Soldaten der Bundeswehr sich vor allem bei zivilen Aufbauleistungen engagieren und ihre Waffen nur zur Selbstverteidigung einsetzen, mehrheitlich zustimmen. Aus dieser Zurückhaltung resultiert für die Politik und die Bundeswehr ein „Legitimationsdefizit". Denn Deutschland hat sich im Rahmen der *NATO Response Force* (NRF) sowie der *EU Battlegroups* (EU BG) grundsätzlich verpflichtet, auch an Kampfeinsätzen wie beispielsweise den *Initial Entry Operations* teilzunehmen. Und der Stabilisierungseinsatz der NATO in Afghanistan zeigt, dass auch in solchen Operationen Kampfhandlungen erforderlich sein können, um die Voraussetzungen für den Wiederaufbau zu schaffen. Dieser blinde Fleck stellt nicht nur die gesellschaftliche Unterstützung der Einsätze der Bundeswehr in Frage; er birgt auch für die weitere Vernetzung der deutschen Sicherheitspolitik einige Gefahren. Denn die

Fortschritte in der Verzahnung sicherheitspolitischer Akteure wurden bisher vor allem in friedenserhaltenden Operationen erreicht. Aber auch in kriegsähnlichen Operationen ist eine Zusammenarbeit von zivilen und militärischen Akteuren erforderlich, wie das Beispiel der NATO in Südafghanistan zeigt. Und der Kampfeinsatz der NATO im Kosovo 1999 ist ein Beispiel dafür, dass in bestimmten Situationen erst militärische Gewaltanwendung die Voraussetzungen für Stabilität und Wiederaufbau schafft.

Das weit verbreitete Unbehagen von Bürgern an kriegsähnlichen militärischen Einsätzen ist historisch tief begründet. Krieg und Frieden haben bei den Deutschen eine hohe emotionale Relevanz, die sich auch für politische Zwecke, z.B. Wahlkämpfe und Popularitätswerte einzelner Politiker, verwenden lässt. Das Unbehagen resultiert auch aus der gestiegenen Zahl militärischer Einsätze der Bundeswehr und ihrer langen Dauer. Die Politik versucht, dieser Skepsis durch die Entwicklung eines Kriterienkatalogs für die Beteiligung der Bundeswehr an internationalen Einsätzen entgegenzuwirken. Es zeigt sich aber, dass theoretisch nachvollziehbare Kriterien in jedem einzelnen Fall neu gewichtet werden müssen. Jeder Einsatz erfordert seine eigene sicherheitspolitische Debatte, in der geklärt wird, ob, und wenn ja, wie Deutschland sich mit welchen Zielen und welchen Mitteln engagiert. Eine Rolle spielt dabei auch, ob vorausgegangene Einsätze erfolgreich waren und ob die handelnden Politiker Argumente überzeugend vermitteln können. Und Einsätze unterstützen die Bürger eher, wenn sie optimistisch in die Zukunft sehen und Fortschritte in ihrer persönlichen wirtschaftlichen und sozialen Lage erkennen. Insgesamt gilt aber: Die Debatte über neue Einsätze oder die Verlängerung bestehender Mandate fällt leichter, wenn im Rahmen eines übergreifenden sicherheitspolitischen Dialogs die wesentlichen Grundfragen bereits diskutiert sind.

Die Intensivierung des sicherheitspolitischen Dialogs ist eine berechtigte allgemeine Forderung, um zu definieren, was Deutschlands Verantwortung in der Welt ist, und was seine Bürger bereit sind, dafür zu tun. Was Deutschland aus dem Spektrum seiner sicherheitspolitisch relevanten Mittel - seien es politische, wirtschaftliche, militärische, entwicklungspolitische, polizeiliche oder nachrichtendienstliche – in die Gestaltung des Friedens einbringen will, hängt nicht nur von den tatsächlich verfügbaren Ressourcen des Staates, sondern auch von der politischen Bereitschaft der Bevölkerung ab. Und diese Bereitschaft ist eher gering, wenn das Bewusstsein für sicherheitspolitische Risiken und Bedrohungen schwach ausgeprägt ist und grundlegende Fragen des Einsatzes bewaffneter Gewalt mit einer hohen Emotionalität belegt sind. Eine sicherheitspolitische Debatte ist daher nicht nur wichtig wie eh und je, sondern hat angesichts der Veränderungen im sicherheitspolitischen Umfeld eine besondere Relevanz.

„Freundliches Desinteresse"

Die bisherige, weitgehende Begrenzung sicherheitspolitischer Debatten auf Expertenzirkel steht in einem unmittelbaren Zusammenhang mit dem vom Bundespräsidenten diagnostizierten „Desinteresse der Bürger" an der Bundeswehr. Manche Kommentatoren wählen für dieses Phänomen drastischere Worte als es der Bundespräsident tat. „Den meisten Deutschen ist die eigene Armee ziemlich egal".[216] Oder: „Stell dir vor, es ist Krieg, und keiner schaut hin. Seit Jahren sind deutsche Soldaten im Ausland stationiert, aber die Öffentlichkeit setzt sich kaum auseinander, was die Männer und Frauen dort erleben."[217] Scheinbar erfährt das Modell der Kabinettkriege aus dem 18. Jahrhundert eine Renaissance: Kleine, aus Berufssoldaten bestehende Verbände sollen ohne Beunruhigung oder Teilhabe der zivilen Gesellschaft für klar begrenzte politische Zwecke und möglichst ohne Verluste kämpfen. Eine solche Entkopplung der Gesellschaft und ihrer Streitkräfte hat heute aber enorme negative Folgewirkungen: für die demokratische Kultur in Deutschland, für die Bündnissolidarität und für die Leistungsfähigkeit der Bundeswehr selbst.

Während in vielen europäischen Staaten das Militär eine positive Rolle bei der Staatsgründung spielte, ist die Bundeswehr erst nachträglich in die bereits existierende Bundesrepublik Deutschland eingefügt worden. Auch die deutsche Militärtradition bietet mit Ausnahme der preußischen Staats- und Heeresreformen kaum positive Anknüpfungspunkte für eine nationale Identität, zu der auch die eigenen Streitkräfte gehören. Desinteresse an der Bundeswehr ist daher auch ein Ausdruck für das Unvermögen der Deutschen, sich über ihre Streitkräfte mit Staat und Demokratie zu identifizieren. Auch hier besteht eine gewisse Widersprüchlichkeit: Die Bundeswehr hat zusammen mit ihren Verbündeten und Partnern unbestreitbare Erfolge beim Wiederaufbau staatlicher Strukturen in Krisen- und Kriegsgebieten wie dem Kosovo, Bosnien und Herzegowina und in der Demokratischen Republik Kongo erzielt. Aber in Deutschland selbst spielen die Streitkräfte bei der Entwicklung von Staats- und Nationalbewusstsein kaum eine Rolle.

Wenn die Deutschen ihr staatsbürgerliches Selbstverständnis auch über den Beitrag ihres Landes zum Frieden in der Welt definierten, dann gehörte auch die Leistungsfähigkeit ihrer Armee und deren Beiträge zur internationalen Friedensordnung dazu. Und dass die Bundeswehr ihre Aufgaben gut erfüllt, davon zeugt nicht nur der Respekt, den ihr Verbündete und Partner zollen, sondern auch ihre Anerkennung bei den Menschen in den Einsatzgebieten selbst. Ist es zu viel verlangt, dass auch die Deutschen wissen, in welchen Regionen und Ländern sich ihre Regierung friedenspolitisch engagiert und wo ihre Soldaten zusammen mit Angehörigen der Bundespolizei sowie den Mitarbeitern verschiedener Ministerien im Einsatz sind? Ist es schon Kriegs- oder Einsatzverherrlichung, wenn deutsche Bürger die Leistungen der Bundeswehr im Auslandseinsatz anerkennen und würdigen? Die Deutschen sind Weltspitze in Export, Technologie und Sport und sind stolz darauf. Aber sie ignorieren ihre Leistungen im sicherheitspolitischen Bereich und nehmen es hin, dass die Fähigkeiten vor allem der Bundeswehr nicht erstklassig sind.

Für den Soldaten wäre es ein hoher Legitimations- und Motivationsgewinn, wenn er sich als Teil des staatsbürgerlichen Selbstverständnisses der Deutschen erleben könnte. Wie kann der Soldat sein Engagement für Freiheit und Frieden mit den daraus resultierenden Belastungen für seine Familie, wie kann er vor sich und seiner Fami-

135

lie ggf. auch seinen eigenen Tod legitimieren, wenn die Bürger Deutschlands sich offensichtlich nicht für Sicherheitspolitik interessieren, das Rational militärischer Einsätze nicht verstehen und den deutschen Beitrag zum Frieden in der Welt nicht an ihre eigene Identität heranlassen? Es ist für das Empfinden von Soldaten mehr als ein emotionaler „Tiefschlag", wenn sie mit der Aussage „Afghanistan, was hast Du denn da gemacht?" oder mit althergebrachten Vorstellungen vom Soldatenberuf als „Gammeldienst" konfrontiert werden.

Ein weiterer Zusammenhang sollte nicht vergessen werden: Wer gesellschaftliche Anerkennung bekommt, wer spürt, dass sein Dienst Achtung und Ehre mit sich bringt, der wird eher den gesellschaftlich akzeptierten Normen und Werten auch im Einsatz folgen als derjenige, der davon ausgeht, dass sein Schicksal den Menschen zu Hause ziemlich egal ist. Wie kann ein Soldat motiviert werden, sein Leben einzusetzen, wenn er glaubt, das Vaterland dankt ihm sein Opfer nicht; wenn er mit seinen Erlebnissen zurückkommt, diese verarbeiten muss und – außer den Psychologen und Psychiatern – kaum jemand sich dafür interessiert? Wie entwickelt sich sein Bewusstsein von Achtung und Ehre unter solchen Bedingungen und welche Auswirkungen hat dies auf sein Verhalten im Einsatz? Wird er zu einem Söldner, der sich nicht mehr an ethische Grundsätze seines Staates gebunden fühlt und in einer Art und Weise handelt, die mit den Vorstellungen der Inneren Führung und des Leitbildes vom „Staatsbürger in Uniform" nicht mehr in Überstimmung zu bringen ist?

Tatsächlich vermissen die deutschen Soldaten die Anerkennung ihrer Leistungen durch die Gesellschaft, so urteilen viele Psychologen. Nicht zuletzt die Affäre um die Schädelbilder aus Afghanistan hat dies verdeutlicht. Viele Soldaten spürten, dass hier etwas aufgebauscht wurde, was in keinem Verhältnis zu ihren Leistungen im In- und Ausland steht. Sie möchten stolz sein auf das, was sie leisten. Dies schließt nicht aus, dass die Öffentlichkeit die Bundeswehr weiterhin kritisch begleitet. Aber wenn diejenigen, die für Deutschland, für die Freiheit seiner Bürger und für den Frieden in der Welt ihr Leben riskieren, das Gefühl bekommen, dafür nicht die gebührende Anerkennung zu erhalten und bei Fehlverhalten Einzelner kollektiv abgestraft zu werden, dann ziehen sich Soldaten zurück, dann bilden sie möglicherweise eine eigene Kultur, die ihnen Stolz und interne Anerkennung ermöglicht. Dies wäre mit einem gewaltigen Verlust an demokratischer Kultur in Staat, Gesellschaft und Bundeswehr verbunden und stünde in diametralem Gegensatz zu den Zielen und Grundsätzen der Inneren Führung.

Das gesellschaftliche Desinteresse an Sicherheitspolitik und Bundeswehr könnte die sicherheitspolitische Position Deutschlands innerhalb der Vereinten Nationen, der NATO und der EU untergraben. Wenn Deutschland bei seinen Verbündeten und Partnern eher als „unsicherer Kantonist" gilt, vor allem, wenn es um Kampfeinsätze geht, dann könnte sich dies nachteilig auf seine Verhandlungspositionen in den Entscheidungsprozessen dieser internationalen Sicherheitsorganisationen auswirken. Dies ist sicherlich nicht im deutschen Interesse. Denn, so formuliert das Weißbuch 2006: „Deutsche Sicherheitspolitik ist multilateral angelegt. Gemeinsam mit den Mitgliedstaaten der Europäischen Union tritt Deutschland für einen wirksamen Multilateralismus ein. Kein Staat der Welt kann heute alleine für seine Sicherheit sorgen. Deutschland nimmt daher seine sicherheitspolitischen Interessen vor allem in internationalen und supranationalen Institutionen wahr und gestaltet deren Politik mit".[218] Zudem werden sich einige Partner verstärkt bemühen, Deutschland politisch unter Druck zu setzen. Die Kritik vor allem in den USA, Kanada und Großbritannien an dem begrenzten deutschen Mandat in Afghanistan war vielleicht nur ein erster Schritt in diese Richtung.

Das „freundliche Desinteresse" könnte sich auch auf die Leistungsfähigkeit der Bundeswehr negativ auswirken. Denn die Bundeswehr und ihre Angehörigen erhalten unter derartigen Bedingungen nicht das Maß an materieller und emotionaler Unterstützung, das erforderlich wäre, um ihren schwierigen und gefährlichen Aufgaben gewachsen zu sein. Das beginnt bei der bereits chronischen Unterfinanzierung der Bundeswehr und reicht bis zur Ignoranz gegenüber dem, was Soldaten und ihre Familien an Belastungen auf sich nehmen müssen. Allerdings leiden auch andere Armeen in Europa unter einem gesellschaftlichen Desinteresse, auch wenn deren Finanzausstattung weitaus besser ist als die der Bundeswehr. So hat kürzlich sogar der britische Premierminister Tony Blair in einer programmatischen Rede mehr aktive Solidarität für die britischen Streitkräfte gefordert.[219] Dies könnte ein Indiz für ein europaweites Desinteresse an den eigenen, nationalen Streitkräften sein. Dieser die deutsche Befindlichkeit überlagernde Trend scheint durch zwei Entwicklungen gespeist zu sein: Zum einen übt die Globalisierung einen enormen Anpassungsdruck auf jeden einzelnen Bürger aus. Sieht dieser für sich die Gefahr einer Überforderung, dann konzentriert er seine Kräfte auf seine persönliche Situation, in der die Sicherung des Friedens in der Welt kaum Platz haben dürfte. Zum zweiten führt der langjährige gesellschaftliche Trend der Individualisierung und der Betonung von Selbstentfaltungswerten dazu, dass eine Organisation wie das Militär, in dem viele ein Gegenmodell zu diesem Trend vermuten, aus dem Blickfeld des Einzelnen gerät. Es ist daher auch aus sicherheitspolitischer Sicht richtig und wichtig, dass die Politik auf ihren verschiedenen Ebenen – Europa, Staat, Länder – die Globalisierung so gestaltet, dass die Menschen sich nicht überfordert fühlen und sie auch Erfolge erleben. Wenn die Bürger ihre wirtschaftliche und soziale Lage optimistischer einschätzen, wird auch ihre Bereitschaft zunehmen, eine aktive Sicherheitspolitik zu unterstützen.[220] Und die allgemeine Rückbesinnung auf Werte, die die Politik gegenwärtig durch konkrete Projekte wie beispielsweise die Familienförderung unterstützt, könnte auch das Militär in einem neuen Licht erscheinen lassen.[221]

Die Verbesserung der Rahmenbedingungen des Wirtschaftsstandorts Deutschland, der Umbau der Sozialsysteme und die stärkere Orientierung an Werten, die die Gesellschaft zusammenhalten, sind langwierige Prozesse. Es dauert, bis auch die Bundeswehr nachhaltig davon profitieren wird. Deshalb ist es umso wichtiger, die Bürger direkt anzusprechen und zu motivieren, sich für die Bundeswehr und ihre Soldaten zu engagieren. Diejenigen, die sich schon in der

Vergangenheit eingesetzt haben, müssen „bei der Stange" gehalten werden. Und möglichst viele weitere Menschen müssen für ein solches Engagement gewonnen werden. Denn das geistige Durchdringen der neuen sicherheitspolitischen Herausforderungen, die Betreuung von „Soldatenfamilien im Einsatz", die Fürsorge für Soldaten und ehemalige Soldaten, die unter den Folgewirkungen eines Einsatzes leiden, die berufliche Integration ehemaliger Soldaten in Wirtschaft und Verwaltung – all dies bietet viele Möglichkeiten für ein staatsbürgerliches Engagement. Und die Bundeswehr ist auf ein solches Engagement und die aktive Solidarität der Bürger[222] angewiesen.

Dabei geht es nicht immer und häufig auch nicht vorrangig um materielle Unterstützungsleistungen. Hilfreich ist oftmals schon das zwischenmenschliche Gespräch. Was geht in einer jungen Mutter vor, deren Mann in Afghanistan im Einsatz ist und die von jemandem aus der Nachbarschaft gefragt wird, wo ihr Mann denn wohl sei und dann mit der weiteren Frage konfrontiert wird: „In Afghanistan? Was macht er denn dort?"[223] Oder wenn ihr durchaus im guten Sinne geraten wird, sie solle doch an das schöne Geld denken, das ihr Mann im Einsatz verdiene?[224] Oder wenn ein Rückkehrer aus Afghanistan gefragt wird, wie es denn dort seiner Frau gefallen habe? Die Soldaten der Bundeswehr und ihre Familien erwarten von ihren Mitmenschen, dass sie die Aufgaben der Bundeswehr kennen und die besonderen Belastungen der Soldaten anerkennen. Nachbarschaftshilfe und Solidarität erfahren hier eine neue Bedeutung. Diese Tugenden sind heute nicht mehr selbstverständlich. Vielleicht liegt hier auch einer der Gründe, weshalb 80 Prozent der versetzten Offiziere nicht mehr mit ihren Familien umziehen. Indem sie das Pendeln an den Wochenenden auf sich nehmen, ermöglichen sie ihren Familien, in der vertrauten sozialen Umgebung zu bleiben, auf die sie sich verlassen können.

Das Besondere des Soldatenberufs anzuerkennen, ohne den Soldaten als „*sui generis*" über andere Berufe zu erheben – das ist ein schmaler Grat, auf dem Politik, Gesellschaft und Bundeswehr voranschreiten müssen. Besonders deutlich wird dies am Umgang mit der

Pflicht des Soldaten, für die Erfüllung seines Auftrags ggf. zu töten und sein eigenes Leben oder das seiner Kameraden zu riskieren. Angesichts von bisher 69 im Auslandseinsatz und insgesamt über 2.600 im Dienst getöteten Soldaten der Bundeswehr ist dies eine Realität, die nicht verdrängt werden darf. Allerdings ist das Thema ‚Tod‘ ein gesellschaftliches Tabu. Und so ist es auch nicht verwunderlich, dass der Tod der Soldaten in unserer Gesellschaft kaum Beachtung findet. Die Deutschen haben nicht geklärt, wie sie mit ihren Toten umgehen wollen, die für Deutschlands Verantwortung für Freiheit und Frieden in der Welt sterben. Es fehlt ein Totenkult in der Bundesrepublik Deutschland, so lautet das Urteil des Historikers Manfred Hettling.[225] In der Gedenkveranstaltung des Deutschen Bundestages zum Volkstrauertag 2005 hat der damalige Bundesminister der Verteidigung, Peter Struck, in seiner Rede auch der in den Einsätzen getöteten Bundeswehrsoldaten gedacht.[226] Der derzeitige Bundesminister der Verteidigung, Franz Josef Jung, liefert mit seiner Initiative, ein Ehrenmal der Bundeswehr zu bauen, ein konkretes Projekt für einen neuen Totenkult in Deutschland. Allein die Diskussionen im Vorfeld der Errichtung eines solchen Ehrenmals bieten Raum für Fragen, welcher Totenkult der Bundesrepublik Deutschland und ihrer Streitkräfte angemessen ist, für welche politischen Zwecke Deutschland bereit ist, dass seine Soldaten töten und getötet werden[227], welche staatsbürgerlichen Werte darin zum Ausdruck kommen und welches Selbst- und Berufsverständnis Soldaten heute haben. Hettling schreibt mahnend: „Wer die Frage negiert, wofür der Soldat in einer demokratischen Ordnung stirbt, vergibt eine Chance, Demokratie politisch zu legtimieren. Denn im gewalthaften *Tod* für die politische Ordnung liegt eine besondere Legitimationsquelle, vielleicht sogar die wichtigste."[228] Und wenn die Staatsbürger über den Tod der Soldaten ihren Staat und seine demokratische Ordnung legitimieren, dann wird auch der Soldat Teil ihres staatsbürgerlichen Selbstverständnisses.

Auch der Opfertod des Soldaten muss in diesem Zusammenhang thematisiert werden. Antworten auf die Frage, wie Soldaten sterben, sind historisch belastet; denn der deutsche Soldat, vor allem der Offizier, war nicht nur dazu erzogen, im Krieg zu sterben, sondern seinen Tod als Opfergang vorzuleben, wie es etwa in der Beschreibung des Untergangs von Kapitän zur See Lindemann mit seinem Schlachtschiff ‚Bismarck‘ nachzulesen ist: „In diesen Minuten nur noch den ganz nah am Schiff befindlichen Schwimmern erkennbar, stand Lindemann vor Turm ‚Anton‘ auf der Back. Sein Gefechtsläufer, ein Matrosengefreiter, war bei ihm. Gegen das sich weiter aufrichtende Vorschiff gingen beide nach vorn, immer steiler bergan. Die Gesten Lindemanns zeigten an, dass er auf seinen Läufer eindrang, über Bord zu gehen, sich zu retten, wie es die anderen taten. Aber der wollte nicht und blieb bei seinem Kommandanten, bis sie die Gösch erreichten. Dann trat Lindemann hinüber auf den immer weiter nach oben heraus und flacher zu liegen kommenden Steuerbord Vorsteven, verharrte dort, nahm die Hand an die weiße Mütze. (…) Dann ging das Schiff langsam, langsam mit dem grüßenden Lindemann in die Tiefe.“[229] Eine solche Inszenierung darf kein Vorbild für die Soldaten der Bundeswehr heute sein, genauso wenig wie das Ehrenmal der Bundeswehr und dort stattfindende Zeremonien an die Zeit von 1933 bis 1945 erinnern dürfen. Wenn heute die Pflichterfüllung des Soldaten bis zum Tode stärker in das Bewusstsein dringt, dann muss unterstrichen werden, dass der Begriff des Kämpfens immer mit dem Selbstbehauptungswillen verbunden ist. Um es in der Sprache Clausewitz’ auszudrücken: Der Soldat als Ringer will gewinnen und das heißt: überleben.

Auf Patrouille in Afghanistan

Andererseits erfordert der Kampf, dass Offiziere und Unteroffiziere von vorn führen, dass es in schwierigen Situationen gerade ihr beispielhaftes Handeln ist, das über den Erfolg eines Gefechts entscheidet. Daher benötigt jede Armee Beispiele für Handeln in die größte Gefahr hinein, die zwar zum Tode des militärischen Führers, aber zum Erfolg der Operation führten. In der britischen Armee ist Oberstleutnant Herbert Jones ein solches Vorbild. Er führte während des Falkland-Feldzugs einen liegengebliebenen Angriff durch sein Beispiel zum Erfolg und verlor dabei sein Leben.[230] In der Bundesrepublik Deutschland wurde die Frage, für was und wie der Offizier sterben soll, weitgehend verdrängt.[231] Es ist aber wichtig, dass darüber mit klaren Worten gesprochen wird. Es geht bei dem Sterben bzw. der bekundeten Bereitschaft dazu nicht um die Wahrung einer kollektiven Ehre oder die Abgrenzung des Offizierberufs von bürgerlichen Berufen, auch gar nicht um die freudige Erwartung auf persönliche Bewährung in der Gefahr. Es geht wohl aber darum, beim Führen von vorn sich seiner Beispielwirkung bewusst zu sein, wenn es darum geht, in die Gefahr hinein zu handeln. Und die Bereitschaft dazu ist – man denke an Clausewitz' Bild des Ringkampfes – das Grundelement des Krieges als Handeln in einem erschwerenden Mittel.[232] Und diese Charakterisierung trifft auch auf die Patrouille zu Fuß in Afghanistan zu, die den Kontakt mit der einheimischen Bevölkerung sucht und sich nicht in gepanzerten Fahrzeugen verbirgt. Angesichts der allgegenwärtigen Gefahr von Anschlägen ist die Notwendigkeit, in die Gefahr hinein zu handeln, auch in friedensstabilisierenden Einsätzen alltäglich.

„Zivilgesellschaft" als gesellschaftspolitischer Leitbegriff?

Der Begriff der Zivilgesellschaft ist in der gesellschaftspolitischen Debatte in Deutschland weit verbreitet. Mit diesem Begriff soll vor allem eine Abgrenzung zu allen Formen des Militarismus gezogen werden, was auch aus Sicht der Inneren Führung zu begrüßen ist. Problematisch ist allerdings die mit dem Begriff einhergehende Vorstellung, die Zivilgesellschaft sei gewissermaßen ein staatsfreier Bereich, den die Bürger in eigener Verantwortung gestalten und der über eigene Werte und Einstellungen verfügt.[233] Hier stellt sich die Frage: Wie kann dieser Begriff Leitbegriff für eine Gesellschaft sein, deren Armee teilweise unter kriegerischen oder zumindest kriegsähnlichen Bedingungen Frieden schaffen oder wiederherstellen soll? So ist es nicht verwunderlich, dass das Unbehagen der deutschen Bürger an den Auslandseinsätzen der Bundeswehr gegenwärtig wieder zunimmt. Ein Hauch von Isolationismus ginge um, so fassen Noelle und Petersen die Ergebnisse einer empirischen Untersuchung zusammen und resümieren: „Es ist, als hätten die Deutschen vom Rest der Welt erst einmal genug".[234] Dass viele Deutsche so denken und dass dieses Denken überwunden werden muss, hat Außenminister Walter Steinmeier in seiner Rede während der Münchener Sicherheitskonferenz 2007 unverblümt ausgesprochen, als er sagte, die Deutschen müssten sich noch daran „gewöhnen", dass die „... Bundeswehr zu Konfliktlösungen antritt".

Die Betonung der Zivilgesellschaft lenkt nicht nur von der Verantwortung Deutschlands für den Weltfrieden und der Realität der Auslandseinsätze ab.[235] Wenn sich die sicherheits- und verteidigungspolitische Sprache an den Maßstäben zivilgesellschaftlicher Vorstellungen orientiert, dann bleibt die Anwendung von Gewalt eine abstrakte Sache, die die Realität von Einsatz und Krieg vernebelt. Darüber hinaus bringt die Orientierung an diesem Begriff die Gefahr mit sich, den Soldaten aus der Gesellschaft auszugrenzen und damit die Verantwortung der Gesellschaft für den Soldaten auszublenden. Der Theologe Christian Walther hat ganz im Sinne der Inneren Führung kritisch gefragt, ob eine Gesellschaft ihre Soldaten überhaupt noch ausreichend unterstützen kann, wenn sie meint, auf Tugenden verzichten zu können, weil sie diese als Einschränkung persönlicher Wünsche und Vorlieben empfindet.[236] Und wie steht es um die Integration des Soldaten in die Gesellschaft, wenn diese seine besonderen Pflichten und Aufgaben nicht anerkennt, weil sie einfach keine Antennen dafür hat? Wenn sie sich für die Soldaten nur dann zumindest für einen kurzen Augenblick interessiert, wenn es zu Skandalen kommt, Soldaten und Zivilisten getötet werden oder wenn ein neuer Einsatz bevorsteht? Wenn die in Afghanistan aufgenommenen Bilder von deutschen Soldaten, die mit Skelettteilen posierten, nach dem ersten Entsetzen schließlich zu der kritischen Frage führen, inwieweit sich darin auch gesellschaftliche Fehlentwicklungen widerspiegeln, dann zeigt sich deutlich, dass die erforderliche sicherheitspolitische Debatte auch gesellschaftspolitische Aspekte thematisieren muss.

Ein wesentlicher gesellschaftspolitischer Aspekt ist die traditionelle Frage, welche Rolle Sicherheitspolitik und Militär in den Lehrplänen von Schulen haben sollten. Heute spitzt sich diese Frage zu: Welche Konsequenzen erwachsen aus pädagogischen Konzepten, in denen die Idee der Zivilgesellschaft im Vordergrund steht, und junge Staatsbürger dann in eine Armee im Einsatz eintreten, die sie in einer Weise fordert, für die sie nicht ausreichend geistig vorbereitet sind? Was geschieht, wenn angesichts des demographischen Wandels die Bundeswehr gezwungen ist, mehr Bewerber mit nicht ausreichenden geistigen und moralischen Voraussetzungen einzustellen? Ist daraus die Schlussfolgerung zu ziehen, dass Deutschland eine Berufsarmee benötigt, um durch lange Verpflichtungszeiten und Abschirmung von der Gesellschaft den Soldaten die Möglichkeit zum Erwerb der staatsbürgerlichen Tugenden einzuräumen, die sie benötigen, um erfolgreich für Freiheit und Frieden in entfernten Region zu dienen?

Wenn die Innere Führung im Interesse des Wohls des Soldaten diese kritischen Fragen an Gesellschaft und Politik richtet, dann geht es ihr nicht um traditionelle Formen der Wehrertüchtigung. Es geht ihr auch nicht um die Begründung des Soldatenberufs als eines Berufs *„sui generis"*. Sie will aber Politik und Gesellschaft auf bestimmte gesellschaftliche Entwicklungen und die daraus resultierenden Folgen für die Bundeswehr und ihre Soldaten hinweisen. Werden Politik und Gesellschaft ihrer Verantwortung gerecht, wenn sie jungen Menschen die Pflicht auferlegen, Soldat zu werden, ohne ihnen die Chance einzuräumen, solche Tugenden zu erwerben, die sie für die Erfüllung ihrer Aufgaben benötigen? Die Innere Führung will aber nicht nur kritische Fragen stellen, sondern auch Lösungsmöglichkeiten anbieten. Warum sollen junge Menschen nicht bereits in der Schule über das Konzept der „Vernetzten Sicherheit" informiert werden?[237] Und sollte die Schule nicht mehr Wert auf Erziehung zur Verantwortung und auch zu „Sekundärtugenden" wie Pünktlichkeit und Selbstdisziplin legen, was ja auch viele Industrie- und Handwerkskammern fordern? Und wie steht es um die körperliche Gesunderhaltung?[238] Eine Armee soll sein! Daher tragen vor allem staatliche Stellen Verantwortung dafür, die jungen Menschen so auszubilden und zu erziehen, dass sie den Anforderungen des soldatischen Dienstes von ihrem Potenzial her – und hier geht es nicht so sehr um handwerkliche Fähigkeiten, sondern um körperliche Tüchtigkeit und geistige Einstellungen – genügen können.

Bundeswehr

Die Bundeswehr verfügt über vielfältige Medien nicht nur für die interne, sondern auch für die externe Kommunikation, also den Informations- und Meinungsaustausch mit dem zivilen Teil der Gesellschaft. Dafür hat sie eine Vielzahl von Produkten erstellt. Sie reichen von Broschüren beispielsweise über die „Allgemeine Wehrpflicht" und die „Einsätze der Bundeswehr im Ausland" bis hin zu *Compact Disks* über die NATO und deutsche Militärmusik. Auch Publikationen wie „Y – Zeitschrift der Bundeswehr" und die „IFDT – Information für die Truppe"[239] finden weit über die Bundeswehr und die Reservistenverbände hinaus interessierte Leser. Und für Gespräche und Diskussionen über sicherheits- und verteidigungspolitische Themen bietet die Akademie für Information und Kommunikation der Bundeswehr[240] in Strausberg ein wichtiges Forum.

Die Vermittlung sicherheitspolitischen Wissens ist für die Bundeswehr nicht einfach. Hier gibt es Grenzen, die durch Einstellungen der Deutschen zu den transatlantischen Beziehungen und zur EU gesetzt sind. Wie soll beispielsweise der deutsche Beitrag zu den *EU Battlegroups* positiv vermittelt werden, wenn insbesondere bei jungen Deutschen die Vorbehalte über die EU stark ausgeprägt sind?[241] Wie soll den deutschen Bürgern die Migration als sicherheitspolitische Herausforderung vermittelt werden, wenn vor allem Italien und Spanien davon direkt betroffen sind? Für die sicherheitspolitische Debatte ist es daher unverzichtbar, dass die Bürger ihre Vorbehalte gegenüber der EU überdenken und ein stärker ausgeprägtes europäisches Bewusstsein entwickeln. Die von der Bundesregierung im Rahmen ihrer EU-Ratspräsidentschaft durchgeführten EU-Projekttage sind dafür ein gutes Beispiel. Sie zeigen, dass ein auf nationaler und internationaler Ebene vernetztes Denken auch in der Informationspolitik erforderlich ist.

Ein Jugendoffizier in einer Weiterbildungsveranstaltung

Schon immer hat die Bundeswehr ihre Soldaten als „Botschafter in eigener Sache" für die externe Informationsarbeit genutzt. Deren kompetentes und politisch mündiges Auftreten trägt zur Glaubwürdigkeit nicht nur der Bundeswehr, sondern auch der deutschen Sicherheits- und Verteidigungspolitik bei. Dieser Zugang könnte künftig weitaus intensiver genutzt werden, um den Bürgern die politische und ethische Legitimation sowie die konkrete Durchführung der Einsätze zu erläutern. Generale bzw. Admirale sowie Stabsoffiziere sind häufig Redner bei Fest- und Informationsveranstaltungen und erreichen auf diese Weise viele Multiplikatoren in der Wirtschaft, in der Verwaltung und im Bildungswesen.[242] Jugendoffiziere sind weiterhin vor allem in den Schulen aktiv. Darüber hinaus könnten Soldaten, die gerade aus einem Einsatz zurückgekehrt sind, den Dialog mit den Bürgern suchen. Warum sollten nicht Soldaten, die in der Demokratischen Republik Kongo waren, gemeinsam mit Jugendoffizieren Schulen besuchen? Es geht nicht darum, durch Gespräche mit „Veteranen" die „Kriegsbegeisterung" der jungen Menschen zu wecken. Es geht vielmehr darum, über Erfahrungen zu informieren, die sich viele Menschen heute selbst kaum vorstellen können. Wer weiß besser als die Soldaten, welche positiven Wirkungen militärische Einsätze vor Ort haben, auch wenn sichtbare Fortschritte in der großen Politik auf sich warten lassen? Und wie könnte der vernetzte Ansatz besser auch jungen Menschen präsentiert werden, als wenn Soldaten gemeinsam mit Polizisten und Entwicklungshelfern über ihre Einsätze informierten? Denn in den Gesprächen kommt es vor allem auf Authentizität an. Sicherheitspolitik kann am besten im vertrauensvollen Dialog vermittelt werden.[243] Die Soldaten müssen, wie es der Generalinspekteur der Bundeswehr, General Schneiderhan, anlässlich des Festaktes zum 100. Geburtstag von Generalleutnant Wolf Graf von Baudissin am 8. Mai 2007 an der Führungsakademie in Hamburg formulierte, nicht nur in den Einsatzgebieten, sondern auch in Deutschland „die Herzen der Menschen gewinnen".[244] Dazu kann auch das Eingeständnis gehören, dass das ein oder andere nicht optimal gelaufen ist und verbessert werden muss. Überhaupt benötigt die Bundeswehr mehr Foren für kontroverse Diskussionen.[245] Wie kann man erwarten, dass die Gesellschaft eine Debatte über Sicherheitspolitik und Innere Führung führt, wenn diese auch innerhalb der Bundeswehr nur ansatzweise stattfindet? Für eine neue Diskussionskultur ist eine stärkere Toleranz für abweichende Meinungen erforderlich. Wenn Andersdenkende mit Karrierenachteilen bestraft oder Meinungsäußerungen genutzt werden, um aus anderen Gründen unliebsame Mitarbeiter loszuwerden, dann ist dies der Sache insgesamt schädlich.

4.2 Führungskultur

Die Bundeswehr steht inmitten eines Paradigmenwechsels: Von einer Ausbildungsarmee zu einer Einsatzarmee und von aufeinander folgenden Reformen zu einer kontinuierlichen Transformation. Dieser gewissermaßen revolutionäre Neuansatz muss auch in der Führungskultur der Bundeswehr seinen Niederschlag finden.

Befragungen insbesondere der jüngeren, nach 1990 eingestellten Soldaten zeigen, dass ihr berufliches Selbstverständnis auf den Einsatz hin ausgerichtet ist. Zu Recht wird von der „Generation Einsatz" gesprochen. Über 200.000 Soldaten der Bundeswehr haben bisher an Einsätzen teilgenommen. Und die Redewendung, mit einem bestimmten Vorgesetzten würde man jederzeit in den Einsatz gehen, unterstreicht, welche Bedeutung der Einsatz auch für die Beurteilung des Führungsverhaltens von Vorgesetzten hat.[246] Dies schließt allerdings nicht aus, dass die Einsatzorientierung bei Soldaten und zivilen Mitarbeitern weiterhin verbessert werden kann. Zudem gibt es eine Vielzahl von Soldaten, die bisher noch nicht an einem Auslandseinsatz teilgenommen haben und deren Tätigkeit im Inland auch nicht in einem unmittelbaren Zusammenhang mit den Einsätzen steht. Daher ist es richtig, immer wieder auf die Anforderungen der Einsatzorientierung hinzuweisen und vom Soldaten, aber auch von auf bestimmten Dienstposten tätigen zivilem Mitarbeiter zu verlangen, jederzeit in den Einsatz gehen zu können. Diese Forderung hat Konsequenzen für Organisationsstrukturen und Ausbildungssysteme. Und der einzelne Soldat bzw. zivile Mitarbeiter muss nicht nur seine Fähigkeiten und Fertigkeiten auf einem aktuellen Stand halten, indem er z.B. sich körperlich fit hält, die militärischen Grundfertigkeiten sicher beherrscht und seine Fremdsprachenkenntnisse verbessert; er muss auch danach „leben", d.h. er muss sich geistig und körperlich fit halten und er muss wo immer möglich auch in seinem privaten Bereich die Voraussetzungen dafür schaffen, für längere Zeit an Auslandseinsätzen teilnehmen zu können.

Allerdings gibt es innerhalb der Bundeswehr durchaus unterschiedliche Erlebniswelten. Die Grundwehrdienstleistenden, die am stärksten für den Austausch zwischen Bundeswehr und Gesellschaft sorgen, kennen die Armee im Einsatz nur von ihrer unterstützenden Funktion innerhalb Deutschlands. Unter den Zeit- und Berufssoldaten sind einige, die noch nie im Auslandseinsatz waren, während andere mittlerweile zu „Einsatz-Junkies" geworden sind und beinahe jährlich an Einsätzen teilnehmen. Und unter den Soldaten mit Einsatzerfahrung gibt es unterschiedliche Erwartungen an ihren

Dienst. „Patrouillierst Du noch oder kämpfst Du schon?", so lautet bei ihnen die Gretchenfrage. Solche Erfahrungs- und Erlebnisunterschiede sind charakteristisch für Zeiten des Übergangs. Daraus erwachsen unterschiedliche Erwartungen vor allem an die militärische Ausbildung und an die ihr zugrunde liegenden Lagen. Für die Führungskultur ist es wichtig, dass es ein gemeinsames Kriterium gibt, unabhängig davon, ob man in den Einsatz geht oder nicht, ob man patrouilliert oder kämpft. Und das ist die persönliche Einsatzorientierung.

Zur Einsatzorientierung gehört das intensive Bemühen der Vorgesetzten, ihren Soldaten das sicherheitspolitische Rational der Einsätze zu erklären. Über die Veranstaltungen zur politischen und ethischen Bildung[247] hinaus müssen Vorgesetzte jede Gelegenheit dafür nutzen. Dabei müssen sie ihre Soldaten da abholen, wo sie stehen, so wie in der Truppe bei Übungen die politische und militärische Lage in die sog. „Landserlage" umgeschrieben wird. Offizielle sicherheitspolitische Statements müssen also in die „Soldatensprache" übersetzt werden. Vorgesetzte sollten vor allem das persönliche Gespräch mit ihren Soldaten suchen.[248] Gespräche, wenn Vorgesetzte sie denn richtig führen, können ihre personale Autorität stärken, Vertrauen aufbauen und die Bereitschaft der unterstellten Soldaten zur Gefolgschaft fördern. Es entsteht Vertrauen, das stärker und belastbarer ist als das bloß intellektuelle Nachvollziehen sicherheitspolitischer Begründungen. Dafür müssen sich Vorgesetzte Zeit nehmen und dazu benötigen sie kommunikative Kompetenzen. Denn hier geht es um das partnerschaftliche Gespräch unter Staatsbürger und nicht um eine Befehlsausgabe. Genauso wenig, wie die Bundeswehr auf ein bloßes Instrument der Außen- und Sicherheitspolitik reduziert werden darf, genauso wenig darf der einzelne Soldat zu einem bloßen Objekt dieser Politik bzw. der militärischen Entscheidungsträger werden.

Dazu gehört, dass der Soldat auch das Recht haben muss, seine Gewissensfreiheit in Anspruch zu nehmen, wenn er mit einem Auftrag seelische Not hat. Angesichts der vielen, ja auch unter Politikern nicht immer unumstrittenen Aufträge der Bundeswehr kann es durchaus zu einer Renaissance des Gewissens unter Soldaten kommen, die ja nicht Ausdruck einer allgemeinen Dienstverweigerung, sondern nur einer auf den Einzelfall bezogenen Gehorsamsverweigerung wäre[249]. Die große Bedeutung, die heute die Militärgeistlichen als Ansprechpartner für die Soldaten aller Dienstgradgruppen haben, unterstreicht deren enorme Sensibilisierung für ethische Fragen. Wenn es keine verbindliche Checkliste für die Entscheidung über die Teilnahme der Bundeswehr an internationalen Einsätzen gibt, wenn es überhaupt schwer fällt, Kriterien für den politischen Entscheidungsprozess zu entwickeln, dann zeigt dies den Freiraum für Gewissensentscheidungen des Einzelnen auf. Dabei geht es nicht immer um politische Erwägungen. Es dürfte auch ganz handfest um familiäre Angelegenheiten gehen, die in der Frage kulminieren: Kann ich angesichts der Schwierigkeiten, in denen sich meine Familie befindet, es vor mir und meinen Angehörigen verantworten, in den Einsatz zu gehen? Vorgesetzte sollten dies frühzeitig erkennen und nach Möglichkeiten suchen, eine Gehorsamsverweigerung des Soldaten und ein Ausufern in den politisch-öffentlichen Raum zu vermeiden. Die Gewissensfreiheit des Soldaten darf dabei nicht angetastet werden. Sie ist integraler Bestandteil der ethischen Legitimation des soldatischen Dienstes[250] und ein Grundpfeiler, auf dem das Gebäude der Bundeswehr ruht.

Derzeit liegen noch keine umfassenden empirischen Untersuchungen über die Einstellungen von Angehörigen der Bundeswehr zur Transformation vor. Es gibt allerdings Anzeichen dafür, dass dem Begriff der Transformation vor allem in der Truppe deutlich ausgeprägte Vorbehalte entgegen gebracht werden.[251] Für eine Armee, die über Transformation ihre Einsatzfähigkeit gewährleistet und darin den Schlüssel für eine erfolgreiche Zukunft sieht, erwachsen daraus Risiken. Viele Angehörige der Bundeswehr haben noch nicht in ausreichendem Maße verstanden, was mit dem Begriff der Transformation im Unterschied etwa zu dem der Reform gemeint ist.

Transformation bezeichnet den Prozess der kontinuierlichen, vorausschauenden Anpassung an sich verändernde Rahmenbedingungen im sicherheitspolitischen Umfeld, also an das Gesamtspektrum vom Kriegsbild über Risiken und Bedrohungen, neuen Technologien bis zu den Einstellungen der Bürger. Hinter dieser exakten, aber unterkühlten Definition verbirgt sich eine einfache Erkenntnis: Umfassende, alles regelnde Reformen mit einem klar definierten Anfang und Ende, wie sie in der Geschichte der Bundeswehr mehrfach versucht wurden, wären heute immer zu spät fertig. Dies haben die 90er Jahre gezeigt: Neue Reformen wurden begonnen, als die vorhergehende noch längst nicht abgeschlossen war. Damit war klar: Mit Reformen im traditionellen Verständnis können Streitkräfte nur für die Probleme von gestern, nicht aber von morgen optimiert werden. Statt eines großen, von oben geregelten Wurfs muss es künftig darum gehen, flexibel zu agieren, d.h. viele kleine Schritte zu tun und möglichst viele Soldaten mit ihren Ideen und Innovationen einzubinden. Jeder Versuch, diese komplexen Prozesse von einer zentralen Stelle von oben zu steuern, wäre abwegig. Genau das Gegenteil ist heute richtig: Es müssen Freiräume in allen Bereichen und auf allen Ebenen geschaffen werden, damit die verantwortlichen militärischen Führer die erforderlichen Maßnahmen selbständig, aber untereinander koordiniert treffen können. Transformation erfordert daher ein Denken, das vergleichbar ist mit dem durch die Kriegführung Napoleons ausgelösten Anpassungsdruck: Gewinnen konnten nur noch die Armeen, die über selbständig operierende Truppenteile und motivierte Soldaten verfügten. Daher können heute durchaus historische Parallelen zwischen der Bundeswehr und den Reformbestrebungen des preußischen Heeres nach seiner Niederlage in der Doppelschlacht von Jena und Auerstedt am 14. Oktober 1806 gezogen werden.[252]

Damit geraten Einstellungen des Soldaten in den Blick, die auch schon damals im Mittelpunkt der Reorganisation des preußischen Heeres standen: Das sind die Selbständigkeit des Soldaten bzw. das Einräumen von Freiräumen für das Mitgestalten sowie die Bereitschaft, in das Ungewisse zu handeln. Für Gregor Richter vom Sozialwissenschaftlichen Institut der Bundeswehr stehen die Angehörigen der Bundeswehr „... vor einer *doppelten Herausforderung*: Sie müssen sich nicht nur von eingespielten Handlungsroutinen lösen, sondern sie müssen sich zu einem gewissen Umfang auch von der Vorstellung lösen, dass irgendwann – in naher oder ferner Zukunft – feste und somit handlungssichere Strukturen eingenommen werden könnten; stetiger Wandel wird zu einer alltäglichen Erfahrung für die militärischen und zivilen Mitarbeiter/innen."[253] Deutlich zeigt sich hier, dass Transformation im Kopf entsteht oder, wie der Leitspruch der Führungsakademie der Bundeswehr besagt, *mens agitat molem* („Der Geist bewegt die Materie").

Neue Führungskultur

Um diesen Paradigmenwechsel erfolgreich zu gestalten, d.h. ihre Angehörigen mit dem neuen Denken vertraut zu machen, benötigt die Bundeswehr eine neue Führungskultur. Sie braucht eine straffe militärische und zivile Führungsorganisation, um unnötige Bürokratie zu vermeiden; sie braucht einen Führungsstil, der Gespräche in den Mittelpunkt stellt und den Mitarbeitern Freiräume gibt, damit diese selbständig handeln; und sie muss Beteiligungsmöglichkeiten gewähren, damit alle Angehörigen mehr Verantwortung wahrnehmen können. Um es auf den Punkt zu bringen: Gerade die Transformation benötigt Innere Führung. Denn, wie in den vorangegangenen Kapiteln versucht wurde nachzuweisen, die Innere Führung kämpft gegen unnötige Bürokratie, sie fordert und fördert Beteiligung und sie bindet Führung und Ausbildung an ein gemeinsames Leitbild: das ist der selbständig handelnde Soldat, der Verantwortung übernimmt, nicht zuletzt für seine eigene Persönlichkeitsentwicklung. Daher ist auch die Transformation nur mit der Inneren Führung umsetzbar.

Befragungen von Soldaten unterstreichen, dass diese bereit und gewillt sind, an den Veränderungsprozessen aktiv mitzuwirken, dass sie sich aber mit ihren Fähigkeiten nicht ausreichend in die Veränderungsprozesse eingebunden fühlen. „Wenn die Bundeswehr wüsste, was die Bundeswehr alles weiß" – diese paradoxe Formulierung des Beirats für Fragen der Inneren Führung[254] bringt das Dilemma auf den Punkt. Soldaten wollen von ihren Vorgesetzten als „Alltagsexperten" beteiligt werden. Diese stehen damit vor der Herausforderung, einen wesentlichen Grundsatz der Inneren Führung für die Transformation fruchtbar zu machen: das ist die weitestmögliche formale sowie unmittelbare Beteiligung der Soldaten und zivilen Mitarbeiter an den Veränderungsprozessen. Vorgesetzte sollen daher grundsätzlich mit Auftrag (sog. „Auftragstaktik") führen. Sie müssen Beteiligungsmöglichkeiten aktiv einräumen und ggf. andere als die eigenen Lösungsansätze umsetzen. Sie müssen als Beispiel vorangehen und Veränderungen vorleben. Und sie müssen intensiv über die bevorstehenden Prozesse informieren und diese erklären. Denn Soldaten wünschen „… nicht nur mehr allgemeine Informationen für alle … , sondern auch eine verstärkte unmittelbare, dialogisch vermittelnde Kommunikation, durch die Sinn und Ziel einzelner Veränderungen begreifbarer werden".[255] Etwas einfacher hat dies kürzlich ein erfolgreicher Unternehmer formuliert: „Ich geh hin und red mit den Leuten".[256] Dieses „Hingehen" und „Reden" erwarten die Mitarbeiter als „Initialzündung" für ihr aktives Engagement. Gespräche führen ist heute eine der wichtigsten Führungsaufgaben von Vorgesetzten. Denn ihre Unterstellten können nur dann selbständig und verantwortungsvoll handeln, wenn sie die größeren Zusammenhänge verstehen. Frustrationen können nur dann vermieden werden, wenn die Soldaten z.B. die Ursachen für die finanziellen Restriktionen und die politischen und wirtschaftlichen Sachzwänge kennen. Und sie müssen wissen, welchen Anspruch auf Betreuung und Fürsorge sie haben, welche weiteren Leistungen von sozialen Trägern angeboten werden. Nur so entsteht das Vertrauen und Selbstvertrauen, das erforderlich ist, um Aufgaben über den unmittelbaren Verantwortungsbereich hinaus zu übernehmen.

Das gemeinsame Ziel von Innerer Führung und Transformation ist dabei klar: Die Einsatzfähigkeit der Bundeswehr zu erhalten und wo immer möglich zu verbessern. Allerdings stellt dieses Ziel, so wie es formuliert ist, keine Vision dar, die Soldatenherzen höher schlagen lässt und zum aktiven Engagement einlädt. Förderlich für die Motivation wären überzeugende Antworten auf Fragen wie beispielsweise: Wo soll die Bundeswehr in zehn oder zwanzig Jahren stehen? Soll sie zu den leistungsfähigsten Armeen zumindest in Europa gehören? Soll sie an der Spitze des technologischen Fortschritts marschieren und Spitzenleistungen im *Network Centric Warefare* erreichen? Soll sie ein Beispiel geben für die enge Verzahnung ihrer Operationen mit den Aktivitäten ziviler Organisationen, wie es im Konzept der „Vernetzten Sicherheit" angelegt ist? Soll sie in der Lage sein, Kampfeinsätze durchzuführen, oder soll sie vor allem nach Beendigung kriegerischer Konflikte beim Wiederaufbau helfen? Soll sie eine Armee sein, in der die Mittelpunktstellung des Menschen sich auch in verbesserten sozialen Rahmenbedingungen niederschlägt? Soll sie eine Armee sein, die Teil des staatsbürgerlichen Selbstverständnisses der Deutschen ist? Soll sie weiterhin Vorreiter sein beim Aufbau multinationaler Verbände? Und welche Rolle soll sie für den Aufbau einer europäischen Verteidigung oder gar einer europäischen Armee spielen? Solange Politik und Gesellschaft sich nicht auf klare Antworten einigen, wird sich dies auch negativ auf die Einsatzorientierung in den Streitkräften und die Bereitschaft ihrer Soldaten, sich an der Transformation zu beteiligen, auswirken. Und natürlich ist für die Glaubwürdigkeit der Antworten wichtig, dass die zu treffenden Maßnahmen finanziell abgesichert sind.

Organisatorische Rahmenbedingungen

Fragen der Organisation – sei es die Aufbau- oder die Ablauforganisation der Bundeswehr ingesamt sowie einzelner ihrer Dienststellen – haben eine entscheidende Bedeutung für den Erfolg der Inneren Führung in der Praxis. Erziehung als „Herzstück der Inneren Führung" setzt genau hier an: Wer in seinem Verantwortungsbereich organisatorische Rahmenbedingungen wie beispielsweise die personelle und materielle Ausstattung, Führungs- und Entscheidungsstrukturen, die Infrastruktur oder die Kommunikationssysteme verändert, muss dabei auch die Grundsätze und Ziele der Inneren Führung beachten. Konkret bedeutet dies: Die organisatorischen Rahmenbedingungen sind so zu gestalten, dass Vorgesetzte mehr Gelegenheit haben, sich um ihre Soldaten zu kümmern; dass die Soldaten und zivilen Mitarbeiter untereinander besser kooperieren können; dass zunehmend

Freiräume für Initiative und flexibles Handeln entstehen; und dass die Soldaten bessere Möglichkeiten haben, sich in ihrer Persönlichkeit weiterzuentwickeln. Organisationsfragen dürfen also nicht nur nach den Kriterien der Effektivität und höherer Wirtschaftlichkeit entschieden werden. Wo immer möglich, ist dem Soldaten und seiner Persönlichkeitsentwicklung das Primat einzuräumen. Denn auf ihn kommt es ja in Einsatz und Krieg in besonderer Weise an.

Dabei gilt folgender Zusammenhang: Je höher die Führungsebene, desto größer ist die Verantwortung dafür, dass die organisatorischen Rahmenbedingungen den Zielen und Grundsätzen der Inneren Führung entsprechen. Wie schon in dem Abschnitt über die soldatische Erziehung angesprochen, nimmt die Verantwortung für die Gestaltung der organisatorischen Rahmenbedingungen mit den durch das Amt verliehenen Machtbefugnissen zu. Der höchste Innere Führer bzw. Erzieher in der Bundeswehr ist daher der Bundesminister der Verteidigung.

Eine enorme Herausforderung ist der Umgang mit Veränderungen wie z.B. mit neuen Strukturen oder veränderten Ausbildungskonzepten. Ständige Veränderungen fordern und fördern die Flexibilität der Soldaten, können den Soldaten aber auch überfordern[257] und führen dann zu einem nur noch selektiven Gehorsam. Ruhe und Gespräche sind wichtig, damit der Einzelne die Sinnhaftigkeit von Veränderungen versteht, sich in der veränderten Umwelt neu verortet und Routinen herausbildet, die seine Professionalität fördern. Ganz entscheidend ist die Beteiligung der Betroffenen bei Veränderungsprozessen und zwar in der Vorbereitung, der Durchführung sowie in Nachbereitung. Auch hier gilt das Prinzip des Führens mit Auftrag: Der Vorgesetzte soll vor Entscheidungen die Verantwortlichen der Durchführungsebene beteiligen.[258] Auch hier gilt der allgemeine Grundsatz, dass der Soldat die Werte, für die er dient, im Dienst erleben soll. Das bedeutet, dass auch die Organisationsstrukturen sowie die Prozesse, die zu ihrer Veränderung führen, die „Kultur der Freiheit" zum Ausdruck bringen sollen. Durch die weitestmögliche Einbindung von Beteiligungsmöglichkeiten in das Prinzip von Befehl und Gehorsam sowie durch die Delegation von Verantwortung trotz der Unteilbarkeit der Führungsverantwortung wird die soldatische Ordnung so zu einem „Werteerlebnis". Auf diese Weise wird das erreicht, was Baudissin unter einer „vermenschlichten Organisation" verstand: Eine Organisation, „... die dem Menschen dient, seinen Vorrang anerkennt und ihm Entfaltungsmöglichkeiten einräumt. Es entsteht dann eine fruchtbare Spannung zwischen Freiheit und Ordnung, welche in gleicher Weise den Aufgaben des militärischen Apparates wie den Belangen des einzelnen gereicht wird."[259]

Neben den unbestreitbaren Erfolgen bestehen allerdings auch Defizite, teilweise schon seit längerer Zeit. Bereits in den 70er Jahren hat Jürgen Kuhlmann in seiner Kommandanten- bzw. Einheitsführerstudie auf die Differenz zwischen Selbst- und Fremdwahrnehmung der für die Qualität der Führung so wichtigen „Chefs" hingewiesen. Während diese davon ausgingen, sie besäßen das Vertrauen ihrer Untergebenen und stünden immer für Gespräche zur Verfügung, fühlten ihre Soldaten oftmals eine kritische Distanz und merkliche Kühle. In diesem Zusammenhang wies Kuhlmann auch auf die Belastungen der Vorgesetzten mit Papierarbeit hin, die diese an ihre Schreibtische bände und der Zeit für Dienstaufsicht und insbesondere Gespräche mit den Soldaten beraubte. Das heißt, die Bürokratie in der Bundeswehr führt dazu, dass Vorgesetzte nicht die Zeit haben, so zu führen, dass sie die individuellen und sozialen Bedingungen des einzelnen Soldaten angemessen berücksichtigen können.

Überbordende Bürokratie ist immer wieder Thema in der Bundeswehr gewesen – von der de Maizière-Kommission 1979 über die Jahresberichte der Wehrbeauftragten bis zur Überprüfung der einsatzbezogenen Ausbildung durch den Generalinspekteur als Reaktion auf die sog. Schädelbilder aus Afghanistan im Jahre 2006.[260] Die bisherigen Versuche zur Entbürokratisierung waren allerdings nicht sonderlich erfolgreich. Weiterhin stöhnt die Truppe – sogar in den Auslandseinsätzen – über die „ausufernde Papierflut". Und weit verbreitet ist die Auffassung, Entbürokratisierungsversuche führten nur zu mehr Bürokratie. Die bisherige Erfahrung zeigt, dass es nicht ausreicht, den Vorgesetzten ihre Verantwortung für das Führen mit Auftrag, für Dienstaufsicht und Information ins Gewissen zu reden. Eine ganzheitliche Lösung ist notwendig. Dazu gehört zunächst einmal eine „Initialzündung“, d.h. es müssen Fortschritte erzielt werden, die die Soldaten als positiv für ihren Alltag erleben; denn Entbürokratisierung beginnt im Kopf. Darüber hinaus müssen Organisationsstrukturen geschaffen werden, die den Vorgesetzten von bürokratischen Aufgaben entlasten und ihm mehr Handlungsfreiräume geben. Die militärischen Führungsstrukturen für den Einsatz, aber auch die zivilen Abteilungen des BMVg und die Wehrverwaltung als Verursacher von Bürokratie in den Streitkräften stehen nun vor einer kritischen Überprüfung.[261] An dieser Problematik zeigt sich deutlich, dass Innere Führung immer auch die Organisationsstrukturen im Blick hat, wenn sie die Qualität der Menschenführung in der Bundeswehr verbessern will. Dem Bundesminister der Verteidigung kommt so die Rolle des „höchsten Inneren Führers“ der Bundeswehr zu, da nur er die Befugnisse besitzt, die Spitzengliederung und die Organisationsstrukturen innerhalb des BMVg zu verändern.

Eine zentrale Rahmenbedingung ist die Angemessenheit von Auftrag und Mitteln. Jeder Vorgesetzte hat dies bei der Erteilung von Aufträgen sicherzustellen. Ein Auseinanderklaffen von Auftrag und Mitteln untergräbt bei den Soldaten und zivilen Mitarbeitern nicht nur die Autorität der verantwortlichen Politiker und der militärischen bzw. zivilen Vorgesetzten, sondern mindert auch die Relevanz, die sie der Inneren Führung beimessen. Vor allem die Truppe im Einsatz muss schneller versorgt werden. Dies scheint aber nicht immer eine Frage des Geldes, sondern auch der Verfahren zu sein. Die Einsatzkontingente müssen befugt werden, das, was sie brauchen, zeitgerecht und effizient zu beschaffen. Darin sehen vor allem die Soldaten den Lackmustest für den Erfolg der Transformation.

Soziale Rahmenbedingungen

Transformation kann nicht gelingen ohne Anpassung der sozialen Rahmenbedingungen des soldatischen Dienstes. Die Bereitschaft zur Mitwirkung an der Transformation leidet schon heute darunter, dass viele Angehörige der Bundeswehr darin die Ursache für die Auflösung von Standorten, für Versetzungen und Berufswechsel sowie den Verlust von Arbeitsplätzen sehen. Wenn Bundeswehrangehörige Transformation vor allem als Belastung und sich selber sogar als Transformationsverlierer sehen, dann ist es eher unwahrscheinlich, ihre aktive Mitarbeit zu gewinnen.

Es kommt darauf an, eine Führungskultur zu schaffen, in der Transformation vor allem als Chance wahrgenommen wird. Dies wird nur gelingen, wenn Bedeutung und Notwendigkeit der Transformation besser erklärt und als beruflicher Erfolg erlebbar werden. Der Bruch mit der Vergangenheit der Bundeswehr als Ausbildungsarmee darf nicht zu groß sein. Zudem muss klar sein, wo das Ziel liegt, für das es sich lohnt, das lieb gewordene Alte hinter sich zu lassen. Und es muss vermieden werden, dass – vor dem Hintergrund des gesellschaftlichen Reformprozesses – Soldaten die ihnen auferlegten Belastungen als Sonderopfer verstehen. Weitere Reduzierungen bei den sozialen Leistungen für Soldaten, aber auch eine bisweilen von Politikern geforderte Verlangsamung des gesellschaftlichen Reformprozesses bei gleichzeitiger Fortsetzung der militärischen Transformationsdynamik würde einer solchen Sicht Vorschub leisten.

In den letzten Jahren wurden bereits wichtige Fortschritte erreicht, wie z.B. das neue Einsatzversorgungsgesetz und der Ausbau der Familienbetreuungsorganisation. Auch die Regelung für die Weiterverwendung von im Einsatz versehrten Angehörigen der Bundeswehr scheint auf einem guten Weg zu sein. Bei der Gleichstellung von Frauen und Männern sowie der Vereinbarkeit von Familie und Beruf ist die Bundeswehr als traditionell eher männlich geprägtes Arbeitsumfeld ein gutes Stück vorangekommen. Allerdings ist es noch ein weiter Weg, bis das Schaffen eines familienbewussten Umfelds als wichtige Führungsaufgabe allgemein akzeptiert ist.[262] Die Bundeswehr prüft gegenwärtig, inwieweit sie selber Möglichkeiten der Kinderbetreuung aufbauen muss. Denn es ist leicht nachvollziehbar, dass

„zivile" Kinderkrippen und –gärten den Bedarf von Soldaten während Übungen und Einsätzen kaum befriedigen können.[263]

Personalentwicklung

Die Innere Führung weist mit Nachdruck darauf hin, dass Transformationsprozesse immer auch den Menschen und seine Persönlichkeitsentwicklung berücksichtigen müssen. Sie ist gewissermaßen ein kritisches Korrektiv auch für den Soldaten, der sich selber weiterentwickeln soll, um den Anforderungen der neuen Herausforderungen gewachsen zu sein. Sie konfrontiert den Einzelnen mit selbstkritischen Fragen wie z.B.: „Leiste ich in meinem Verantwortungsbereich den mir möglichen Beitrag zur Einsatzfähigkeit der Streitkräfte?" „Bin ich selber in der Lage, jederzeit in den Einsatz gehen zu können – heute und auch morgen?" Einsatzorientierung bedeutet sicherlich nicht, sich um möglichst viele Einsätze zu drängen. Aber jeder Angehörige der Bundeswehr muss in seinem Aufgabenbereich seinen ihm möglichen Beitrag zum Erfolg der Einsätze leisten und sicherstellen, dass er selber jederzeit einsatzfähig ist. In diesem Bemühen stößt der Einzelne irgendwann an Grenzen. Er braucht die Unterstützung seiner Vorgesetzten, die die Machtbefugnisse darüber haben, ihm seine weitere Persönlichkeitsentwicklung zu erleichtern bzw. überhaupt erst zu ermöglichen. Für die Vorgesetzten aller Führungsebenen bedeutet dies, dass sie sich intensiv um den Einzelnen und seine Persönlichkeitsentwicklung kümmern müssen. Vor allem geht es darum, mit dem Soldaten realistische Ziele für seine Persönlichkeitsentwicklung zu vereinbaren. Die Beurteilungsgespräche bieten dafür einen geeigneten Rahmen. Anschließend müssen passgenaue Lehrgänge und Weiterbildungsmaßnahmen geplant werden. Und innerhalb seines Verantwortungsbereichs muss der Vorgesetzte wo immer möglich Rahmenbedingungen, d.h. vor allem Handlungssituationen, schaffen, in denen der Soldat neue Fähigkeiten und Einstellungen einüben kann.[264]

Die Qualität der Personalentwicklung in der Bundeswehr wird künftig ein wichtiger Attraktivitätsfaktor im Wettbewerb um Personal. Denn junge Menschen können in der Regel mehr über einen als sinnvoll und attraktiv wahrgenommenen Dienst als über sicherheitspolitische Debatten für den Eintritt in die Bundeswehr motiviert werden. Glücklicherweise korrespondiert die militärische Notwendigkeit, mehr auf Verantwortung und Eigeninitiative zu setzen, mit dem bereits seit vielen Jahren feststellbaren Wertewandel zu den sog. „Selbstentfaltungswerten". Dass daraus neue Erwartungen auch an die Dienstgestaltung resultieren, kommt u.a. in dem Wunsch der Soldaten nach stärkerer Beteiligung zum Ausdruck. Solange es hier keine Verbesserungen im soldatischen Alltag gibt, die auch außerhalb der Bundeswehr deutlich wahrgenommen werden, ist die Wahrscheinlichkeit hoch, dass viele, vor allem junge Menschen mit höherer Bildung, den Wehrdienst verweigern.[265]

Ein weiterer Attraktivitätsfaktor ist die Werteorientierung der Bundeswehr. Sie kommt u.a. in der politisch-ethischen Legitimation ihrer Aufgaben, ihrer Erziehungs- und Bildungsarbeit sowie in ihrem Traditionsverständnis zum Ausdruck. Auf diese Weise wird der Dienst in der Bundeswehr ‚wertvoll'. Dies ist ein strategischer Vorteil gegenüber vielen Unternehmen, besonders gegenüber den Großunternehmen, die nicht selten dem *shareholder value* unterliegen und daher im Zweifel ihr Personal immer der Gewinnmaximierung opfern. Junge Menschen, die die Wirtschaftswelt mit einem „Haifischbecken" vergleichen, sehen in der Bundeswehr einen durchaus attraktiven Arbeitgeber. Ein Bewerber brachte diesen Vorteil der Bundeswehr mit folgenden Worten auf den Punkt: „Anderen helfen dürfen, ohne Angst um den eigenen Job zu haben – mir gefällt das".[266] Mit einer solchen Werteorientierung sind auch die sog. „Sekundärtugenden" wie Gehorsam, Ordnungssinn und Disziplin kompatibel. Sie bleiben auch in Zukunft unverzichtbar für den Erhalt der Einsatzbereitschaft des Soldaten und der Einsatzfähigkeit der Bundeswehr.

Der demographische Wandel stellt die Bundeswehr vor enorme Herausforderungen. Die Streitkräfte haben aber eine gute Ausgangsbasis, weil Einsätze und Transformation die Entwicklung einer Führungskultur erfordern, die eine Integration von Selbstentfaltungswerten mit Sekundärtugenden ermöglicht und in der Werte vorgelebt werden.

Ziviles Personal

Auch die zivilen Mitarbeiter der Bundeswehr, die in der Wehrverwaltung sowie in den Streitkräften arbeiten, stellen sich auf die neuen Aufgaben der Bundeswehr ein. Die Wehrverwaltung wurde wie die Streitkräfte im Herbst 1955 aufgebaut. Noch bevor am 12. November 1955 die ersten 101 freiwilligen Soldaten in der Bonner Ermekeilkaserne vereidigt wurden, hatte bereits am 24. Oktober die erste Verwaltungsstelle der Bundeswehr in Andernach ihre Arbeit aufgenommen. Auch die Wehrverwaltung wurde als etwas „grundlegend Neues" konzipiert. Die Gründungsväter der Bundeswehr wollten, dass die Wehrverwaltung ihre Aufgaben – nämlich die Streitkräfte von Verwaltungsaufgaben zu entlasten und deren materiellen und personellen Bedarf zu decken – eigenständig durchführt. Die Wehrverwaltung sollte ihre Aufgaben unabhängig vom militärischen Prinzip des „Befehl und Gehorsam" erledigen und sich ausschließlich an allgemeinen Verwaltungs- und Wirtschaftsgrundsätzen orientieren. Sie wurde zudem so aufgebaut, dass sie die Streitkräfte als Ganzes und nicht etwa einzelne Teilstreitkräfte unterstützt. Eigenständige Verwaltungen für Heer, Luftwaffe und Marine waren nicht vorgesehen. Damit wurde in diesem Bereich schon früh ein bundeswehrgemeinsamer Ansatz praktiziert, der heute Leitbegriff für die Transformation der Streitkräfte ist.

Die Wehrverwaltung ist Teil des umfassenden Transformationsprozesses der Bundeswehr. Er bringt erhebliche Belastungen auch für die zivilen Mitarbeiter mit sich. So wird die Anzahl der Dienstposten für Zivilpersonal der Bundeswehr erneut reduziert, und zwar von heute ca. 110.00 auf 75.000 im Jahre 2010. Auch die nachhaltige Verbesserung der Wirtschaftlichkeit von Betrieb und Beschaffung und die Zusammenarbeit mit der Wirtschaft betrifft die Wehrverwaltung unmittelbar. Zudem haben seit 1995 rund 5.000 Beamte und Angestellte in der Regel im Status eines Reservisten an den Auslandseinsätzen der Bundeswehr teilgenommen. Gegenwärtig sind rund 220 Angehörige der Wehrverwaltung in den Einsatzgebieten tätig. Das Bundesamt für Wehrverwaltung in Bonn hat ein spezielles „Einsatzführungszentrum Territoriale Wehrverwaltung" eingerichtet, das eng mit dem Einsatzführungskommando der Bundeswehr in Potsdam zusammenarbeitet. Und in Bosnien und Herzegowina gibt es mittlerweile eigene „Wehrverwaltungseinsatzstellen"[267].

Trotz der weiterhin bestehenden Trennung von Streitkräften und Wehrverwaltung nach Art. 87a und Art. 87b GG gibt es also in beiden Bereichen Entwicklungen, die aufeinander zulaufen: Wirtschaftliches und bundeswehrgemeinsames Denken wird auch von den Soldaten verlangt; Einsatzorientierung und Teilnahme an den Auslandseinsätzen gehört auch zum Alltag in der Wehrverwaltung. Dies unterstreicht: Wehrverwaltung und Streitkräfte befinden sich gemeinsam in einem umfassenden Transformationsprozess. Und sie sind Partner in der Vorbereitung, Durchführung und Nachbereitung von Einsätzen.

Wie kann die Entwicklung einer gemeinsamen, auf Partnerschaft beruhenden Führungskultur von Streitkräften und Wehrverwaltung beschleunigt werden? Wie bei der Weiterentwicklung der Multinationalen Zusammenarbeit, so wären auch hierfür gemeinsame Ausbildungsgänge ein wichtiger Schritt. Die Teilnahme an der einsatzvorbereitenden Ausbildung dürfte nur der Schlusspunkt in einer langen Kette sein. Einen ausbaufähigen Multiplikatoreneffekt hat sicherlich die gemeinsame Ausbildung von militärischem und zivilem Führungspersonal der Bundeswehr an der Führungsakademie der Bundeswehr bzw. der Akademie für Wehrverwaltung und Wehrtechnik sowie an der Bundesakademie für Sicherheitspolitik. Für die Weiterentwicklung einer gemeinsamen Führungskultur ist unverzichtbar, dass die zivilen Mitarbeiter der Bundeswehr die Grundsätze der Inneren Führung beachten. Zivile Vorgesetze haben Entscheidungen zu treffen, die unmittelbar für den militärischen Dienst in Grundbetrieb und Einsatz relevant sind, sei es im Bereich von Betrieb und Ausstattung oder in der Betreuung und Fürsorge.[268] Und in den Einsätzen werden die Beamten und Angestellten, die in der Regel im Status eines Soldaten teilnehmen, mit weitaus höheren Erwartungen an ihr Führungskönnen konfrontiert als im Inland selbst. Es muss vermieden werden, dass sie innerhalb der Einsatzkontingente als „Vorgesetzte zweiter Klasse" gelten. Deshalb sollte die Teilnahme an Lehrgängen des Zentrums Innere Führung auch für ziviles Führungspersonal verpflichtend sein.

Hilfreich für den Aufbau einer gemeinsamen Führungskultur von Streitkräften und Wehrverwaltung wäre auch die Pflege gemeinsamer Traditionen. So böte sich der erste Leiter der Abteilung Verwaltung im Bundesministerium der Verteidigung, Ernst Wirmer (1910-1981), für die Aufnahme in die Riege der Gründungsväter der Bundeswehr an. Wirmer war Persönlicher Referent bei Bundeskanzler Adenauer und wurde von diesem als Spitzenbeamter in das Amt Blank entsandt, um dafür zu sorgen, dass künftig das Militär „rigoroser der Prärogative der politischen Führung unterworfen"[269] wird als bislang in der deutschen Geschichte. Unter seiner Leitung wurde die Wehrverwaltung zu einem eigenständigen Bereich aufgebaut, der fachlich auf enge Zusammenarbeit mit dem militärischen Bereich angewiesen ist.

Multinationale Stäbe und Verbände

Zu den Konstanten der Inneren Führung gehört, dass die Bundeswehr eine Armee im Bündnis ist. Es ist Teil ihrer Tradition, dass sie – von wenigen Ausnahmen wie den Evakuierungsoperationen abgesehen – Einsätze nur zusammen mit Verbündeten und Partnern durchführt.

In der Vergangenheit hat Deutschland sich sehr stark für den Aufbau bi- und multinationaler Stäbe und Verbände im Rahmen von NATO und EU engagiert. Die Implementierung und Weiterentwicklung der Europäischen Sicherheits- und Verteidigungspolitik (ESVP) wird weitere Impulse für die multinationale Zusammenarbeit geben. Denn die Idee einer Europäischen Armee, die früh entwickelt wurde und deren Umsetzung 1954 scheiterte, liegt gewissermaßen in den tiefen historischen Wurzeln der bisherigen Integration. Während der deutschen EU-Ratspräsidentschaft im ersten Halbjahr 2007 hat der Vorstoß der Bundeskanzlerin Merkel zur Schaffung einer gemeinsamen EU-Armee deutlich gemacht, dass Deutschland weiterhin Motor einer starken ESVP bleibt und Initiativen unterbreiten wird, die auch über die bisherigen EU-Verträge und auch den Entwurf der EU-Verfassung hinausgehen.[270]

Vieles deutet darauf hin, dass dieser Weg langfristig ohne Alternative ist. Der demographische Wandel und die hohen Sozialetats vieler Staaten der EU forcieren deren Bereitschaft, sich am Aufbau weiterer gemeinsamer europäischer Verbände bzw. einer europäischen Armee zu beteiligen.[271] Dann wird multinationale Zusammenarbeit auf immer niedrigeren Ebenen erforderlich. Dieser Weg der sog. „vertieften Integration" ist durchaus erfolgversprechend. Ein positives Beispiel dafür ist das Stabsunterstützungsbataillon beim I. GE/NL Korps in Münster, das bis auf die untersten Führungsebene (Gruppe bzw. Trupp) binational zusammengesetzt ist. In diesem Bataillon gibt es kaum eine Aufgabe, die nicht gemeinsam von deutschen und niederländischen Soldaten ausgeführt wird. Seine hohe Einsatzfähigkeit hat es bei seinen Einsätzen in Afghanistan im Jahr 2003 (ISAF III) und als Teil der *NATO Response Force* im ersten Halbjahr 2005 (NRF 4) unter Beweis gestellt.

Für die Schaffung neuer multinationaler Strukturen gibt es bereits konkrete Projekte[272]. Parallel dazu müssen allerdings auch die Gemeinsamkeiten bei den „weichen Faktoren" gefördert werden. Denn unterschiedliche nationale Wehrstrukturen, Führungskulturen und Ausbildungssysteme erschweren die Zusammenarbeit in den integrierten Verbänden und Stäben.[273] So treffen beispielsweise in der Deutsch-Französischen Brigade die heimatnah einberufenen deutschen Grundwehrdienstleistenden nunmehr auf französische Zeitsoldaten, die häufig aus Südfrankreich stammen. Für Generale mancher NATO-Partner mag die Bereitschaft deutscher Stabsoffiziere, im Rahmen der Entscheidungsfindung eigenständige Lösungsansätze zu vertreten, nur schwer akzeptabel sein. Einigen Verbündeten geht das deutsche Wehrbeschwerde-, das Beteiligungs- sowie das Koalitionsrecht zu weit. Und selbst die Frage, welche Ausbildung erforderlich ist, damit ein Soldat an einem Auslandseinsatz teilnehmen kann, wird unterschiedlich beantwortet.

Weiterhin können nationale Interessen und Differenzen im strategisch-operativen Denken und Handeln die multinationale Zusammenarbeit erschweren. Trotz des Prinzips von Befehl und Gehorsam ist die effiziente Zusammenarbeit für einen multinational zusammengesetzten Stab erschwert, wenn die Offiziere einiger Nationen mehr Wert auf den Einsatz militärischer Mittel, andere dagegen den Schwerpunkt auf die enge Verzahnung ziviler und militärischer Mittel legen; wenn es Unterschiede in der Interpretation bzw. der Bewertung von Bestimmungen des Kriegsvölkerrechts gibt; wenn eine Seite den Aufbau staatlicher Strukturen in einem Einsatzgebiet eher schnell, die andere eher gründlich betreibt. Und natürlich auch, wenn die Soldaten der einen Armee von ihren Vorgesetzten so behandelt werden, dass andere darin einen Verstoß gegen die Menschenwürde sehen.[274] Solche Unterschiede können die Einsatzfähigkeit vor allem von Einsatzkontingenten verringern.[275]

Dass die unabweisbare Harmonisierung auf europäischer Ebene nicht zu einem Aufweichen der Grundsätze der Inneren Führung führen darf, das haben nicht nur der Verteidigungsausschuss und der Wehrbeauftragte des Deutschen Bundestages angemahnt. Auch die Deutsche Bischofskonferenz hat klar Stellung bezogen, indem sie schreibt: „Die Tendenz zur Nivellierung der Inneren Führung, hervorgerufen aus dem Bestreben, die Entscheidungsabläufe innerhalb der multinationalen Verbände zu harmonisieren, ist ... in vielfacher Hinsicht problematisch. (...) Sie (die Soldaten der Bundeswehr; U.H.) müssen sich auch in multinationalen Kontingenten darauf verlassen können, dass ihre Rechte gewahrt sind und die Prinzipien der Inneren Führung für sie weiterhin gelten."[276] Im Weißbuch 2006 wird diese Mahnung aufgenommen. Darin heißt es: „Die Konzeption der Inneren Führung ist Ausgangspunkt eines Dialogs mit unseren Partnern über Führungsprinzipien in den jeweiligen Streitkräften. Die Entwicklung gemeinsamer Vorstellungen von Führung und soldatischem Selbstverständnis ist eine Voraussetzung für eine weitere Intensivierung der Zusammenarbeit in der Verteidigungspolitik. Dies gilt vor allem für die Weiterentwicklung bereits bestehender bi- oder multinationaler Verbände."[277] Das Weißbuch fordert damit nicht nur Fortschritte in der Entwicklung einer gemeinsamen europäischen Führungskultur in den Streitkräften, sondern stärkt auch die Relevanz der Inneren Führung. Dahinter steht aber nicht die Vorstellung ihrer Exklusivität, sondern eher die Vermutung, dass es viele Gemeinsamkeiten zwischen der Inneren Führung und den Führungsphilosophien anderer Länder gibt, ja, dass es sogar Streitkräfte gibt, deren Führungsphilosophien in Teilbereichen fortschrittlicher sind als die gegenwärtige Praxis der Inneren Führung. Denn die Innere Führung wurde ja als Gegenmodell zur deutschen Militärgeschichte vor 1945 und nicht zu den Armeen der westlichen Welt entwickelt. Zu Recht kann daher erwartet werden, dass es viele Gemeinsamkeiten im Führungsverständnis der an den multinationalen Verbänden beteiligten Nationen gibt.[278]

Zunächst kommt es also darauf an, Gemeinsamkeiten in den Führungskulturen und in den Rechtssystemen zu ermitteln. Auf dieser Plattform können Unterschiede besser austariert werden. Erste Untersuchungen liegen bereits vor. Sie sollten künftig im NATO- bzw. im EU-Rahmen durchgeführt werden.[279] Wichtig sind auch die rechtlichen und ethischen Bezugsgrößen für den soldatischen Dienst. Geht man an die Aufgabe der Entwicklung einer gemeinsamen Führungsphilosophie für die künftige europäische Armee heran, dann dürfte für die deutsche Seite neben dem Grundgesetz der Bundesrepublik Deutschland auch die künftige europäische Verfassung die zentrale Bezugsgröße werden.

Empirische Befragungen von Soldaten in multi- und binationalen Stäben und Verbänden geben einen ersten Eindruck über ihre positiven und negativen Erfahrungen.[280] In der Praxis zeigt sich, dass der Wille zur Kooperation oftmals wichtiger ist als beispielsweise die Harmonisierung der Unterschiede in den rechtlichen Grundlagen. Diese müssen letztlich nur bekannt sein, um sie im Führungsprozess angemessen zu berücksichtigen. Zudem können sich Unterschiede in den Führungskulturen komplementär ergänzen.[281] Besondere Befähigung in der Planung von Übungen und Einsätzen auf Seiten der einen Nation können eine ideale Kombination mit besonderen Fähigkeiten der anderen Seite im *ad-hoc*-Management vor Ort im Übungs- und Einsatzgebiet sein. Zudem dürfte ein gewisser Spielraum bei der Weiterentwicklung einer eigenen Führungskultur in den jeweiligen Verbänden den Willen zur Zusammenarbeit weiter beflügeln. Im Stabsunterstützungsbataillon hat die strikte binationale Zusammensetzung dazu geführt, dass deutsche und niederländische Soldaten sich trotz einer hohen Auftragsdichte Zeit nehmen mussten, um sich kennen zu lernen, gemeinsame Ziele zu definieren und das Handeln immer wieder abzustimmen.[282] Dies führt wie von selbst zu einer gemeinsamen Führungskultur.

Ein wesentlicher Faktor ist dabei die Sprache. Je tiefer die bi- und multinationale Zusammenarbeit ausgeprägt ist, desto wichtiger ist eine gemeinsame Sprache. Dies gilt in besonderer Weise für den Einsatz. Wer nicht in Gefahrensituationen verständlich über Funk kommunizieren bzw. seine Expertise in der Stabsarbeit unter Zeitdruck einbringen kann, gefährdet die Einsatzbereitschaft der Truppe.[283] Im deutsch-niederländischen Stabsunterstützungsbataillon ist Englisch die offizielle Arbeitssprache. Alle Befehle und Arbeitsbesprechungen werden in dieser Sprache erstellt bzw. durchgeführt. Auf den unteren Arbeitsebenen dominiert allerdings das Deutsche. Wenn deutsche und niederländische Soldaten gemeinsam einen Betankungspunkt betreiben oder ein Fahrzeug reparieren, kommunizieren sie zumeist in dieser Sprache. Allerdings bringt dies auch Nachteile mit sich. Ohne ein ausreichendes Verständnis der englischen Sprache ist ein großer Aufwand erforderlich, die Befehle und Anweisungen für die Soldaten verständlich zu machen. Die Befähigung der Soldaten, sich in die Entscheidungsprozesse einzubringen und selbständig zu handeln, bleibt eingeschränkt. Das Beherrschen der Arbeitssprache auf allen Ebenen ist daher unverzichtbar, um die Einsatzfähigkeit bi- und multinationaler Verbände und Stäbe zu verbessern.

Für die Angehörigen bi- und multinationaler Verbände und Stäbe gelten auch höhere Anforderungen an ihre interkulturelle Kompetenz und geistige Flexibilität. Andererseits ist Bi- und Multinationalität ein wichtiger Attraktivitätsfaktor; denn diese Verbände und Stäbe sind in der Regel gut ausgestattet, führen interessante Einsätze und Übungen durch und bieten günstige soziale Rahmenbedingungen (z.B. in der Familienbetreuung).

Zusammenarbeit mit zivilen Akteuren

Die Konzeption der „Vernetzten Sicherheit" stellt hohe Anforderungen an die Zusammenarbeit zwischen Soldaten und den Angehörigen ziviler Einrichtungen, seien es Mitarbeiter Internationaler Organisationen wie dem UNHCR, Angehörige des Auswärtigen Amts und des Bundesministeriums für Entwicklung und Zusammenarbeit oder den Mitarbeitern von Nicht-Regierungsorganisationen. Auch hier muss es zunächst darum gehen, die Unterschiede vor allem im Selbst- und Führungsverständnis herauszuarbeiten und die Prozesse wo immer möglich zu harmonisieren. Zwar hat das Prinzip von Befehl und Gehorsam einen prägenden Einfluss auf die Führungskultur in den Streitkräften; dies schließt aber nicht aus, dass Teamarbeit und Beratung in den Streitkräften bisweilen stärker praktiziert werden als in anderen Organisationen. Entscheidend ist, dass liebgewonnene Vorurteile überwunden werden, weil sie sonst in die Einsatzgebiete mitgenommen werden. Dazu muss der gegenseitige Informationsaustausch intensiviert, vor allem aber das persönliche Gespräch gesucht werden. Ein gutes Beispiel dafür ist ein Seminar, dass die Gemeinschaft Katholischer Soldaten mit Vertretern von Pax Christi und der Bundeswehr organisiert hat.[284] Auch die höheren Bildungseinrichtungen wie z.B. die Bundesakademie für Sicherheitspolitik tragen eine wichtige Verantwortung dafür, dass militärische und zivile Akteure „im Gespräch bleiben" – nicht zuletzt über Gemeinsamkeiten und Unterschiede in ihren jeweiligen Führungskulturen.

Soldaten im Gespräch mit Vertretern einer NGO

4.3 Berufs- und Selbstverständnis

Für alle Berufe gibt es Berufsbilder, in denen konkrete Erwartungen hinsichtlich der Qualifikationen, Einstellungen und Tugenden der in diesem Beruf tätigen Menschen bzw. potentieller Bewerber beschrieben werden. Die Eigentümlichkeiten des militärischen Dienstes verlangen von den Soldaten, besonders intensiv über ihren Beruf nachzudenken. Ein reflektiertes Berufs- und Selbstverständnis soll ihnen helfen, die mit dem Beruf gegebenen Herausforderungen besser meistern zu können. Dazu gehören insbesondere die Risiken für das eigene Leben und das der anvertrauten Untergebenen, aber auch die Versuchungen eines nicht legitimierten bzw. unverhältnismäßigen Einsatzes von Gewalt oder sonstiger moralisch verwerflicher Verhaltensweisen[285]. Ein ethisch reflektiertes Berufs- und Selbstverständnis kann allerdings nicht befohlen werden. Es ist vor allem das Ergebnis von Erziehungs- und Bildungsprozessen in den Streitkräften. Aber auch Politik und Gesellschaft tragen eine Verantwortung, indem sie ihre Erwartungen an die Soldaten klar formulieren, Abweichungen mit Augenmaß ahnden und ethisch reflektiertes Handeln beispielhaft vorleben.

Leitbilder

Leitbilder sind wichtig, um das Nachdenken über das Berufs- und Selbstverständnis anzuregen. Sie bieten Orientierung für die Erziehungsarbeit der Vorgesetzten[286] sowie für die Selbsterziehung der Soldaten. Idealtypische Konstruktionen und empirische Untersuchungen[287] sind hilfreich, um zu erkennen, welchen Soldatentypus die Bundeswehr benötigt und inwieweit er in der Bundeswehr bereits vorhanden ist. Ggf. muss auf dieser Grundlage z.B. in der Personalentwicklung nachgesteuert werden.

Für die Bundeswehr ist der „Staatsbürger in Uniform" das übergeordnete Leitbild. Es ist Vorgabe für Führung, Ausbildung und Erziehung in der gesamten Bundeswehr. Vorgesetzte müssen die Voraussetzungen dafür schaffen, dass die ihnen unterstellten Soldaten über die gleichen Rechte verfügen wie jeder andere Staatsbürger, in die Gesellschaft integriert sind, sich mit den Rahmenbedingungen ihres militärischen Dienstes selbständig auseinandersetzen und sich mitverantwortlich in die militärische Auftragserfüllung einbringen. Abweichungen davon müssen durch die militärischen Erfordernisse explizit begründbar sein. Die Beweislast liegt also bei den Vorgesetzten auf den jeweiligen Führungsebenen.

Die Soldaten der Bundeswehr bleiben während ihrer Dienstzeit Staatsbürger. Das Grundgesetz der Bundesrepublik Deutschland ist ihre zentrale politische, ethische und rechtliche Bezugsgröße. Hier finden sie den Maßstab für soldatisches Handeln und nicht in einem metaphysischen Wertehimmel mit scheinbar ewigen soldatischen Tugenden, die den Soldaten von seinen Mitbürgern entfremden. Soldaten dürfen und sollen Einstellungen und Verhaltensweisen zeigen, die gewissermaßen „zivil" sind, auch wenn diese früher als „unsoldatisch" abgestempelt waren. Besitz- und Gewinnstreben, Konsum und

Luxus sind auch für Soldaten heute wichtige Motivationsquellen. Der Kauf von Aktien ist ebenso wie das Fahren eines Cabriolets begehrt. Und der Soldat gerät auch nicht in eine Identitätskrise, wenn er weitere Rollen verantwortlich ausfüllt, wie z.B. die des Ehemanns und des Vaters bzw. der Ehefrau und der Mutter. Kämpfer sein und den Kinderwagen schieben schließen sich weder vom Selbst- noch vom Fremdbild her aus.[288] Der Soldat ist also eine durchaus „zeitgemäße Figur", und er soll es ja auch sein. Dies erklärt vielleicht auch das gestiegene Ansehen des Soldatenberufs und die Attraktivität des Arbeitgebers Bundeswehr unter den Jugendlichen.

Im Mittelpunkt des Leitbildes steht die Einsicht des Soldaten in die Schutzbedürftigkeit der freiheitlichen, demokratischen Grundordnung. Schon während des Kalten Krieges diente die Bundeswehr nicht nur dem Schutz der territorialen Integrität, sondern auch der Selbstbestimmung von Politik und Gesellschaft der Bundesrepublik Deutschland und ihrer Verbündeten. Die neuen Bedrohungen in der globalisierten Welt (internationaler Terrorismus, Proliferation von Massenvernichtungswaffen, Migration, Umweltzerstörung, Einschränkung des freien Welthandels) sind weniger gegen die Territorien Deutschlands und seiner Bündnispartner gerichtet, sondern gegen deren politische und gesellschaftliche Systeme. Sicherheitsvorsorge meint heute vor allem den Schutz der selbstbestimmten, freiheitlich-demokratischen Lebensordnung. Der Soldat ist daher *miles protector* für Freiheit und Frieden. Er tritt – und dies ist für den Soldaten der Bundeswehr neu – dafür weltweit ein, indem er in den Einsatzgebieten beispielsweise die Sicherheit für den (Wieder-) Aufbau staatlicher Strukturen und gesellschaftlicher Systeme gewährleistet.[289] Damit verhindert er gleichzeitig, dass aus diesen Gebieten heraus negative, Freiheit und Frieden beeinträchtigende Einflüsse auf Staat und Gesellschaft in Deutschland und bei den Bündnispartnern ausgehen. Als „Staatsbürger in Uniform" hat er daran ein eigenes Interesse. Neu ist auch, dass der Soldat Frieden nicht nur erhalten oder wiederherstellen, sondern auch aktiv mitgestalten soll, indem er mit zivilen Akteuren zusammenarbeitet. Der Soldat heute ist also nicht nur *miles protector*, sondern auch *miles formator*.

Die Verarbeitung der Erfahrungen des II. Weltkriegs sowie die politischen und ethischen Dilemmata der nuklearen Konfrontation mit der gegenseitig gesicherten Vernichtung haben gerade in Deutschland das Verständnis des Soldaten als „eine von der Geschichte bereits überholte Erscheinung"[290] gefördert. Die Erwartungen und Hoffnungen ruhten auf einer neuen internationalen Friedensordnung in Gestalt eines kollektiven Weltsicherheitssystems mit den Vereinten Nationen. Angesichts der neuen Risiken und Bedrohungen ist heute nicht mehr so häufig von der „Selbstüberwindung des Soldaten" die Rede, wie es zur Zeit des Kalten Krieges der Fall war. Und es sind nun gerade die Vereinten Nationen, die an die Nationalen und regionalen Sicherheitsorganisationen wie die NATO und EU herantreten und den Einsatz von Soldaten fordern. Die Unverzichtbarkeit des Soldaten für die Sache des Friedens in der Welt erfährt dadurch über nationale Interessen hinaus auch durch die Vereinten Nationen eine friedensethische Legitimation. Im Einsatz für Freiheit und Frieden, nicht in seiner Selbstüberwindung, liegt das neue Selbstverständnis des Soldaten.

Erweitertes Berufs- und Selbstverständnis

Der Soldat heute ist wie früher immer auch Kämpfer. Dies wird so bleiben. Selbst in den friedenserhaltenden Einsätzen, die für die Bundeswehr bisher im Vordergrund standen, sind jederzeit Gefechte möglich, wie zuletzt die Lagen in Afghanistan und in der Demokratischen Republik Kongo gezeigt haben. Aber auch Kampfeinsätze hat es bereits gegeben, etwa im Rahmen der Lufteinsätze über dem Kosovo oder im Kampf gegen den Terrorismus im Rahmen der *Operation Enduring Freedom* in Afghanistan. So resümierte der ehemalige Generalinspekteur der Bundeswehr, General a.D. Harald Kujat: „Ich sehe nicht, dass wir noch unsere militärische Unschuld zu verlieren hätten. Die ist längst dahin."[291] Darüber hinaus hat sich Deutschland im Rahmen der *NATO Response Force* und der *EU Battlegroups* verpflichtet, mit Truppenteilen der Bundeswehr auch an Einsätzen höherer Intensität wie z.B. *Initial Entry Operations* teilzunehmen. Es ist nicht abwegig, die Prognose zu wagen, dass angesichts der Entwicklungen in bestimmten Einsatz- und anderen Krisengebieten die Wahrscheinlichkeit von Kampfeinsätzen zunehmen wird.

Heute muss sich jeder Soldat persönlich Klarheit über das Töten und Getötetwerden, über Tapferkeit[292], ja sogar über das vorbildliche Sterben verschaffen – und das in einer Gesellschaft, die sich weithin als unheroisch versteht. Diese Klarheit ist für den einzelnen Soldaten wichtig; denn jederzeit könnte er als Kämpfer gefordert sein. Und er benötigt politische, ethische und interkulturelle Kompetenzen, nicht zuletzt deshalb, um die neuen militärischen Lagen umfassend zu verstehen. Während es in den Szenarien der Ost-West-Konfrontation vor allem darum ging, ein zahlenmäßiges Übergewicht an Kräften und Mitteln für eine Operation zu erreichen, spielen in den heutigen Lagebeurteilungen geistig-psychologische Faktoren wie z.B. das Menschenbild eine entscheidende Rolle.[293]

Wenn sich sicherheitspolitisch immer stärker abzeichnet, dass allein durch den Einsatz militärischer Mittel Konflikte nicht gelöst werden können bzw. Krisen nicht vorgebeugt werden kann, Soldaten gleichwohl ein unverzichtbarer Teil der Lösung sind und diese eng mit anderen Akteure zusammen arbeiten müssen, wird der Weg frei für einen Paradigmenwechsel im Berufs- und Selbstverständnis, der in Deutschland schon weit vorangeschritten ist. Soldaten sind heute neben ihrer Funktion als Kämpfer immer auch Helfer, Schützer und Vermittler. Diese Aufgaben verlangen zusätzliche Qualitäten, die über das Kämpfen hinausgehen. Wichtig ist vor allem die Befähigung zu entscheiden, wann gekämpft und wann etwa geschlichtet wird. Dies erfordert neben einem fundierten Verständnis der politischen Situation vor Ort besondere Charaktereigenschaften, insbesondere Tapferkeit und Besonnenheit. Das Beispiel der Patrouillen mag dies verdeutlichen. Wer sich angesichts einer zugespitzten Sicherheitslage dazu entschließt, Patrouillen weiterhin zu Fuß durchzuführen, um den Kontakt zur Bevölkerung zu halten und Vertrauen nicht zu verlieren, braucht dazu eine gehörige Portion Tapferkeit, sei es nun der verantwortliche Offizier, der über die Art der Durchführung zu entscheiden hat oder der Patrouillenführer, der mit seinen Soldaten den

Patrouillenauftrag durchführt. Und selbstverständlich ist auch Besonnenheit gefragt, um den richtigen Zeitpunkt zu bestimmen, ab wann Patrouillen in gepanzerten Fahrzeugen durchgeführt werden müssen.

Die Innere Führung macht aber auch deutlich, dass zwischen dem Kämpfen auf der einen Seite und dem Helfen, Schützen und Vermitteln auf der anderen Seite kein Gegensatz konstruiert werden darf. Kämpfen allein reicht nicht; alles andere ist ohne die Fähigkeit zum Kämpfen aber auch nichts. Politisches Verständnis ist wichtig für das Helfen, Schützen und Schlichten, aber eben auch für das Kämpfen. Sie verleiht dem Einsatz einen Sinn, stellt den militärischen Beitrag in einen gesamtpolitischen Rahmen, hilft aber auch, die politischen Absichten und menschenbildspezifischen Ursachen für das Kämpfen der gegnerischen Seite zu verstehen und sich darauf einzustellen.

Die Innere Führung hat von Anfang an deutlich gemacht, dass zum soldatischen Dienst mehr gehört als das Beherrschen des militärischen Handwerks und die Einordnung in die militärische Disziplin. Im Kalten Krieg, der, wie Baudissin betonte, ein mit ideologischen Mitteln geführter „permanenter Bürgerkrieg" war[294], waren die politische und historische Bildung unverzichtbar, um die Einsatzfähigkeit der Bundeswehr zu erhalten. Dieser Grundsatz gilt auch heute noch. Denn der internationale Terrorismus will zwar nicht wie die Armeen der Sowjetunion die Länder Westeuropas, aber gleichwohl das Denken der Menschen in der freien Welt besetzen. Terroristen kommunizieren durch ihre Anschläge, dass sie da sind, dass man vor ihnen Angst haben sollte. Auf diese Weise wollen sie den Staat und seine Bürger zu repressiven Überreaktionen zwingen. Deshalb ist der Kampf gegen den internationalen Terrorismus immer auch ein Kampf um Köpfe. Ein solcher Kampf lässt sich nicht allein mit Waffen führen, sondern benötigt auch die besseren Ideen. Moderne Sicherheitspolitik ist daher auf Soldaten angewiesen, die von ihrer Aufgabe und den ihr zugrunde liegenden Werten überzeugt sind.

Unter den Bedingungen einer Armee im Einsatz sind die Bildungsanforderungen an die Soldaten nochmals erweitert worden. Die Soldaten in den Einsatzgebieten müssen eng mit den dort engagierten zivilen Akteuren und auch mit der einheimischen Bevölkerung zusammen arbeiten. Dazu benötigen sie neben politischer und historischer Bildung auch eine gehörige Portion interkultureller Kompetenz. Kulturelle Naivität im Umgang mit der einheimischen Bevölkerung, aber auch im Kampf mit dem Gegner kostet Leben. Soldaten müssen gegenüber den Menschen in den Einsatzgebieten verhaltenssicher und respektvoll auftreten. Und wenn sie in ihren internationalen Einsätzen vor allem mit asymmetrischen Kriegführungen konfrontiert werden, stehen sie nicht selten in moralischen Dilemmata. Bei zunehmenden Belastungen könnte ihnen dabei der moralische Kompass abhanden kommen.[295] Soldaten benötigen daher eine ethische Bildung, die Orientierung und Halt gibt und ihre Handlungssicherheit steigert.

Neu ist auch die hohe Selbständigkeit im Handeln, die von den Soldaten bereits auf relativ niedrigen Führungsebenen verlangt wird. Der Einzelne muss vor Ort eigenverantwortliche Entscheidungen treffen können, die nicht selten politische Relevanz besitzen und in den Medien ein großes Echo auslösen. In der sicherheitspolitischen Debatte wird daher auch vom *„strategic corporal"* gesprochen. Hier zeigt sich die Weitsicht des Leitbilds vom „Staatsbürger in Uniform", der als sittlich gebundene Person Eigeninitiative entwickelt und Verantwortung für sein Handeln übernimmt.

Eigeninitiative und Verantwortung muss der Soldat auch im Hinblick auf die Weiterentwicklung seiner Qualifikationen und seiner Einstellungen zeigen. Eine „Versorgungsmentalität", die sich darauf verlässt, dass für neue Anforderungen passgenaue Ausbildungsgänge angeboten werden, ist heute nicht mehr zeitgemäß. Sie käme oftmals zu spät. Dynamik und Komplexität der Aufgaben erfordern von den Soldaten eine permanente Weiterbildungsbereitschaft, die selbstorganisierte Lernprozesse, insbesondere auch während eines Einsatzes, einschließt. Denn immer mehr wird der Soldat seine Fähigkeiten im

Einsatz selbst anpassen müssen. Die Soldaten müssen sich als Teil einer „lernenden Einsatzgemeinschaft"[296] verstehen. Und die Bundeswehr ist dabei, dafür angemessene Rahmenbedingungen wie z.B. die Verwendung möglichst geschlossener Verbände für die Auslandseinsätze sowie die Fernausbildung[297] zu schaffen.

Darüber hinaus wird insbesondere von den militärischen Führern ökonomisches Denken verlangt. Sich nur auf das Kämpfen zu konzentrieren, das ist eine Option des Reichen. Die Bundeswehr mit ihren engen finanziellen Restriktionen verlangt nicht nur von den Bundeswehrplanern, sondern auch von den Einheitsführern und Kommandeuren, immer auch wirtschaftliche Aspekte in ihre Entscheidungen einfließen zu lassen.[298] Darüber hinaus benötigen vor allem militärische Führer ein umfassendes technologisches Verständnis, um die Veränderungen, die in der Strategiediskussion unter dem Schlagwort *„Revolution in Military Affairs"* (RMA) zusammengefasst werden, zumindest nachvollziehen zu können.

Ökonomisierung und Technologisierung sind oftmals mit rasanten Entwicklungen verbunden. Demgegenüber gibt es in den Streitkräften eine gewisse Tendenz zum Bewahren und eine Scheu, neue technologische Entwicklungen zu akzeptieren. Der Wunsch nach Sicherheit und die bisweilen stark ausgeprägte Verbundenheit mit der eigenen Waffengattung bzw. Teilstreitkraft sind wesentliche Ursachen für diesen Strukturkonservatismus. Die Innere Führung fordert hier eine Aufgeschlossenheit für neue Entwicklungen. Sie zieht aber auch eindeutige Grenzen für die Ökonomisierung und Technologisierung der Streitkräfte. Ökonomische Effizienzkriterien dürfen militärische Entscheidungen nicht dominieren; und die Streitkräfteplanung darf nicht allein auf Strukturfragen und technologische Aspekte begrenzt werden. So ist es nicht zuletzt die Transformation der Streitkräfte, die Einstellungen von den Soldaten fordert, die zum klassischen Kanon militärischer Haltungen und Tugenden zählen. Dazu gehören z.B. Fürsorge, Motivation, Innovation, Führen nach Auftrag, Beratung aus der Perspektive des Verantwortlichen und Erziehung. Zwar sind einige dieser Haltungen und Tugenden heute teilweise verlorengegangen oder drohen, verloren zu gehen; sie sind aber weiterhin unverzichtbar, da sie ein Gegengewicht gegen eine übermäßige Bürokratisierung und gegen die Technokratisierung bilden. Sie schützen auch gegen Versuchungen einer Ideologisierung, von der moderne Streitkräfte erfasst werden können, wenn die Technologie nicht zum Erfolg in einem Einsatz oder Krieg führt. Ein modernes Berufsbild wird daher niemals ohne die traditionellen Elemente soldatischen Selbstverständnisses auskommen.

Zu dem erweiterten Berufs- und Selbstverständnis gehört auch das bundeswehrgemeinsame Denken und Handeln. Die Soldaten von Heer, Luftwaffe, Marine, der Streitkräftebasis und des Zentralen Sanitätsdienstes müssen ihren Blick über den Tellerrand werfen und über den eigenen Organisationsbereich hinaus ein bundeswehrgemeinsames Verständnis ihrer Aufgaben entwickeln. Zu Recht hat Generalmajor a.D. Millotat ein streitkräftegemeinsames Berufsbild angemahnt, auf dem die Teilstreitkräfte ihre jeweils spezifischen Berufsbilder aufbauen können[299]. Ein solches Berufsbild zu schaffen, das ist sicherlich eine komplexe Aufgabe. Denn die Ausdifferenzierung der Ausbildungsgänge in den Streitkräften und die Integration ziviler Aufgaben in die Tätigkeitsbeschreibungen von Soldaten ist ein Prozess, der bereits vor vielen Jahren eingesetzt hat und alle modernen Streitkräfte betrifft.[300] Dass ein solches bundeswehrgemeinsames Berufsbild möglich ist, darauf weisen aber nicht zuletzt die positiven Erfahrungen mit der neuen General- und Admiralstabsausbildung an der Führungsakademie der Bundeswehr hin, die gemischte Hörsäle von Heer, Luftwaffe und Marine vorsieht.

Überforderung der Soldaten?
Die infolge der neuen Aufgaben der Bundeswehr in Gang gebrachte Diskussion über das Selbst- und Berufsverständnis ihrer Soldaten ist irgendwie versandet. Dies könnte auch an der schieren Unmöglichkeit liegen, ein Berufsbild zu zeichnen, das in einer überzeugenden Weise das breite Anforderungsprofil des Soldaten darstellt, ohne als idealistisches Hirngespinst abgetan zu werden. Ist es denn überhaupt realistisch, von einem Offizier zu erwarten, ein militärischer Führer

zu sein, der unter den Bedingungen von Einsatz und Transformation Soldaten führt, ausbildet und erzieht, der Kämpfer ist, aber immer auch die ökonomische Seite seines Handelns bedenkt, der sowohl die „große Politik" von Vereinten Nationen, NATO und EU kennt als auch die kleine Politik der Machthaber vor Ort, der die kulturellen Unterschiede zu den einheimischen Menschen im Einsatzgebiet, aber auch zu den Verbündeten und Partnern nicht nur kennt, sondern sie auch in seinem Handeln berücksichtigen kann und der ethisch so gefestigt ist, dass er moralisch richtige Entscheidungen in einer durch Dilemmata gekennzeichneten Lage treffen kann? Und der dann auch noch seine unterschiedlichen Rollen in Familie und Beruf vereinbart? Und wie sieht es erst bei dem sog. „einfachen Soldaten" aus, der ja wohl alles andere als einfach gestrickt sein darf, um den an ihn gestellten Erwartungen zu genügen? Erwächst daraus nicht eine Überforderung der Soldaten? Wird ihnen nicht eine Verantwortung aufgeladen, die die meisten gar nicht tragen können? Man denke nur an die freiwillig zusätzlichen Wehrdienst Leistenden, die nach relativ kurzer Ausbildungzeit in den Einsatz gehen oder an die jungen militärischen Führer, die früh eine umfassende Verantwortung tragen. Mahnungen wie etwa von Heinz Karst aus den 60er und 70er Jahren, der Soldatenberuf dürfe nicht seine Sinnmitte verlieren[301], sollten ernst genommen werden. Dies gilt insbesondere dann, wenn Soldaten in den Einsatzgebieten auch noch als Gefängniswärter, Nachrichtenagenten, Polizeiausbilder usw. eingesetzt werden. Aufgaben, für die Soldaten nicht ausgebildet sind und die eigentlich nicht zu ihrem Selbstverständnis gehören, bringen sie in Gefahr, gesetzeswidrig zu handeln. Es ist daher wichtig, trotz der notwendigen Erweiterungen im Anforderungsprofil klare Grenzen dafür zu ziehen, was Soldaten tun sollen und was sie nicht können müssen.

Den Gefahren einer Überforderung kann entgegengewirkt werden, wenn viele Akteure in und außerhalb der Bundeswehr an einem Strang ziehen: Es muss die Allgemeine Wehrpflicht erhalten und die Attraktivität des soldatischen Berufs systematisch erhöht werden, um auch in Zukunft gut qualifiziertes Personal zu erhalten. Dafür ist nicht zuletzt Geld erforderlich. Es müssen klare Vorgaben für die

Personalauswahl ausgearbeitet werden, damit auch die richtigen Bewerber für die verschiedenen Laufbahnen angesprochen und ausgewählt werden. Die Ausbildungs- und Bildungseinrichtungen der Bundeswehr müssen eng verzahnt arbeiten, um die erforderlichen Qualifikationen und Einstellungen in effizienter Weise zu vermitteln. Lebenslanges Lernen muss nicht nur ermöglicht, sondern auch angeregt und gefördert werden.[302] Noch stärker als bisher müssen Spezialisten ausgebildet bzw. gewonnen werden, die den Truppenführern im Einsatz beispielsweise als politische und kulturelle Berater[303] zur Verfügung stehen. Und die Bundeswehr muss stärker darauf drängen, dass in Schule und Berufsausbildung grundlegende Qualifikationen und Einstellungen vermittelt werden, auf denen sie aufbauen kann. Entscheidend ist weiterhin, dass die Soldaten mehr und mehr Verantwortung übernehmen können, indem der Erziehungsauftrag in den Mittelpunkt gerückt wird, durch Entbürokratisierung mehr Entscheidungsfreiräume aufgemacht werden, Kreativität belohnt wird und Fehler toleriert werden. Wenn heutzutage so mancher Vorgesetzter Führungsverwendungen, die traditionell als Höhepunkte einer militärischen Karriere gelten, nur noch als unvermeidbare Stufe auf dem Weg zu einem höheren Dienstgrad in Stäben und Ämtern versteht, dann ist etwas fundamental schief gelaufen. Führung muss Freude und Erfüllung bedeuten und nicht Gängelung und Angst vor Fehlern.

Soldaten können sich auch durch die zunehmende Unsicherheit überfordert fühlen. Der Umgang mit Unsicherheit ist für alle Bürger drängender geworden. In den 60er und 70er Jahre herrschte in Deutschland noch der Glaube vor, soziale Phänomene zunehmend wissenschaftlich erklären und auch vorhersagen zu können. Vieles erschien als machbar. Heute ist dieser Glaube einer großen Ernüchterung gewichen. Der bekannte Slogan „Nichts ist unmöglich" sollte ursprünglich auf die technologische Innovationskraft hinweisen. Heute kann er vor allem Warnung sein, künftig mit Überraschungen und nicht für möglich gehaltenen Lagen zu rechnen. Den Soldaten drängen sich im Hinblick auf die Einsätze folgende Fragen auf: Wie weit reicht denn ihr Rückhalt in Politik und Bevölkerung, insbesondere dann, wenn es zu einer hohen Anzahl von Toten in den Einsatzgebieten kommt? Was passiert, wenn die erhofften Erfolge in den Einsatzgebieten sich nicht einstellen? Oder wenn Erfolge vor Ort in den Lebensbedingungen der Menschen erzielt werden, die aber politisch und strategisch unbedeutend sind? Was kommt auf den Soldaten zu, der im Einsatz tötet, wenn die Politik aufgrund nicht vorhandener nationaler Interessen nur halbherzig agiert? Wenn erfolgreiche Sicherheits- und Verteidigungspolitik an gesamtpolitische Konzepte gebunden wird, diese aber erst noch entwickelt werden müssen oder finanziell nicht ausreichend unterfüttert sind? Und was den Gegner betrifft: Verhält er sich rational? Welche Rationalität hat er überhaupt? Oder ist er einfach nur unterschiedslos rücksichtslos? Alle diese Fragen laden zusätzliche Last auf die Schultern der Soldaten, die genau wissen, dass schon der militärische Einsatz allein durch Ungewissheit gekennzeichnet ist.

Der preußische General, Heeresreformer und Kriegsphilosoph Carl von Clausewitz hat dieses Charakteristikum so beschrieben: „Der Krieg ist das Gebiet der Ungewissheit; drei Vierteile derjenigen Dinge, worauf das Handeln im Kriege gebaut wird, liegen im Nebel einer mehr oder weniger großen Ungewissheit."[304] Clausewitz leitet aus dieser Analyse Konsequenzen ab, die ihn, wie Claus von Rosen schreibt, zum „pädagogischen Clausewitz"[305] machen. Denn die Bildung des Soldaten wird zur entscheidenden Voraussetzung für einen konstruktiven Umgang mit Ungewissheit. Für die militärischen Führer seien dabei zwei Eigenschaften von besonderer Bedeutung: Das ist zum einen der „Takt des Urteils", um die Wahrheit „herauszufühlen", und zum zweiten die „Charakterstärke", um trotz möglicher Verunsicherungen durch neue Lageentwicklungen „... bei allen zweifelhaften Fällen bei seiner ersten Meinung zu beharren und nicht eher zu weichen, bis eine klare Überzeugung dazu zwingt"[306]. Militärische Führer bräuchten daher einen „mächtigen eisernen Willen", „Mut zur Verantwortung", „Entschlossenheit" und „Kühnheit", „wahres Können" und „Selbstvertrauen", um mit Ungewissheit im Kriege umgehen zu können. Es geht also darum, Kriterien in sich selbst zu bilden, um die Unsicherheiten ertragen und darüber hinaus auch in die Ungewissheit hinein handeln zu können. Diesen Grundsatz hatte Clausewitz bei Scharnhorst gelernt und er steht auch im Mittelpunkt der Bildungstheorie von Wilhelm von Humboldt.

Wenn der Soldat heute mit Ungewissheiten und Unsicherheiten konfrontiert wird, die über die militärische Lage hinausgehen und Politik und Gesellschaft umfassen, dann sind die o.a. soldatischen Eigenschaften weiterhin unverzichtbar, müssen aber umfassend verstanden werden. Die Bildung des Soldaten ist insofern immer allgemeine Bildung, als sie über Krieg und Einsatz hinausgreift auf Politik und Gesellschaft. Und sie ist auch deshalb allgemein, weil sie für alle Soldaten, unabhängig vom Dienstgrad, gilt. Allgemeine Bildung als Ermöglichung, dass der Einzelne Grundsätze in sich selbst findet, sind kein Luxus einer verweichlichten Armee in einer postheroischen Gesellschaft. Sie macht, wie Clausewitz sagt, erst die „kriegerische Tugend des Heeres" in dem einzelnen Soldaten aus. Denn „Krieg ist ein bestimmtes Geschäft..., verschieden und getrennt von den übrigen Tätigkeiten, die das Menschenleben in Anspruch nehmen. – Von dem Geiste und Wesen dieses Geschäfts durchdrungen sein, die Kräfte, die in ihm tätig sein sollen, in sich üben, erwecken und aufnehmen, das Geschäft mit dem Verstande ganz durchdringen, durch Übung Sicherheit und Leichtigkeit in demselben gewinnen, ganz darin aufgehen, aus dem Menschen übergehen in die Rolle, die uns darin angewiesen wird: das ist die kriegerische Tugend des Heeres in dem einzelnen."[307]

4.4 Tradition und Ethik

Für das Traditionsverständnis in der Bundeswehr gilt das grundsätzliche Gebot der Inneren Führung, zur militärischen Effizienz der Streitkräfte beizutragen und dabei die politischen und ethischen Standards der freiheitlichen, demokratischen Grundordnung zu beachten. Die Traditionspflege in der Bundeswehr darf weder auf der Vorstellung von „ewigen soldatischen Tugenden" noch auf der wie auch immer begründeten Verpflichtung gegenüber einem „deutschen Soldatentum" aufbauen.

Die Bundeswehr benutzt den Traditionsbegriff in einer Art und Weise, die sich deutlich vom normalen Sprachgebrauch unterscheidet. Während die meisten Menschen unter Tradition eine oftmals auch unbewusste Weitergabe von Verhaltensweisen oder einfach nur ‚Geschichte' verstehen[308], definiert die Bundeswehr Tradition als „bewusste Auswahl" von Werten und Normen, die für ihre Angehörigen ethisch verbindlich sind. Die Tradition der Bundeswehr bilde sich, so heißt es im heute noch gültigen Traditionserlass von 1982, „... in einem Prozess wertorientierter Auseinandersetzung mit der Vergangenheit".[309] Bundespräsident Köhler sagte dazu: „Die Bundeswehr .... pflegt die Tradition ihrer Vorgängerarmeen getreu dem Apostelwort ‚Prüfet alles! Das Gute behaltet!'".[310]

Der Grund für diesen besonderen Sprachgebrauch ist offensichtlich: Nach den Erfahrungen des Zweiten Weltkriegs musste die militärische Tradition in Deutschland sich einer kritischen Überprüfung unterziehen. Welche Personen, Ereignisse und Haltungen der Geschichte für die Traditionspflege in der Bundeswehr genutzt werden dürften, dafür sollte das Grundgesetz der oberste Maßstab sein. Die ethischen Anforderungen des Grundgesetzes, vor allem das Friedensgebot und die Achtung der Menschenwürde als Verpflichtung allen staatlichen Handelns, dienten als Auswahlkriterium. Nur diejenigen Personen, Ereignisse und Haltungen, die zuvor dieses „Nadelöhr" passiert hatten, sollten für die Traditionspflege und d.h. vor allem für die soldatische Erziehung genutzt werden. Militaristische und nationalistische, letztlich alle für die Demokratie gefährlichen und ihrem Menschenbild zuwiderlaufenden „Traditionen" sollten gekappt und von den Soldaten fern gehalten werden. Traditionspflege in der Bundeswehr steht daher im Zeichen eines bewusst herbeigeführten Bruchs mit der deutschen Militärgeschichte, vor allem mit den Vorgängerarmeen der Wehrmacht und der Reichswehr.[311]

In der Geschichte der Bundeswehr gab es mehrere Versuche, das Nadelöhr für die Auswahl von Traditionsinhalten zu einem offenen Scheunentor zu erweitern. Der in den 60er Jahren und schließlich zu Beginn der 80er Jahre geführte Traditionsstreit in der Bundeswehr war dem späteren Historikerstreit in der Bundesrepublik Deutschland inhaltlich sehr ähnlich und stand ihm kaum an Schärfe nach.[312] In beiden Streiten konnten sich diejenigen durchsetzen, die mit hohen moralischen Standards an die Bewertung der deutschen Geschichte bzw. Militärgeschichte herangegangen sind[313].

Traditionslinien

In der Bundeswehr haben sich drei offizielle Traditionslinien[314] herausgebildet. Die älteste Traditionslinie stellen die preußischen Reformen dar. Nach der vernichtenden Niederlage Preußens gegen Napoleon im Jahre 1806 strebten Scharnhorst und Gneisenau die Integration von Armee und Nation an, um ihr Land schnellstmöglich von der französischen Besatzung befreien zu können. Die zweite Traditionslinie ist der militärische Widerstand gegen Hitler. Die Attentäter um Graf von Stauffenberg gaben in der dunkelsten Epoche der deutschen Geschichte ein Beispiel dafür, dass der militärische Gehorsam seine Grenze findet an der Freiheit des Gewissens und der Achtung der Würde des Menschen. Die dritte Traditionslinie der Bundeswehr liegt in ihr selbst und umfasst neben ihrer Stellung in Staat und Gesellschaft vor allem ihre Leistungen zum Schutz Deutschlands und für den Frieden in der Welt.

Trotz dieser Konzentration oder, wie Kritiker anmahnen, Verengung[315] auf drei Traditionslinien drängt sich bisweilen der Verdacht auf, dass die Bundeswehr das geistige Potential dieser Traditionslinien nicht immer erkannt und für die soldatische Erziehung genutzt hat. In den 80er Jahren veröffentlichte das Bundesministerium der Verteidigung sehr informative und reich bebilderte Biographien beispielsweise von Scharnhorst und Gneisenau.[316] Und anlässlich des 200. Jahrestages der Doppelschlacht von Jena und Auerstedt am 14. Oktober 2006 haben Historiker und Offiziere auf einem Kongress an der Führungsakademie der Bundeswehr herausgearbeitet, was die damaligen Reformen uns heute für die Transformation der Bundeswehr sagen können. Aber wie ist es dann zu erklären, dass unmittelbar vor diesem Jubiläum der Versuch unternommen wurde, den Großen Kurfürsten, Friedrich den Großen oder Moltke den Älteren als Vorbilder für die Soldaten im Einsatz herauszustellen?[317] Reichen Scharnhorst oder auch Clausewitz als „Vorbilder" nicht aus, weil sie keine Truppenführer, sondern in der Regel als Berater von Truppenführern in hohen Stabsfunktionen eingesetzt waren? Warum wird Scharnhorst, der auf der Nahtstelle zwischen Politik und Strategie handelte und sich vor Kritik an Staat, Gesellschaft und Armee nicht scheute, nicht stärker als vorbildlich für heutige Generale und Admirale herausgestellt? Und warum hat Clausewitz, der nicht nur die wichtigste und noch heute einflussreichste Theorie des Krieges verfasst und die zivil-militärischen Beziehungen auf eine neue Grundlage gestellt hat, in den US-amerikanischen Streitkräfte eine enorme Relevanz[318], während er in der Bundeswehr nur von wenigen Experten gelesen wird? Moltke oder Scharnhorst – das ist durchaus eine Gretchenfrage vor allem für Generalstabsoffiziere des Heeres. Diese Frage ist wichtig, denn es gilt folgender Zusammenhang: Sage mir das Bild der Person aus der Militärgeschichte, das in Deinem Dienstzimmer hängt, und ich sage Dir Dein Traditions- und Dein Selbstverständnis!

Auch der pädagogische Neuansatz, den die preußischen Heeresreformer entwickelten und umsetzten, wurde in seiner Vorbildhaftigkeit für die Angehörigen der Bundeswehr bisher weder historisch aufgearbeitet noch für die Traditionspflege genutzt. Damit ist ein wesentlicher Impuls, den die Begründer der Inneren Führung um Wolf Graf von Baudissin setzten, verpufft. Und dies hat Konsequenzen, die noch heute spürbar sind. Denn die hohe Bedeutung, die die Reformer dem Subjekt, d.h. dem einzelnen Soldaten als verantwortlicher Person, einräumten, um ihn für den modernen Krieg geistig zu rüsten, ist in dem Transformationsprozess der Bundeswehr heute eher ein Randaspekt. Dem Faktor Mensch wird dabei zu wenig Beachtung geschenkt.

Claus Graf Schenk von Stauffenberg

Dass die in den Traditionslinien steckenden Potentiale für die Traditionspflege nicht vollständig genutzt werden, gilt auch für die Geschichte der Bundeswehr. Allerdings gibt es hier Anzeichen für ein Umdenken. Die Bundeswehr besteht nunmehr seit über 50 Jahren und ist mehr als doppelt so alt wie die Reichswehr und die Wehrmacht zusammen. Und da die Bundeswehr mit dem Wandel zur Armee der Einheit und nur wenige Jahre später zur Armee im Einsatz selbst einen radikalen Neubeginn vollzogen hat, ist die Bereitschaft gewachsen, die „alte" Bundeswehr zu historisieren, d.h. Distanz aufzunehmen, aber auch die Werte und Normen, die in ihren Leistungen zum Ausdruck kommen, für die Traditionspflege zu nutzen. Deutlich unterstreicht die politische Leitung und die militärische Führung die Notwendigkeit, die eigenen Traditionen der Bundeswehr zu pflegen. Im Weißbuch heißt es dazu: „Die 50 erfolgreichen Jahre

Bundeswehr haben eine Tradition geschaffen, die es verdient, stärker als bisher in den Blick genommen und damit ins Bewusstsein der Soldatinnen und Soldaten gerückt zu werden."[319]

Die Bereitschaft, den größeren Teil der Geschichte der Bundeswehr zu historisieren, wurde auch durch die Feierlichkeiten anlässlich ihres 50-jährigen Jubiläums gestärkt. Und sicherlich markierten die Tode der letzten beiden „Väter der Bundeswehr", General Ulrich de Maizière und General Johann Adolf Graf von Kielmansegg[320], im Jahre 2006 einen tiefen Einschnitt. Die Bundeswehr als eine für den Kalten Krieg optimierte Armee ist endgültig Geschichte. Und wenn in der gegenwärtigen politisch-kulturellen Debatte in Deutschland die Wehrmacht und ihre Rolle im Nationalsozialismus weniger moralisierend als in den Jahren zuvor behandelt wird, dann macht dies den Weg frei für einen unbefangeneren Blick vor allem auch auf die Anfänge der Geschichte der Bundeswehr. Der Generalinspekteur der Bundeswehr hat in mehreren Reden die Leistungen der ehemaligen Wehrmachtssoldaten, die die Bundeswehr mit aufgebaut haben, unterstrichen. Ihr Lebenswerk braucht einen Vergleich mit der sozialen Marktwirtschaft, die das deutsche Wirtschaftswunder ermöglichte, nicht zu scheuen. Und sie hatten das, was man ein „inneres Geländer" bezeichnen könnte: die klare Absicht, alles ihnen Mögliche zu tun, um die Wiederholung von Diktatur und Krieg zu verhindern.

Aber wie steht es um die Pflege bundeswehreigener Traditionen? Wer hält die Erinnerung an besondere Leistungen ihrer Soldaten z.B. bei Katastrophen in Deutschland und weltweiten humanitären Einsätzen, die es ja schon weit vor 1991 gab, wach?[321] Wer kümmert sich um die vielen aufgelösten Verbände? Gäbe es nicht das Engagement einzelner aktiver und nichtaktiver Soldaten oder auch von Kommunalpolitikern in (ehemaligen) Garnisonsstandorten, so würde vieles der Vergessenheit anheimfallen. Deshalb wies auch General a.D. Ulrich de Maizière darauf hin, dass die „… Erinnerung an die Verbände, die im Zuge der Transformation der Bundeswehr trotz Bewährung aufgelöst werden müssen, … ein weiteres Element der

Tradition der Bundeswehr sein (kann)."[322] Es kommt darauf an, dass die für die Traditionspflege verantwortlichen Kommandeure und Einheitsführer sich der bundeswehreigenen Tradition verstärkt annehmen.

Während des Kalten Krieges war die Bundeswehr eine „Armee im Abseits"[323]. Die Leistungen ihrer Soldaten wurden kaum beachtet. Mit der heutigen Wertschätzung der Bundeswehr als einer Armee im Einsatz schwingt häufig die Meinung mit, dass die Herausforderungen und Belastungen für die Soldaten der „alten" Bundeswehr unbedeutend waren. Als „Verteidigungsbeamte" führten sie ein allzu ruhiges, sicheres Leben. Auch unter jungen Soldaten gibt es durchaus solche Meinungen. Der hohe Bereitschaftsgrad, die intensive Übungstätigkeit und die fordernde Ausbildung auch in der sog. „Ausbildungsarmee" sprechen aber eine andere Sprache, die über eine geeignete Traditionspflege stärker in das Bewusstsein der jüngeren Soldaten sowie der Öffentlichkeit geholt werden sollte.[324] Weiterhin sollte unterstrichen werden, dass das Motto der preußischen Heeresreformer, welches Gneisenau in die Worte „Die neue Zeit braucht mehr als alte Titel und Pergamente, sie braucht frische Tat und Kraft" fasste, in der Aufbauphase der Bundeswehr exemplarisch vorgelebt wurde. Dieser Neuanfang kann ebenso wie die preußischen Reformen als Vorbild für Transformation dienen.[325]

Auch das vom Bundesminister der Verteidigung initiierte Ehrenmal der Bundeswehr kann in besonderer Weise deutlich machen, dass die Bundeswehr über eigene Traditionen verfügt und diese auf eigenständige Weise pflegt. Denn bei diesem Ehrenmal geht es nicht um ein Kriegerdenkmal, sondern um die demokratische Form der Ehrung von Staatsbürgern, die in Ausübung ihres Dienstes für Recht und Freiheit ihr Leben verloren haben. Die Debatte über die weithin positiv aufgenommene Initiative des amtierenden Verteidigungsministers bietet die Chance, einen nationalen Konsens darüber zu erzielen, wofür deutsche Soldaten – im Unterschied etwa zu den Soldaten von Reichswehr und Wehrmacht – heute dienen.

Bietet die deutsche Militärgeschichte nicht noch weitere Traditionslinien, die den politisch-ethischen Ansprüchen des Traditionsverständnisses der Bundeswehr genügen? Gegenwärtig wird darüber diskutiert, ob und inwiefern die demokratische Bewegung von 1848/49 in der Frankfurter Nationalversammlung eine vierte Traditionslinie der Bundeswehr bilden könnte.[326] Aus Sicht der Deutschen Marine ist dieses historische Ereignis von außerordentlicher Bedeutung, da dort die Anfänge für eine gesamtdeutsche, freiheitliche Marine gelegt wurden. Weiterhin stellt sich die Frage, ob neben den preußischen Heeresreformen auch die Militärreformen in Bayern und Baden wichtig für die Traditionspflege in der Bundeswehr sein könnten.[327] Auffällig ist zudem, dass Merkmale moderner Streitkräfte, die in Zukunft eher noch an Bedeutung gewinnen werden, in der gegenwärtigen Traditionspflege in der Bundeswehr kaum eine Rolle spielen. Welche Rolle kann die Erinnerung an erfolgreiche militärische Einsätze der Bundeswehr etwa in der einsatzvorbereitenden oder einsatzbegleitenden Ausbildung spielen? Wo spiegelt sich wider, dass in der Bundeswehr mittlerweile knapp acht Prozent ihres militärischen Personals Frauen sind?[328] Müsste nicht aktiv der Frage nachgegangen werden, welche Personen aus der NVA für die Bundeswehr traditionswürdig sind?[329] Und sollte in der Traditionspflege nicht stärker berücksichtigt werden, dass die Bundeswehr mit mehreren Tausenden Soldaten an multinationalen Verbänden und Stäben beteiligt ist?[330] Und wie können Traditionen genutzt werden, um bi- und multinationale Verbände besser zu integrieren? Könnte nicht das Projekt einer Europaarmee durch eine „europäische Traditionspflege" gestärkt werden?

Fragen wie diese unterstreichen, dass eine neue Debatte über das Traditionsverständnis der Bundeswehr notwendig ist. Dabei sollte es nicht so sehr um die Namen von Kasernen oder Verbänden gehen, die bisher im Mittelpunkt spannungsgeladener Kontroversen standen. Heute stellen sich andere Fragen: Wie kann die Traditionspflege dazu beitragen, die soldatischen Erziehungsziele zu erreichen? Und wie kann der Reichtum der deutschen und europäischen Militärgeschichte genutzt werden, um den Soldaten bestmöglich auf seine Aufgaben vorzubereiten.[331]

Tradition und Erziehung

Die Pflege von Traditionen in der Bundeswehr steht in einem unmittelbaren Zusammenhang mit der Erziehung der Soldaten. Aus diesem Grunde ist die Traditionspflege auch Aufgabe der Kommandeure und Einheitsführer als der wichtigsten Erzieher unter den Vorgesetzten in der Truppe. Dementsprechend heißt es im Traditionserlass von 1982 unter Punkt 21: „Die Traditionspflege liegt in der Verantwortung der Kommandeure und Einheitsführer. Sie verfügen über Ermessens- und Entscheidungsfreiheit vor allem dort, wo es sich um regionale und lokale Besonderheiten handelt. Kommandeure und Einheitsführer treffen ihre Entscheidungen auf der Grundlage von Grundgesetz und Soldatengesetz im Sinne der hier niedergelegten Richtlinien selbständig."[332] Und folgerichtig wird der Truppe die Möglichkeit eingeräumt, auch für die politisch hochsensible Benennung von Kasernen Vorschläge zu unterbreiten.[333] Loretana de Libero weist jedoch zu Recht darauf hin, dass diese Verfahrensregelung „… eine fundierte historische Bildung, die Kenntnis von Fakten und das Verständnis geschichtlicher Zusammenhänge … (voraussetzt), die so nicht gegeben ist."[334] Die zuständigen Kommandeure und Einheitsführer benötigen also konkrete Anregungen (z.B. durch das Zentrum Innere Führung) und ggf. fachwissenschaftliche Beratung, die durch das Militärgeschichtliche Forschungsamt geleistet werden könnte. Es fehlt aber – und hier schließt sich der Kreis mit dem weiter oben thematisierten Verlust der Erziehung – das Bewusstsein dafür, wofür und wie Traditionspflege in der Bundeswehr pädagogisch eingesetzt werden kann. Wenn heute weithin Einverständnis darüber besteht, dass der Soldat im Einsatz mehr Tradition benötigt als es früher der Fall war, dann darf sich die Pflege von Traditionen nicht auf die Benennung von Kasernen und Straßen beschränken.

Traditionspflege hilft dem Soldaten dabei, die tragenden Pfeiler seines Berufs- und Selbstverständnisses zu bestimmen. Tradition gibt ihm Halt und Orientierung in einer Welt, die durch Unsicherheiten geprägt ist und deren Komplexität den Einzelnen bisweilen überfordert. Vor allem junge Soldaten haben, wie andere junge Menschen auch, einen großen Bedarf an Vorbildern. Wenn die Bundeswehr bzw. die verantwortlichen Einheitsführer und Kommandeure diesen Bedarf nicht stillen, werden ihre Soldaten möglicherweise „im Trüben fischen", d.h. Wege gehen, die mit den Werten und dem Menschenbild des Grundgesetzes nicht vereinbar sind.

Heute ist es kaum vorstellbar, dass Soldaten der Bundeswehr in Situationen geraten könnten, in denen sie wie beispielsweise Oberst Claus Schenk Graf von Stauffenberg oder Generalmajor Henning von Tresckow Widerstand gegen die Politik leisten müssen. Dennoch bleiben die Widerstandskämpfer gegen das NS-Regime auch für die soldatische Erziehung in der Bundeswehr von unschätzbarem Wert. Sie haben vorgelebt, zu ihrem Gewissen zu stehen und für die Wiederherstellung von Recht und Freiheit das eigene Leben zu riskieren. Sie sind Mahnung, sich rechtzeitig für die Menschenwürde einzusetzen und gegen jede Form der Erniedrigung von Menschen vorzugehen.[335] Wiederherstellung von Recht und Freiheit, Schutz der Menschenwürde – darum geht es auch in den Einsätzen der Bundeswehr; dafür dient der Soldat. Und auch innerhalb der Bundeswehr gibt es, wie die Berichte des Wehrbeauftragten des Deutschen Bundestages jedes Jahr aufs Neue zeigen, genügend Situationen, die ein couragiertes Handeln gegen Erniedrigung durch Vorgesetzte fordern. Historische Vorbilder zeigen uns aber nicht nur, was Tugenden heute bedeuten. Sie erleichtern unser Verständnis über die Einstellungen, die wir benötigen, um künftige Herausforderungen zu meistern. Auch wenn Militärreformer wie Gerhard von Scharnhorst und Neidhardt von Gneisenau unter völlig unterschiedlichen politischen und militärischen Rahmenbedingungen Soldaten waren, so gibt ihr Beispiel auch heute noch Mut, weitreichende gesellschaftliche und militärische Reformen zu wagen, um die Einsatzfähigkeit von Streitkräften zu verbessern. Und sie zeigen uns, wie viel Klugheit, Augenmaß, Durchsetzungsvermögen und Hartnäckigkeit dafür erforderlich sind. Traditionspflege darf daher nicht auf die historische Bildung im Sinne einer Vermittlung von Wissen beschränkt werden. Ganz im Sinne der indirekten Erziehung soll vielmehr ein Rahmen geschaffen werden, in dem historische Personen, Ereignisse und Haltungen „wirken" können und die Einstellungen sowie den Charakter der Soldaten ansprechen.

Ein gutes Beispiel dafür sind die Feierlichen Gelöbnisse, die das Wachbataillon Berlin seit 1999 jährlich jeweils am 20. Juli auf dem Gelände des Bendlerblocks in Berlin durchführt. In diesem Rahmen, der durch das Vermächtnis der Widerstandskämpfer des 20. Juli 1944 atmosphärisch geprägt ist, sprechen die Soldaten die Gelöbnisformel. Hier wirkt eine Tradition, die den einzelnen Soldaten ganzheitlich anspricht, die eine innerliche Verpflichtung spürbar werden lässt, dass die Werte, für welche die Widerstandskämpfer ihr Leben riskierten, auch für uns heute noch leitend sind. Traditionspflege kann so helfen, das Verantwortungsbewusstsein durch eine Verpflichtung gegenüber diesen Werten zu stärken. Allerdings besteht bei Feierlichen Gelöbnissen immer die Gefahr, dass andere, oftmals mit der Presse- und Öffentlichkeitsarbeit verbundene Zielsetzungen dominieren. Bei Feierlichen Gelöbnissen sollten aber die Rekruten im Mittelpunkt stehen. Durch eine angemessene politische und historische Bildung vorbereitet, erreichen solche Veranstaltungen das Gewissen der Soldaten und hinterlassen dort eine innerlich spürbare Verpflichtung gegenüber den Werten, für die das Soldatsein heute steht.

Als am 10. Januar 2007 im Bendlerblock in Berlin ein Festakt zum 100. Geburtstag des wenige Monate zuvor verstorbenen Generals a.D. Johann Adolf Graf von Kielmansegg durchgeführt und in diesem Rahmen eine Biographie[336] über ihn vorgestellt wurde, konnten alle Beteiligten den Unterschied zwischen historischer Bildung und Traditionspflege erleben. Denn auf dieser Veranstaltung haben die Vortragenden nicht nur über Leben und Werk des Generals referiert, sondern ein persönliches Bekenntnis abgelegt, wie sehr sie den General Kielmansegg als Vorbild für sich selbst genommen hatten. Und als außerhalb des Protokolls General von Kielmanseggs Sohn, Johann Adolf (Hanno) von Kielmansegg, der zuletzt Generalmajor in der Bundeswehr war, über seinen Vater sprach, da spürte man, wie

Tradition Generationen miteinander verbinden kann. Tradition meint, die Vergangenheit in ihrer Bedeutung für uns heute zu verstehen. Verstehen bedeutet vor allem, im Gespräch zu bleiben. Und wenn dieses Gespräch den einzelnen in seinem Selbstverständnis als Soldat in einer Demokratie berührt, dann hat die Pflege von Traditionen ihr Ziel erreicht.

General Johann Adolf von Kielmansegg (1906-2006)

193

Das generationenübergreifende Im-Gespräch-Bleiben ist uns in den letzten Jahrzehnten verloren gegangen, nicht zuletzt auch aufgrund der öffentlichen Auseinandersetzung über die Wehrmacht und ihre Soldaten. Die Jüngeren haben den Älteren durch die Verweigerung des Gesprächs viel angetan.[337] Diese tragen ihre Erfahrungen und ihre persönliche Schuld mit ins Grab, ohne darüber ausreichend gesprochen zu haben.[338] Aber auch die Jüngeren haben dadurch Schaden genommen; denn ohne das ehrliche, offene Gespräch verkommt die Traditionspflege zu einer bloßen Zurschaustellung. Indem die Jüngeren die Älteren zu einem bloßen Objekt einer moralisierenden Geschichtsbetrachtung machten, konnten sie sich selbst nicht mehr als Subjekt der Tradition sehen. Aber genau darum geht es in der Traditionspflege: Dass der einzelne sich aufschließt für die Geschichte und das, was für ihn heute und morgen wichtig ist. Nur auf der Grundlage persönlicher Entscheidungen gibt Traditionspflege einen festen Halt und eine klare Orientierung. Der Traditionserlass aus dem Jahre 1982 weist in diese Richtung, wenn er schreibt: „In der pluralistischen Gesellschaft haben historische Ereignisse und Gestalten nicht für alle Staatsbürger gleiche Bedeutung, geschichtliche Lehren und Erfahrungen nicht für alle den gleichen Grad an Verbindlichkeit. Tradition ist auch eine persönliche Entscheidung."[339] Es ist letztlich immer eine Entscheidung des Einzelnen. Dieser Freiraum des Subjekts muss in der Form der Traditionspflege immer deutlich werden.

Tradition und Integration

Das Traditionsverständnis der Bundeswehr leistet einen Beitrag für die Integration von Streitkräften und Soldaten in Staat und Gesellschaft, indem sie eine gemeinsame Pflege von Traditionen zusammen beispielsweise mit Politik, Kirche und gesellschaftlichen Verbänden ermöglicht. So ist das Gemälde der Militär-Reorganisationskommission, auf dem neben Scharnhorst und Gneisenau u.a. der preußische König Friedrich Wilhelm III. und der Staatsminister Freiherr vom und zum Stein zu sehen sind, Sinnbild dafür, dass die preußischen Heeresreformen Teil einer umfassenden preußischen Staatsreform waren. Jahrestage wie z.B. die Geburtstage der preußischen

Staats- und Militärreformer oder die Gründung der Militär-Reorganisationskommission im Juli 1807 bieten Politik und Militär die Möglichkeit, gemeinsam dieser Tradition zu gedenken und daraus Anregungen für eine vernetzte Herangehensweise an sicherheitspolitische Herausforderungen zu ziehen.

Darüber hinaus weisen die drei Traditionslinien vielfältige Berührungspunkte zwischen Militär und Kirche auf und stärken so die Zusammenarbeit zwischen der Bundeswehr und der evangelischen bzw. katholischen Kirche etwa bei der Militärseelsorge. So war es der Berliner Theologe Friedrich Daniel Ernst Schleiermacher, der die preußischen Heeresreformer insbesondere bei der Reform des militärischen Bildungswesens unterstützte. Dietrich Bonhoeffer, dessen 100. Geburtstag am 4. Februar 2006 feierlich gedacht wurde, steht wohl wie kaum ein anderer in der protestantischen Kirche für ihren Widerstand gegen den Nationalsozialismus. Mit hohem Risiko für sich selbst versuchte er zunächst, die christlichen Kirchen weltweit gegen die laufenden Kriegsvorbereitungen Deutschlands zu mobilisieren. Ab 1940 arbeitete er für die Widerstandsgruppe um Admiral Canaris und General Oster. Wie für die protestantische Kirche, so ist Dietrich Bonhoeffer auch für die Soldaten der Bundeswehr ein Vorbild, nach dem mehrere Kasernen benannt sind. Und in der Aufbauphase der Bundeswehr gab es eine enge Zusammenarbeit zwischen den Reformern um Graf von Baudissin sowie Theologen beider Konfessionen, vor allem dem ersten Evangelischen Militärbischof Hermann Kunst[340].

Und dass der militärische Widerstand gegen den Nationalsozialismus enge Verbindungen mit Widerstandsgruppen aus unterschiedlichen gesellschaftlichen Bereichen hatte, auch zu solchen, die dem Militär traditionell eher distanziert gegenüber standen wie etwa die Gewerkschaften, belegt, dass Tradition in der Bundeswehr kein von Staat und Gesellschaft abgetrenntes Eigenleben mit besonderen soldatischen Erziehungszielen verfolgt, sondern fest in die freiheitlich-demokratische Erinnerungskultur der Bundesrepublik Deutschland eingebettet ist.[341]

Der militärische Widerstand gegen Hitler hatte auch für die Integration der Bundeswehr in die NATO eine wichtige Bedeutung. Die Erkenntnis, dass der Widerstand des 20. Juli ein anderes, besseres Deutschland repräsentierte, erleichterte die Rückkehr Deutschlands in die Familie der zivilisierten Völker. Es diente als geistiges Band zwischen den einstigen Kriegsgegnern und förderte deren Zusammenarbeit in der Nordatlantischen Allianz. Und die am Bendlerblock in Berlin durchgeführten Feierlichen Gelöbnisse nutzt die Bundeswehr dafür, auch des europäischen Widerstands gegen den Nationalsozialismus zu gedenken, indem sie hochrangige Redner aus dem In- und Ausland einlädt (wie z.B. den polnischen Staatspräsidenten 2002, die französische Verteidigungsministerin 2003, den niederländischen Ministerpräsidenten 2004, den norwegischen Ministerpräsidenten 2005 und den britischen Verteidigungsminister 2006).

Kritik am Traditionsverständnis der Bundeswehr

In jüngster Zeit wird erneut Kritik am Traditionsverständnis der Bundeswehr laut. Aber diesmal wird ihr nicht vorgeworfen, Hort von Militarismus und Nationalismus zu sein. Stein des Anstoßes sind auch nicht die verbliebenen, kritisch zu betrachtenden Kasernennamen in der Bundeswehr oder die Unterstützungsleistungen der Bundeswehr für Feierlichkeiten von Traditionsverbänden wie beispielsweise der Gebirgsjäger auf dem Großen Brenthen. Eine neue Kritikerfront hat sich aufgetan, die argumentiert, die offiziellen Traditionslinien der Bundeswehr seien für eine Armee im Einsatz nicht ausreichend, da in ihnen das Element des Kampfes fehle. Diese Kritik formierte sich, als im Jahre 2005 der damalige Verteidigungsminister Peter Struck die Entscheidung traf, den Traditionsnamen „Mölders" aufzugeben. Dieser setzte damit eine Resolution des Bundestages von 1998 um, die forderte, Benennungen nach Angehörigen der im Spanischen Bürgerkrieg eingesetzten deutschen „Legion Condor" aufzuheben. Zwei Kasernen sowie das Luftwaffengeschwader in Neuburg/Donau, das 1973 durch den Bundespräsidenten Gustav Heinemann Ärmelbänder mit dem Traditionsnamen ‚Mölders' verliehen bekommen hatte, mussten umbenannt werden.[342] Und als kaum ein Jahr später der Kasernenkommandant der Luftwaffenkaserne in

Fürstenfeldbruck alle Straßen, die Fliegerassen des Ersten und Zweiten Weltkrieges gewidmet waren, in „Straße der Luftwaffe" mit einer entsprechenden Hausnummer umbenannte und Flieger wie de Exupery einem eher für die historische Bildung gedachten Lehrpfad opferte, erreichte die Kritik einen vorläufigen Höhepunkt.

Wie die Konzeption der Inneren Führung, so muss auch das Traditionsverständnis der Bundeswehr auf die neue Realität der Armee im Einsatz bei gleichzeitiger Transformation reagieren. Häufig wird daher die Frage gestellt, ob der Soldat der Bundeswehr in Zukunft solche Tugenden benötigt, die die Kampfkraft der Wehrmacht ausmachten. Der Versuch, einzelne Personen der Wehrmacht für die Traditionspflege in der Bundeswehr zu bewahren, stellt nicht den gesellschaftlichen Konsens in Frage, wonach die Wehrmacht als Institution nicht traditionsbildend für die Bundeswehr ist. Die Wehrmacht war in den Eroberungs- und Vernichtungskrieg des NS-Staates verstrickt und ist als Vorbild nicht geeignet. Zwar weisen Kritiker dieser Abgrenzung auf das hohe Ansehen hin, das die Wehrmacht in den US-amerikanischen Streitkräften besitzt. Aber nach den Erfahrungen im Irak-Krieg seit 2003 sollte sich auch hier ein Umdenken abzeichnen.[343] Wie steht es aber um den einzelnen Wehrmachtssoldaten? Zu Recht wird immer wieder gefordert, diese nicht pauschal zu verurteilen. Der ehemalige Bundesminister der Verteidigung Volker Rühe hatte dies in einer Rede vor dem Deutschen Bundestag am 13. März 1997 unterstrichen, als er sagte: „Nicht die Wehrmacht, aber einzelne Soldaten können traditionsbildend sein, wie die Offiziere des 20. Juli, aber auch wie viele Soldaten im Einsatz an der Front. Wir können diejenigen, die tapfer, aufopferungsvoll und persönlich ehrenhaft gehandelt haben, aus heutiger Sicht nicht pauschal verurteilen".[344] Auf dieser Grundlage könnte ausgelotet werden, inwieweit Soldaten der Wehrmacht, die in schwieriger Zeit anständig handelten, heute als Vorbild für die Soldaten der Bundeswehr dienen könnten, beispielsweise weil sie verhinderten, dass andere Soldaten Kriegsverbrechen begingen. So waren in den deutschen Konzentrationslagern auch Wehrmachtssoldaten inhaftiert. Erst kürzlich rief der brandenburgische Ministerpräsident Matthias Platzeck anlässlich des weltweiten Holocaust-Gedenktages am 27. Januar 2007 in der KZ-Gedenkstätte Sachsenhausen die Soldaten der Bundeswehr dazu auf, diese Gedenkstätte zu besuchen, weil dort Wehrmachtssoldaten gefangen gehalten und ermordet wurden, die „... ihrem Gewissen folgten und Widerstand gegen den mörderischen Krieg der Nazis leisteten".[345] Die Erkenntnis, dass nicht alle wegschauten und dass es viele Schindlers und Hosenfelds gab, die Widerstand übten[346], dürfte zumindest für die Anfangshypothese reichen, dass es auch in den Reihen der Wehrmacht Offiziere, Unteroffiziere und Mannschaften gab, die das ihnen Mögliche taten, um Unrecht zu verhindern oder es zumindest zu mildern. Diese eignen sich in besonderer Weise für die Traditionspflege in der Bundeswehr, weil sie deutlich machen, dass die Fähigkeit und Bereitschaft zum Kampf niemals von dem Gewissen losgelöst werden darf und dass Verantwortung bedeutet, das dem Einzelnen Mögliche zu tun. Es kommt nun darauf an, diese Hypothese mit den Mitteln der Geschichtsforschung zu prüfen.

Tradition als Last

Traditionen wenden unseren Blick in die Vergangenheit, damit wir unsere Zukunft besser gestalten können. Traditionspflege in den Streitkräften ist daher Zukunftsvorsorge – für jeden Einzelnen sowie für die Bundeswehr als Ganzes. Militärische Traditionen werden gepflegt, weil die darin verankerten Werte den Soldaten helfen sollen, ihre schwierigen Aufgaben im Dienst für Freiheit und Frieden auch in Zukunft zu erfüllen. Bei der Traditionspflege muss zwar darauf geachtet werden, die Leistungen der Soldaten ehemaliger deutscher Armeen angemessen zu würdigen. Insofern gibt es auch eine Verpflichtung gegenüber den ehemaligen Soldatengenerationen. Im Mittelpunkt steht aber immer der heutige Soldat der Bundeswehr, der für die Erstellung seines ‚moralischen Koordinatensystems' Vorbilder benötigt.

Gleichwohl wird es immer Streit über die Auswahl von Ereignissen, Personen und Haltungen für die Traditionspflege in der Bundeswehr geben. Entscheidungen für bestimmte Ereignisse, Personen und Haltungen werden immer auch als Entscheidungen gegen bestimmte ehemalige Soldaten und ihre Leistungen, ja sogar als Verunglimpfung von Personen, die von manchen als tadellos und vorbildlich erachtet werden, interpretiert. Insofern besitzen Fragen der Auswahl von Tradition nicht nur eine geschichtswissenschaftliche und pädagogische Dimension, sondern auch eine politische Brisanz.

Der Streit über Tradition gehört zur Tradition in der Bundeswehr.[347] Das ist gut so, da es Ausweis für die Diskussionskultur in den Streitkräften ist. Als Armee in der und für die Demokratie werden Formen und Inhalte ihrer Traditionspflege parlamentarisch überwacht (z.B. durch den Wehrbeauftragten des Deutschen Bundestages) und einer kritischen Öffentlichkeit ausgesetzt. Fehlentwicklungen in der Truppe gaben in der Vergangenheit den Anstoß für die Erstellung (1965) bzw. Neuerstellung (1982) von Traditionserlassen. Die 1998 festgestellten Fehlentwicklungen im Zusammenhang mit der Roeder-Affäre an der Führungsakademie der Bundeswehr stellten nicht den Erlass von 1982 infrage, zeigten aber, dass er in der Truppe kaum bekannt und seine Umsetzung nicht umfassend genug erfolgt war.[348] Mehrfach haben die Bundesminister der Verteidigung in Traditionsfragen eingegriffen und damit die Verantwortung der Einheitsführer und Kommandeure ausgehebelt. Damit ist nicht nur die Initiativverantwortung der Einheitsführer und Kommandeure ausgehebelt worden. All diese Maßnahmen bestärkten die Truppe in ihrem Verdacht, dass Tradition eine Last sei, an der man sich verheben könne. Damit ist die Sinngebung von Traditionspflege als Zukunftsvorsorge auf den Kopf gestellt.

Tradition als Last zu verstehen, das ist keine gute Voraussetzung für Soldaten, um den Herausforderungen der Zukunft gewachsen zu sein. „Nichts ist beständiger als der Wandel", sagte einst Heraklit. Wandel ist also normal. Aber in der modernen Welt ist der Wandel besonders schnell. Da ist es wichtig, das Bleibende in dem allgemeinen Wandel zu erkennen, da es Halt und Orientierung geben kann. Tradition ist deshalb gerade für eine Armee im Einsatz unverzichtbar. Es kommt künftig darauf an, in der Gesellschaft, vor allem aber in der Bundeswehr eine offene Debatte über Tradition zu führen, die auch konkrete Denkanstöße und Vorschläge für die Traditionspflege enthält. Dabei muss es vor allem darum gehen, wie das Potenzial der bisherigen Traditionslinien umfassender genutzt werden kann, welche weiteren Inhalte (Haltungen, Personen, Ereignisse) in die Traditionspflege aufgenommen werden sollten und welche Formen der Traditionspflege geeignet sind, die soldatischen Erziehungsziele zu erreichen. Diese Diskussion muss offen und fair geführt werden. Nur so kann die verbreitete Scheu und Verunsicherung unter den Soldaten im Umgang mit Tradition aufgehoben werden.

Die Streitkräfte sollten also dem Thema der Tradition mehr Aufmerksamkeit widmen. Dafür bieten sich heute neue Chancen. Die gesellschaftspolitischen Rahmenbedingungen, unter denen der Traditionserlass aus dem Jahre 1982 geschrieben wurde, haben sich signifikant verändert. Damals demonstrierten 300.000 Bürger in Bonn gegen den NATO-Doppelbeschluss der Bundesregierung; und in Bremen gab es gewalttätige Auseinandersetzungen wegen eines Feierlichen Gelöbnisses der Bundeswehr im Weser-Stadion. Heute dagegen verfügt die Bundeswehr über ein hohes gesellschaftliches Ansehen; selbst die Formen ihrer Traditionspflege sind allgemein anerkannt. [349] Vor diesem Hintergrund steht die Bundeswehr gegenüber der Gesellschaft nicht mehr unter einem permanenten Rechtfertigungsdruck. Sie steht zweifelsfrei auf demokratischer Grundlage; das Primat der Politik ist zentraler Bestandteil der von der Bundeswehr selbst gebildeten Tradition.

Ethik

Soldaten werden in den Einsatzgebieten mit Situationen konfrontiert, die Ursache für moralisch fragwürdiges oder sogar gesetzwidriges Verhalten sein können. Dazu gehören das dortige Leid der Menschen, Gefechte und Anschläge, aber auch die Monotonie des Dienstes und das Eingeschlossensein in Feldlagern. Fehlverhalten von Soldaten kann unmittelbare Konsequenzen selbst auf der politischen Ebene auslösen. Es ist aber nicht nur das Land, das durch Fehlverhalten seiner Soldaten kompromittiert wird. Schikane, Folter und

Mord ebenso wie die sog. „Kollateralschäden", d.h. die Tötung von Menschen und Zerstörung von Dingen, die nicht Ziel militärischer Maßnahmen waren, haben negative Auswirkungen auch auf die Streitkräfte und ihre Bedrohungslage in den Einsatzgebieten. Menschenrechte zu ignorieren, das ruft nur mehr Hass hervor, und es erleichtert denjenigen, die Terroristen anwerben wollen, die Arbeit. Zudem unterminiert dies die multinationale militärische Kooperation, aber auch die Zusammenarbeit mit den zivilen Akteuren, die nötig ist, um den Terrorismus erfolgreich zu bekämpfen. Die negativen Folgewirkungen reichen aber noch weiter. Eine Politik, die Menschenrechtsverletzungen toleriert oder sogar dazu ermutigt, zerstört den gesellschaftlichen Konsens und schwächt die Werte, die eine Gemeinschaft oder auch ein Verteidigungsbündnis wie die NATO zusammenhalten. Und es beschädigt über kurz oder lang auch den Soldaten, der so etwas getan oder dabei zugesehen hat. Derjenige, der foltert, andere Menschen quält oder ungerechtfertigt Gewalt gegen sie einsetzt, zerstört am Ende seine personale Integrität und damit sich selbst. Denn wer andere Menschen nicht als Person anerkennt, verliert auch die Achtung vor sich selbst. Seine Seele stirbt, früher oder später.[350]

Die Pflege von Traditionen ist, wie weiter oben angesprochen, ein geeignetes Mittel, um Soldaten ein untrügliches Gefühl dafür zu geben, was geht und was nicht geht. Der emeritierte Theologieprofessor Christian Walther zitiert in seinem Buch „Im Auftrag für Freiheit und Frieden" den britischen Oberstleutnant Tim Collins, der seine Soldaten unmittelbar vor dem Einmarsch in den Irak mit folgenden Worten ansprach: „Irak ist reich gesegnet mit Geschichte. Hier war der Garten Eden, die Sintflut, hier stand Abrahams Wiege. Leicht sei euer Schritt. Ihr werdet weit gehen müssen, um anständigere, großzügigere und aufrechtere Menschen anzutreffen als es die Iraker sind. Wenn einige von ihnen zu Opfern des Krieges werden sollten, vergesst nie: Als sie am Morgen aufstanden und sich ankleideten, hatten sie nicht die Absicht, an diesem Tag zu sterben. Gewährt ihnen Würde im Tod. Begrabt sie, wie es sich gehört, und markiert ihre Gräber. Was uns angeht, lasst uns den Irak besser zurücklassen, als wir ihn vorfanden."[351] Das anständige und würdevolle Kämpfen steht bei der britischen Armee in einer Tradition, die weit zurückreicht und dem einzelnen Soldaten Halt und Orientierung zu geben vermag. Es gehört zur Ehre eines Regiments, auch dem Gegner Ehre zu geben. Eine solche Tradition war auch im preußisch-deutschen Militär vorhanden, wurde aber durch die Verwicklung der Wehrmacht in den nationalsozialistischen Vernichtungskrieg desavouiert.[352]

Für die Soldaten der Bundeswehr bedeutet ehrenhaftes Verhalten, für die Werte und Normen des Grundgesetzes aktiv einzutreten. Traditionelle soldatische Tugenden wie Tapferkeit und Treue gewinnen erst durch die Bindung an das Grundgesetz ihre eigentliche Relevanz. Heute geht die Bundeswehr den Weg, ihren Soldaten auch über die ethische Bildung Kriterien für anständiges und würdevolles Handeln im Einsatz zu vermitteln.[353] Dafür ist vor allem der lebenskundliche Unterricht[354] gedacht, der als Ethikunterricht für alle Soldaten verpflichtend sein wird. Besonders vielversprechend sind Seminare, in denen Soldaten mit Ethikexperten Dilemmasituationen, wie sie gerade auch im Einsatz entstehen können, analysieren.[355] Hilfreich sind auch die flankierenden Bemühungen von Gemeinschaften wie beispielsweise der "Gemeinschaft Katholischer Soldaten", die sehr engagiert den Zusammenhang zwischen Ethik und modernen Einsätzen herausarbeitet.[356] Darüber hinaus stellt sich die Frage, ob nicht eine eigenständige Ethik für die Soldaten der Bundeswehr entwickelt werden sollte, die Orientierung gibt für die soldatische Erziehung und Selbsterziehung.

Eine Ethik, die Maßstäbe für gutes militärisches Handeln begründet, hat es in der Bundesrepublik Deutschland bisher nicht gegeben. Es herrschte vielmehr die Meinung vor, dass der Soldat als "Staatsbürger in Uniform" einer gesonderten Ethik nicht bedürfte. Nun zeigt sich aber, dass dies in den kriegsähnlichen Einsätzen der Bundeswehr fern der Heimat nicht ausreicht. Die Soldaten benötigen eine zusätzliche "ethische Bremse", die über das "normale Gewissen", wie es in unserer modernen Gesellschaft ausgebildet wird, hinausgeht. Kardinal Meisner sagte dazu in seiner Predigt beim Internationalen Soldatengottesdienst am 11. Januar 2007 im Kölner Dom, dass die Soldaten „Spezialisten in Sachen Menschenwürde" sein müssten. Deutlicher kann man die hohen Anforderungen an die Soldaten und die Notwendigkeit größter Anstrengungen in der Vermittlung ethischer Grundsätze nicht ausdrücken. Dabei sollte man, was die Erfolgschancen ethischer Bildung in der Bundeswehr betrifft, nicht zu skeptisch sein. Albert Schweitzers „Ehrfurcht vor dem Leben"[357] gewinnt für den Soldaten spätestens dann eine hohe Überzeugungskraft, wenn er im Einsatz selber mit Not, Leid und Tod konfrontiert ist.

Christian Walther hat nun als erster den Versuch unternommen, eine Ethik für den Soldaten der Bundeswehr zu schreiben.[358] Er geht von der These aus, dass Ethik für deutsche Soldaten deshalb so wichtig sei, weil ihnen eine tragende und Orientierung gebende Tradition fehle, auf die etwa britische oder französische Soldaten wie selbstverständlich zurückgreifen könnten. Er versucht nicht, die spezifisch deutsche „Last mit der Tradition" zu überwinden, indem er einen metaphysischen Wertehimmel ewiger soldatischer Tugenden konstruiert. Er will vielmehr Hilfestellung für die Lebensführung des Soldaten vor allem im Einsatz leisten. Auf diese Weise unterstreicht Walther, dass die Ethik dem Soldaten Einiges zu bieten hat. Ihre Grundsätze für die multinationale Zusammenarbeit, für die Begegnung mit fremden Kulturen oder für den Umgang mit den moralischen Herausforderungen im Angesicht asymmetrischer Kriegführung sind hilfreich für den Soldaten in seinem konkreten Tun. Sie mahnt, dass, auch wenn die eigenen Werte im Einsatzgebiet nicht immer Anwendung fänden, dies nicht in kulturelle Überheblichkeit oder sogar Abwertung der einheimischen Bevölkerung münden dürfe. Besonders eingängig ist Walthers Unterscheidung zwischen Kameradschaft und Kameraderie. Letztere sei auf ein fragloses und gedankenloses Mitmachen aus und könne dazu verleiten, bedenkenlos Handlungen zu rechtfertigen, obwohl sie verwerflich sind. Dann sei Mut erforderlich, um sich dagegen zu verwehren.

Für die Entwicklung einer Ethik für die Soldaten der Bundeswehr bietet die Innere Führung viele Anknüpfungspunkte. Ihr Bild des Soldaten als einer mit einem Gewissen ausgestatteten Person, die aus Einsicht Gehorsam leistet, entspricht nicht nur dem Menschenbild des Grundgesetzes, sondern besitzt auch einen hohen Praxisbezug. Denn angesichts wandelbarer sicherheitspolitischer Rahmenbedingungen, strittiger politischer Entscheidungen über militärische Einsätze sowie Anpassungen von Bundestagsmandaten wird es auch unter den Berufssoldaten immer wieder einige geben, die Befehle mit dem Hinweis auf deren Unvereinbarkeit mit ihrem Gewissen verweigern. Gewissensentscheidungen werden auch während eines Einsatzes an Bedeutung gewinnen, was beispielsweise die Problematik des Luftsicherheitsgesetzes veranschaulicht. „Jeder Pilot müsste selbst entscheiden, ob er einen Befehl zum Abschuss einer Verkehrsmaschine befolgen würde. Nichts und niemand kann ihn dazu zwingen. Im Gegenteil. Die gegenwärtige Rechtslage bietet ihm ausdrücklich an, in dieser unbestreitbaren Gewissensnot den Befehl zu verweigern."[359] Je stärker Politik und Gesellschaft die Streitkräfte als bloßes Instrument der Außen- und Sicherheitspolitik sehen, desto mehr benötigen Soldaten das Gewissen als Schutz vor einer Instrumentalisierung. Nicht zuletzt aus diesem Grunde wächst auch bei den Soldaten das Bedürfnis nach einer Ethik. Und für den Einsatz sind viele Situationen denkbar, in denen sich Soldaten schlichtweg auf ihr Gewissen und ihre moralische Urteilskraft verlassen müssen, um handlungsfähig zu sein. Die Bundeswehr, letztlich aber auch Politik und Gesellschaft, müssen sich darüber im Klaren sein, was dies bedeutet. Sie verlieren an Macht und Einfluss, da das Gewissen höher ist als jeder Befehl. Sie müssen lernen, mit Soldaten umzugehen, die eine Gewissensentscheidung getroffen und die damit ggf. große Schuld auf sich geladen oder aber auch große Ehre erworben haben.

Der Versuch, eine Ethik für Soldaten zu erarbeiten, zeigt aber auch Defizite der Inneren Führung auf. Wenn Walther auf die hohe Bedeutung hinweist, die der preußische Heeresreformer Gerhard von Scharnhorst den Tugenden einräumte, dann kritisiert er damit nicht nur das libertinistische Freiheitsverständnis in modernen Gesellschaften, sondern auch das Traditionsverständnis in der Bundeswehr. Er zeigt neue Perspektiven auf, indem er ethische Grundbegriffe wie Ehre, Würde, Fairness, Gerechtigkeit, Respekt gegenüber dem Gegner sowie Tapferkeit, Mut und Opferbereitschaft stärker in das Blickfeld rückt. Soldaten brauchen Tugenden nicht zuletzt deshalb, um für die Menschen in den Einsatzgebieten glaubwürdig zu sein. Nur wenn die Würde der Menschen in den Einsatzgebieten jederzeit gewahrt wird, werden sie den ihnen möglichen Beitrag für die Sache des Friedens leisten. Nur auf dieser Grundlage darf der Soldat mit seinem Gegenüber über den weiteren Weg zum Frieden ringen. Wörtlich heißt es bei Walther: „Verletzungen der Würde, ob mit Bedacht oder Unbedacht vorgenommen, lassen den, der das tut, seine Würde in den Augen dieser Menschen verlieren. Er gewinnt nichts, nur Feinde."[360] Auch wenn das ethische Fundament in Politik und Gesellschaft bisweilen sehr brüchig ist und immer wieder von Skandalen erschüttert wird, unter denen auch die NATO und die EU als Wertegemeinschaften leiden, so kommt es doch darauf an, immer wieder zu betonen, dass eine nicht den ethischen Maßstäben genügende politische und soziale Wirklichkeit nicht die Richtigkeit und Wichtigkeit von Werten in Frage stellt. Dazu gehört auch, die Soldaten dafür zu sensibilisieren und geistig zu rüsten, einzuschreiten, wenn Kameraden der Bundeswehr oder verbündeter Staaten mit ihrem Verhalten gegen das Völkerrecht verstoßen.

Die Innere Führung hat insbesondere in den Auseinandersetzungen über das Traditionsverständnis der Bundeswehr immer wieder betont, dass bewährte soldatische Tugenden an die Wertmaßstäbe des Grundgesetzes gebunden werden müssen. Sie kann damit auch die Funktion eines ethischen Kompasses für die Soldaten erfüllen. Dies ist wichtig vor allem für die soldatische Erziehung. Denn eine Ethik für den Soldaten begründet Erziehungsziele, die Vorgesetzte in Führung und Ausbildung verfolgen sollen. Andererseits verlangt die Ethik von den Vorgesetzten, an sich selbst zu arbeiten, d.h. selber über ethische Grundsätze zu verfügen. Dieser elementare Zusammenhang von Erziehung und Ethik verdeutlicht, dass Transformation und Armee im Einsatz eine menschliche Dimension haben und folglich nicht auf Struktur und Technologie beschränkt werden dürfen. Und dass der, der Führung allein auf politischen Machtzuwachs, militärische Zielerfüllung und persönlichen Erfolg hin ausrichtet, am Eigentlichen vorbei führt.

5 Schluss

Die Konzeption der Inneren Führung ist ein weites Feld. Innere Führung zu definieren, das ist wahrscheinlich, um mit Theodor Fontane zu sprechen, ein „zu weites Feld"[361]. Denn sie hat, wo sie über verbindliche Handlungsanweisungen hinausgeht, etwas mit Gesinnungen zu tun. Und diese widerstreben aufgrund ihrer „wesenseigentümlichen Unbestimmtheit"[362] einer begrifflichen Begrenzung.

Das Nachdenken über Innere Führung ist mehr individuelle Interpretation als allgemeine Definition. Der Einzelne muss sie sich „anverwandeln" und dadurch zu seinem geistigen Eigentum machen. Und diese Freiheit sollte nicht durch Definitionen, die immer zu kurz greifen, unnötig eingegrenzt werden. Um sich in dem weiten Feld der Inneren Führung einigermaßen orientieren zu können, ist es allerdings hilfreich, ihre Mitte zu kennen. Ihr Mittelpunkt ist der Soldat, der jederzeit als ein menschliches Subjekt zu betrachten und zu behandeln ist. Für ihn ergreift die Innere Führung Partei; ihm will sie helfen, damit er seiner Verantwortung bestmöglich gerecht werden kann.

Viel hat sich geändert seit der Zeitenwende von 1989/90. Deutschland ist ein wichtiger Akteur in der Gestaltung der Globalisierung; moderne Sicherheitspolitik zielt auf eine internationale Vernetzung ihrer unterschiedlichen Instrumente; und die Bundeswehr ist eine Armee im weltweiten Einsatz. Damit hat sich auch das weite Feld der Inneren Führung gewandelt. Sie wird mit neuen Fragen konfrontiert und man erwartet überzeugende Antworten von ihr. Daher wird ihr Erfolg nicht so sehr an ihren Leistungen in der Vergangenheit gemessen, sondern daran, ob sie dabei hilft, die neuen Herausforderungen zu meistern. Unverändert ist allerdings: Diejenigen, die dieses Feld bearbeiten, sind Menschen: Soldaten, zivile Mitarbeiter der Bundeswehr, Politiker sowie engagierte Bürger.

Der Bundesminister der Verteidigung auf politischer und der Generalinspekteur auf militärischer Seite sind die „obersten Inneren Führer" in der Bundeswehr. Von ihnen erwarten die Menschen viel: überzeugende Begründungen, wofür der Soldat heute dient und warum Auslandseinsätze erforderlich sind; politischen und gesellschaftlichen Rückhalt für die Soldaten und ihre Familien; eine Gestaltung der organisatorischen Rahmenbedingungen in der Bundeswehr, die den Einzelnen trotz des Prinzips von Befehl und Gehorsam Freiheit und Verantwortung erleben lassen; und schließlich ein beispielhafter Umgang mit den Menschen. Diese Erwartungen werden, abgestuft nach der jeweiligen Führungsebene, an alle Führungskräfte in der Bundeswehr gerichtet.

Ihre Möglichkeiten, diese Erwartungen zu erfüllen, sind allerdings begrenzt. Welche Überzeugungen die Soldaten haben, das kann man nicht befehlen. Hier geht es um die Herausbildung eines staatsbürgerlichen Selbstbewusstseins. Viel Zeit ist dafür erforderlich. Und der Ausgang dieser Bildungsprozesse ist durchaus offen. Begrenzt sind auch die Möglichkeiten, die organisatorischen Rahmenbedingungen der Bundeswehr im Sinne der Inneren Führung zu gestalten. Seit Jahrzehnten gibt es einen verhängnisvollen Trend: Zu wenig Mittel für zu viele Aufträge führen zu Zentralisierung und Spezialisierung, woraus wiederum eine Einschränkung der Führungsfähigkeit und Entscheidungsverantwortung der Führungskräfte resultiert. Und damit wird das „Herzstück der Inneren Führung", die Erziehung zur Verantwortung, in Mitleidenschaft gezogen. Die Entscheidungen über die Aufgaben und die Haushaltsmittel der Bundeswehr liegen aber bei der Bundesregierung.

Die Erwartungen an die Vorgesetzten in der Bundeswehr müssen daher realistisch sein. Augenmaß ist erforderlich. Sie sind nicht für das Ergebnis staatsbürgerlicher Bildungsprozesse verantwortlich, wohl aber dafür, diese zu ermöglichen und zu leiten. Sie sind nicht für das gesellschaftliche Desinteresse an der Bundeswehr verantwortlich, wohl aber dafür, Kontakte zur Gesellschaft zu pflegen und die Bürger zur aktiven Mitarbeit zu ermutigen. Sie sind nicht für die chronische Unterfinanzierung der Bundeswehr verantwortlich, wohl aber dafür, Bürokratie nicht überborden zu lassen. Das partnerschaftliche Gespräch über die Legitimation soldatischen Dienens und die Notwendigkeit militärischer Einsätze, die vertrauensvolle Kooperation mit der Gesellschaft und das weitestmögliche Gewähren von Freiräumen innerhalb der militärischen Hierarchie – dazu hat jeder Vorgesetzter den seinen Möglichkeiten angemessenen Teil beizutragen. Auf diese Weise bildet sich innerhalb der Bundeswehr eine „Kultur der Freiheit"[363], in der ihre Angehörigen Verantwortung für sich selbst und für andere übernehmen, Leistungsbereitschaft zeigen, an gemeinsamen Aufgaben nach Kräften mitwirken, Partner suchen und Werte erleben und diese selber vorleben. Auf diese Weise werden die Soldaten zu „Gestaltern" (*miles formator*) freiheitlicher Strukturen in der Bundeswehr selbst. Und so findet die Erziehung zur Verantwortung ein reiches Betätigungsfeld.

Diese Gedanken sind nicht neu. Baudissin prägte dafür bereits zu Beginn der 50er Jahre den Begriff der „vermenschlichten Organisation". Wir haben sie vielleicht vergessen und müssen sie wieder freilegen. Die stärkere Beschäftigung mit der Geschichte der Bundeswehr im allgemeinen und der Inneren Führung im besonderen kann dabei helfen, die alten Grundsätze und Ideen wieder zu entdecken.

Neben der Wiederentdeckung alter Grundsätze und Ideen geht die Innere Führung aber auch neue Wege. Sie hat sich selbst verändert und tritt heute anders auf als vor zehn oder zwanzig Jahren. Dies verdeutlicht ein Blick in das neue Weißbuch. Das darin enthaltene Kapitel zur Inneren Führung beginnt nicht mit einem Bekenntnis zur Demokratietauglichkeit der Bundeswehr, sondern hebt die Besonderheiten des militärischen Dienstes hervor.[364] Noch vor wenigen Jahren hätte die Furcht vor einer erneuten ‚*sui generis*'-Diskussion einen solchen Ansatz wohl verhindert. Und die Integration von Armee und Nation wird im Weißbuch vor allem mit der Einsatzfähigkeit der Streitkräfte begründet und nicht damit, die „verspäteten deutschen Streitkräfte" tiefer in den demokratischen Staat und die sich demokratisierende bundesdeutsche Gesellschaft zu integrieren. Und während früher der Anpassungsbedarf an ein verändertes sicherheitspolitisches Umfeld vor allem auf Seiten der Bundeswehr gesehen wurde, hinterfragt die Innere Führung heute auch Politik und Gesellschaft. Sie ergreift Partei für den Soldaten, indem sie nicht nur die Bundeswehr, sondern auch Politik und Gesellschaft in die Verantwortung dafür nimmt, dass der Soldat seinen Auftrag in einem sicherheitspolitischen Umfeld mit neuen Risiken und Bedrohungen erfüllen kann.

Hierbei geht es ihr nicht um eine „Reform an Haupt und Gliedern", wie es im Jahre 1969 der damalige Inspekteur des Heeres, Generalleutnant Albert Schnez, für die Bundeswehr sowie für Politik und Gesellschaft gefordert hat. Die zivil-militärischen Beziehungen sollen weder durch die Idee eines „Staats im Staate" noch durch eine militärnahe Gesellschaft und schon gar nicht durch eine Militarisierung der Gesellschaft charakterisiert sein. Weder das eine noch das andere kann heute eine funktionsfähige innere Ordnung der Streitkräfte sicherstellen und ihre Leistungsfähigkeit erhalten. Die Bundeswehr ist vielmehr auf eine Bürgergesellschaft angewiesen, die aus staatsbürgerlicher Verantwortung Streitkräfte unterhält und sich für diese aktiv engagiert. Daher ist die Innere Führung eine Führungsphilosophie für die Bundeswehr. Sie beschränkt sich nicht auf Führung in der Bundeswehr, sondern formuliert Erwartungen auch an das gesellschaftliche Engagement und an die politische Führung.

Diese neuen Perspektiven der Inneren Führung haben Auswirkungen auch auf ihre Konstanten. Zwar bilden das Primat der Politik, die parlamentarische Kontrolle sowie die Bindung des Soldaten an das Recht weiterhin das feste Fundament für die dynamische Weiterentwicklung der Inneren Führung in ihren variablen Anwendungsgebieten und Gestaltungsfeldern. In der praktischen Umsetzung der Konstanten gibt es allerdings Akzentverschiebungen. So hat beispielsweise das Primat der Politik bisher das Augenmerk vor allem auf das Militär, insbesondere die demokratische Zuverlässigkeit der Generale und Admirale, gelegt. Heute kommen auch die Politiker und die Ministerialbürokratie in den Blick, die bei der Umsetzung des

Konzepts der „Vernetzten Sicherheit" mit neuen Anforderungen konfrontiert werden. Sie benötigen u.a. eine gesamtpolitische Professionalität, die neben strategischem Denken auch eine fundierte Kenntnis der unterschiedlichen sicherheitspolitischen Instrumente beinhaltet. Sicherheitspolitische Tagungen von Parlament und Bundestagsfraktionen[365], die Bundesakademie für Sicherheitspolitik (BAKS) als ressortübergreifende Bildungseinrichtung des Bundes sowie wissenschaftliche Institute und Stiftungen wie beispielsweise die Stiftung Wissenschaft und Politik (SWP) gewinnen für die Umsetzung des Primats der Politik eine hohe Bedeutung. Und die Offiziere der Bundeswehr benötigen ein noch breiteres politisches Verständnis und eine noch größere Befähigung zur Kooperation mit zivilen Akteuren.

Akzentverschiebungen gibt es auch im Hinblick auf konstant gebliebene Grundsätze der Inneren Führung. Ein Beispiel dafür ist die Sinnvermittlung. Sinnangebote an die Soldaten und die Bürger heranzutragen und mit diesen darüber zu sprechen, das ist eine der vornehmsten Aufgaben der Vorgesetzten in der Bundeswehr. Allerdings wäre es hilfreich, wenn die Politik den Einsatz militärischer Mittel in der neuen internationalen Ordnung für jeden Einzelfall politisch und ethisch überzeugend begründet. Hier besteht noch Denk- und Handlungsbedarf, was angesichts des radikalen Umbruchs im sicherheitspolitischen Umfeld auch nicht verwunderlich ist.

Erste Konturen einer neuen Legitimation des Soldaten zeichnen sich ab. Es ist weiterhin richtig, dass der Soldat der Bundeswehr „Soldat für den Frieden" ist. Denn, wie Carl von Clausewitz feststellte, „die Strategie hat … in letzter Instanz … die Gegenstände, welche unmittelbar zum Frieden führen sollen, als Zweck".[366] Darüber hinaus ist der Soldat „Helfer der Politik"[367]; er handelt „im Auftrag für Freiheit und Frieden", was nicht ausschließt, dass nationale Interessen bei der Entscheidung über Einsätze eine Rolle spielen. In diesen Einsätzen ist der Soldat nicht nur *miles protector*, sondern auch *miles formator*, der – wo immer möglich - aktiv die Friedensprozesse in den Einsatzgebieten in Zusammenarbeit mit zivilen Akteuren gestaltet.

Noch fällt es den Menschen schwer, diese Begründung nachzuvollziehen. Das traditionelle Denken im Sinne der „Vaterlandsverteidigung" wirkt nach. Deshalb erscheint vielen Bürgern die These des ehemaligen Verteidigungsministers, Peter Struck, dass Deutschland auch am Hindukusch verteidigt werde, als plausibel. Sie verbindet gewissermaßen das alte mit dem neuen Denken. Ziel muss es aber sein, die Verantwortung für Freiheit, Recht und Menschenwürde stärker in dem staatsbürgerlichen Selbstbewusstsein der Bürger zu verankern. Darin müssen auch die Streitkräfte ihren Platz haben. Hier liegt eine große Herausforderung – nicht nur für die Bundeswehr, sondern auch für die Politik, die Wissenschaft und das Bildungswesen.

Eine solche Legitimation des soldatischen Dienstes böte sehr gute Anschlussstellen für die Praxis der Inneren Führung in der Bundeswehr. Denn die Innere Führung bindet alle militärischen Entscheidungen an die Werte und an das Menschenbild des Grundgesetzes. Freiheit, Recht und Menschenwürde sind die zentralen Bezugspunkte soldatischen Handelns – unabhängig davon, ob der Soldat in Hindelang oder am Hindukusch im Einsatz ist. Bindung meint zunächst das Gebundensein durch Gesetze, Vorschriften, Befehle und Grundsätze, erfährt aber seine eigentliche Bedeutung durch das ‚sich selbst binden' des Einzelnen. Diese Selbstbindung aus gewissensgeleiteter Verantwortung ist der Maßstab für die werteorientierte Menschenführung sowie für die politische, ethische und historische Bildung in der Bundeswehr.

Eine große Herausforderung für die Innere Führung ist die mit den Auslandseinsätzen gegebene Gefahr einer zunehmenden Distanz zwischen Gesellschaft und Streitkräften. Während die Soldaten der Bundeswehr ihren Dienst weit entfernt von der Heimat in Kriegs- und Krisengebieten leisten, bleiben die Bürger zuhause davon weitgehend unberührt. Die Allgemeine Wehrpflicht und eine darauf beruhende Reservistenkonzeption, eine möglichst breite sicherheitspolitische Debatte, die auch gesellschaftspolitische Aspekte thematisiert, die Legitimation des soldatischen Dienstes, die auf einem neuen staatsbürgerlichen Selbstbewusstsein beruht, die internationale und ressortübergreifende Kooperation im Rahmen des Konzepts der „Vernetzten Sicherheit", die partnerschaftliche Zusammenarbeit von Soldaten und zivilen Mitarbeitern innerhalb der Bundeswehr, die vertrauensvolle Zusammenarbeit mit gesellschaftlichen Gruppen u.a. in der Betreuung der Soldaten im Einsatz und ihrer Familien, das „normale Zusammenleben" von Staatsbürgern mit und ohne Uniform – all dies trägt dazu bei, eine Entkopplung zu vermeiden.

Wie die Gesellschaft insgesamt, so müssen auch die Angehörigen der Bundeswehr lernen, mit der neuen Unübersichtlichkeit umzugehen. Die Gleichzeitigkeit unterschiedlicher Anforderungen sowie Widersprüche und Paradoxien erfordern von den Soldaten enorme intellektuelle Anstrengungen. Freier Mensch, guter Staatsbürger und als Soldat Kämpfer, Helfer, Schlichter und Vermittler in einem zu sein; Freiheit und Menschenwürde zu schützen und dafür ggf. zu töten bzw. getötet zu werden; die Menschenwürde eines Gegners zu achten, obwohl dieser in seinem Kampfverhalten darauf keine Rücksicht nimmt; ein hohes Ansehen zu genießen, aber nur auf ein geringes gesellschaftliches Interesse zu stoßen; Freiheit und Verantwortung erleben und praktizieren, dabei aber in eine militärische Disziplin und Ordnung eingebunden zu sein; Selbständigkeit zu fördern, aber auch die Dienstaufsicht nicht zu vernachlässigen – all dies sind Spannungsverhältnisse, die sich theoretisch nicht auflösen lassen. Die Unterschiede zwischen freiheitlicher Kultur und militärischer Funktionalität, zwischen individuellen Erwartungen und gesellschaftlicher Realität müssen in der Praxis immer wieder neu ausbalanciert werden. Eigenschaften wie Mut zur Verantwortung und Charakterstärke sind für die Soldaten unverzichtbar. Vor diesem Hintergrund müssen Vorgesetzte in der Bundeswehr die veränderte Relevanz ihres Erziehungs- und Bildungsauftrag verstehen und mit Engagement und Kreativität umsetzen.

Angesichts dieser intellektuellen und praktischen Herausforderungen bewährt sich die Innere Führung zunehmend als ein Kompass, der dem Einzelnen Orientierung ermöglicht. Ulrich de Maizière sagte dazu: „Innere Führung liefert keine fertigen Rezepte, wohl aber Wegweiser für richtiges Handeln".[368] Wegweisend ist die Inneren Führung in mehrfacher Hinsicht:

- Sie gibt klare Denk- und Handlungsprioritäten, wie z.B. das Primat der politischen und individuellen Freiheit gegenüber der militärischen Ordnung. Jede Einschränkung von Freiheitsrechten oder demokratischen Verhaltensweisen bedarf einer expliziten Begründung. Die Beweislast hat derjenige, der diese für die Soldaten der Bundeswehr einschränkt.

- Sie fordert, die Werte und das Menschenbild des Grundgesetzes jederzeit und überall einzuhalten.

- Sie ermutigt zum offenen und wo immer möglich auch öffentlichen Dialog. Ideologische Stellungskriege oder Diskursverweigerungen schaden ihren Zielen. Nicht gegeneinander, sondern gemeinsam lassen sich die Herausforderungen moderner Sicherheitspolitik mit ihren Auswirkungen auf Politik, Gesellschaft und Streitkräfte lösen. Daher drängt die Innere Führung auf Dialog und Kooperation aller Akteure, die sich für Frieden in Freiheit einsetzen.

- Sie wendet sich gegen die technokratische Vorstellung einer möglichst perfekten Steuerung der Bundeswehr „von oben" und setzt vielmehr auf die Innovationskraft der Menschen „von unten".

- Sie vernetzt Akteure - durch die aktiv gesuchte Zusammenarbeit mit gesellschaftlichen Gruppen, durch eine Führungskultur, die weitestgehend auf Kooperation ausgerichtet ist, und durch Soldaten, die politisch mitdenken können und weiterhin Teil der Gesellschaft sind.

- Sie stellt den Menschen in den Mittelpunkt. Es kommt mehr darauf an, seine Untergebenen zu erziehen, auszubilden und weiterzubilden als ein perfektes bürokratisches oder technokratisches System zu etablieren. Fürsorge für die Soldaten und ihre Angehörigen ist zentraler Bestandteil der Führungsverantwortung.

- Sie bietet mit dem „Staatsbürger in Uniform" ein Leitbild, das Vorgabe ist für Führung, Ausbildung und Erziehung. Der Soldat soll jederzeit als Subjekt behandelt werden, das für sich selbst verantwortlich ist und seinen Dienst als Teil seiner Verantwortung für Freiheit und Frieden versteht. Er wartet nicht auf Befehle von oben, sondern handelt selbständig – im Einsatz, in der Ausbildung, bei der eigenen Weiterbildung. Dies setzt voraus, dass er den Grund seines Dienstes versteht (politische und historische Bildung), sich innerlich verpflichtet fühlt (ethische Bildung) und eingeübt ist, sich selbst zu bilden und zu erziehen (lebenslanges Lernen).

- Sie fordert und fördert die Bildung des Einzelnen. Über Bildung als – im Sinne Wilhelm von Humboldts – „Begegnung mit dem Nicht-Identischen"[369] wird der Einzelne befähigt, mit Widersprüchen und Paradoxien konstruktiv umzugehen.

- Sie gilt für alle Vorgesetzten in der Bundeswehr, seien es militärische oder zivile Führungskräfte.[370]

Die Innere Führung stellt Wegweiser nicht nur für das Handeln, sondern auch für das Denken auf. Sie bietet Denkmethoden für die Analyse von Lagen an – sei es die Lage der Bundeswehr insgesamt oder die Lage im Einsatzgebiet vor Ort. Für sie gilt das, was Carl von Clausewitz über seine Theorie des Krieges geschrieben hat: „Nicht was wir gedacht haben, halten wir für einen Verdienst um die Theorie, sondern die Art, *wie* wir es gedacht haben."[371] Ganz im Clausewitzschen Sinne bevorzugt die Innere Führung das dialektische Denken. Dabei geht es ihr nicht um die theoretisch anspruchsvolle Synthese von These und Antithese, sondern um das Aufheben von Widersprüchen und Paradoxien im konkreten Tun. Es geht ihr weder um die absolute Wahrheit noch um ein „Entweder-Oder", sondern um ein „Sowohl-als-auch", das erst in der jeweiligen militärischen Praxis durch eine lageangemessene Entscheidung aufgehoben wird. Soldaten benötigen daher eine gehörige Portion Bildung[372], um trotz der Widersprüche und Paradoxien den richtigen Weg zu finden. Und sie brauchen einen starken Charakter, um trotz verbleibender Ungewissheit den als richtig erkannten Weg zu gehen, und d.h. in die Gefahr hinein zu handeln. Vor allem die militärischen Führer dürfen sich nicht durch neue Lageentwicklungen verunsichern und vorschnell von ihren Entscheidungen abbringen lassen.

Innere Führung zeigt die Komplexität des soldatischen Berufs auf. Dieser ist alles andere als einfach. Neben der Ernsthaftigkeit der Analyse und der Bereitschaft, neue Wege zu gehen, trägt Innere Führung aber auch zur Reduzierung der Komplexität bei – indem sie Wegweiser aufstellt und indem sie die Bedeutung von Vertrauen vor allem in die lernende Einsatzgemeinschaft sowie in die eigenen Tugenden und Fähigkeiten unterstreicht. Gerade die persönliche Erfahrung der Risiken in den Auslandseinsätzen hat das Bewusstsein bei den Soldaten dafür geschärft, dass sie „Hand in Hand arbeiten" und sie „gegenseitig aufeinander aufpassen"[373] müssen.

Die Konzeption der Inneren Führung ist selber sehr komplex. Sie muss es auch sein, wenn sie die Realität von Krieg und Einsatz und die Anforderungen an Politik, Gesellschaft und Bundeswehr erfassen will. Um ihre Komplexität zu strukturieren, ihr Verständnis zu erleichtern und die Anwendbarkeit ihrer Grundsätze zu verbessern, ist eine Theorie der Inneren Führung dringend gefordert. Weiterhin muss auch die Didaktik der Inneren Führung, d.h. ihre Vermittlung in den verschiedenen Ausbildungs- und Bildungseinrichtungen der Bundeswehr, verbessert werden. Damit ist nicht nur die effiziente Koordinierung der Lerninhalte zwischen den verschiedenen Bildungs- und Ausbildungseinrichtungen gemeint, sondern auch die Erarbeitung von einzelnen Lernelementen wie z.B. für den lebenskundlichen Unterricht. Hierin besteht die wohl wichtigste Aufgabe des Aufgabenverbunds Innere Führung und der darin versammelten Dienststellen der Bundeswehr. Externe wissenschaftliche Einrichtungen sowie Beratungsgremien wie der Beirat für Fragen der Inneren Führung können dabei unterstützen.

Die Innere Führung steht vor großen Herausforderungen. Es gibt viel zu tun – in der konzeptionellen Weiterentwicklung und vor allem in der praktischen Umsetzung der Inneren Führung. Diese Arbeiten können und dürfen nicht von oben gesteuert werden. Der Grundsatz der Inneren Führung, nicht auf die technokratische Steuerung, sondern auf die Innovationskraft der Menschen von unten zu setzen, gilt auch für sie selbst. Ihre Idee soll die Menschen begeistern und zur Mitarbeit ermutigen; und ihre Wegweiser helfen, dass diese gemeinsam an einem Strang in dieselbe Richtung ziehen. Allerdings tragen die verantwortlichen Politiker sowie die militärischen Führer aller Führungsebenen die Verantwortung dafür, die notwendigen Arbeiten anzustoßen, Leitlinien für die Weiterentwicklung der Inneren Führung zu geben[374] und bei der Verbesserung ihrer praktischen Umsetzung als Beispiel voranzugehen.

Im Mittelpunkt der Inneren Führung steht der Soldat. Er ist derjenige, der im Einsatz – um Clausewitz' Definition des Krieges zu verwenden – in einem „Zweikampf" steht und im Auftrag einer demokratisch legitimierten Politik um den Frieden „ringt". Es geht um seine geistige Stärke, um das, was er an Qualifikationen, Einstellungen und Tugenden für diese schwierige Aufgabe mitbringt. Dafür lohnt sich jeder Aufwand.

Anmerkungen

[1] *Carl von Clausewitz,* Vom Kriege, Bonn 1991, S. 191.

[2] Ebd., S. 195-210.

[3] *Bundespräsident Horst Köhler,* Rede auf der Kommandeurtagung der Bundeswehr am 10. Oktober 2005 in Bonn. In:
http://www.bundesregierung.de/nn_1514/Content/DE/Bulletin/2001__200 5/2005/10/2005-10-10-rede-von-bundespraesident-horst-koehler-auf-der-kommandeurtagung-der-bundeswehr-am-10-.html

[4] Der „kategorische Imperativ" bei Immanuel Kant fordert bekanntermaßen, „… niemals anders (zu) verfahren, dass ich auch wollen könne, meine Maxime solle ein allgemeines Gesetz werden" (*Immanuel Kant,* Grundlegung zur Metaphysik der Sitten. In: ders., Werke in zehn Bänden, hrsg. von Wilhelm Weischedel, Bd. 6., Darmstadt 1983, S. 28).

[5] *Paul Klein,* Die Akzeptanz der Bundeswehr in der deutschen Bevölkerung. In: Klaus-Jürgen Bremm, Hans-Hubertus Mack, Martin Rink (Hrsg.), Entschieden für Frieden. 50 Jahre Bundeswehr 1955-2005, Freiburg i.Br./Berlin 2005, S. 479.

[6] Siehe dazu etwa *Hans Frank* (Hrsg.), Sicherheitspolitik in neuen Dimensionen. Kompendium zum erweiterten Sicherheitsbegriff, Hamburg 2001.

[7] Deutschland erfüllt die Planungsziele für die Transformation der Bundeswehr trotz der enormen finanziellen Beschränkungen. Allerdings hat das Argument von Bundeskanzlerin Merkel über die effiziente Nutzung der geringen Mittel nicht nur den ehemaligen US-Verteidigungsminister Rumsfeld, sondern auch seinen Nachfolger Gates nicht überzeugt. Dieser sprach auf der Münchener Sicherheitskonferenz am 11. Februar 2007 sogar von einer neuen Trennlinie zwischen den europäischen Staaten: Auf der einen Seite seien diejenigen Länder, die die 2 Prozent-Marke erreichten, auf der anderen diejenigen, die darunter lägen.

[8] Transformation im Sinne der Bundeswehr wird verstanden als „umfassender und fortlaufender Prozess der Ausrichtung von Streitkräften und Verwaltung auf die sich verändernden Herausforderungen" (*Bundesminister der Verteidigung Peter Struck,* Regierungserklärung zum neuen Kurs der Bundeswehr vor dem Deutschen Bundestag am 11.März 2004 in Berlin, S. 2).

[9] Der Wehrbeauftragte des Deutschen Bundestages spricht von der „chronischen Unterfinanzierung" der Bundeswehr und der Journalist *Peter Blechschmidt* weist darauf hin, dass viele Politiker die Bundeswehr weiterhin als „Sparschwein der Nation" betrachten. Siehe dazu den Wehrbeauftragtenbericht 2006

sowie *Peter Blechschmidt*, Alarmsignale aus der Truppe. In: Süddeutsche Zeitung vom 27. April 2007, S. 4.

[10] Der *Deutsche BundeswehrVerband* hat eine Studie über die Berufszufriedenheit der Soldaten der Bundeswehr an die Universität Passau vergeben. Erste Ergebnisse wurden bereits veröffentlicht. Danach fühlen sich viele Soldaten von der Politik im Stich gelassen. Nur 43,6 Prozent der Berufs- und 58 Prozent der Zeitsoldaten würden sich heute noch einmal für den Dienst in der Bundeswehr entscheiden. Auch die Bewertung der Ausbildung und Ausrüstung für die Auslandseinsätze ist negativ. Siehe dazu *Peter Blechschmidt*, „Unzufriedenheit gefährdet Bundeswehr". In: Süddeutsche Zeitung vom 27. April 2007, S. 6.

[11] Zur Bundeswehr als Armee der Einheit siehe *Nina Leonhard*, Armee der Einheit: Zur Integration von NVA-Soldaten in die Bundeswehr. In: Gareis, Sven Bernhard, Klein, Paul (Hrsg.), Handbuch Militär und Sozialwissenschaft, 2. Auflage, Wiesbaden 2006, S. 61-71. Zur Traditionswürdigkeit der NVA siehe *Loretana de Libero*, Tradition in Zeiten der Transformation: Zum Traditionsverständnis der Bundeswehr im frühen 21. Jahrhundert, Paderborn 2006, S. 155-157.

[12] So etwa in den *Verteidigungspolitischen Richtlinien* des Bundesministeriums der Verteidigung vom 21. Mai 2003, die festlegen, die Innere Führung sei den neuen Einsatzbedingungen anzupassen. Siehe auch den Bericht der *Kommission „Gemeinsame Sicherheit und Zukunft der Bundeswehr"* („Weizsäcker-Kommission"), der in diesem Punkt klarer ist: „Die Kommission empfiehlt, die *Praxis* der Inneren Führung (hervorg.; U.H.) nach den Erfahrungen im Einsatz weiterzuetnwickeln und zu stärken. Die Grundsätze der Inneren Führung stehen auch in der neuen Bundeswehr nicht zur Disposition" (S. 123).

[13] *Gerhard von Scharnhorst*, Brief an Carl von Clausewitz vom 27. November 1807. In: Vaupel, R. (Hrsg.), Die Reorganisation des Preussischen Staates unter Stein und Hardenberg, zweiter Teil: Das Preussische Heer vom Tilsiter Frieden bis zur Befreiung 1807 – 1814, Bd. 1, Neudruck der Ausgabe Leipzig 1938, Osnabrück 1968, S. 175.

[14] Dies ist des Grundthese des Buches von *Klaus M. Brust*, Culture and the Transformation of the Bundeswehr, Berlin 2007.

[15] Die ZDv 10/1 „Innere Führung" wird im BMVg gegenwärtig neu bearbeitet.

[16] Kontroversen gab es bereits vor Gründung der Bundeswehr. Siehe Kap. 3.3.

[17] Diese Aufgabe wurde im Weißbuch 2006 bestätigt. Siehe *Bundesministerium der Verteidigung*, Weißbuch 2006 zur Sicherheitspolitik Deutschlands und zur Zukunft der Bundeswehr, Berlin 2006, S. 165. Im folgenden zitiert als Weißbuch 2006.

[18] *Thomas Bulmahn*, Das sicherheits- und verteidigungspolitische Meinungsbild in Deutschland. Aktuelle Ergebnisse der repräsentativen SOWI-Bevölkerungsbefragung 2005. In: SOWI.Newsletter Heft 1/2006, S. 1ff.

[19] Siehe hierzu *Detlef Bald*, Die Bundeswehr. Eine kritische Geschichte 1955-2005, München 2005.

[20] Siehe dazu das Themenheft Patriotismus der Zeitschrift „Aus Politik und Zeitgeschichte", 1-2/2007, 2. Januar 2007.

[21] Siehe dazu *Günter Will*, Freiheit und Verantwortung. Die Grundsätze der Konzeption Innere Führung, hrsg. von Elisabeth Will, Egg 2002, S. 20f. Will weist darauf hin, dass die Kritiker dieses Begriffs übersehen hätten, „... dass Graf Baudissin nicht von >Soldaten< für den Frieden gesprochen hatte, sondern vom >Soldat< - der Institution also. Sie sahen nicht, dass hier einem Teil der staatlichen Exekutive ein moralisch begründeter politischer Zweck gesetzt wurde." Zu Günter Will, seiner Zusammenarbeit mit Graf Baudissin sowie seinem Beitrag zu Entwicklung und Umsetzung der Inneren Führung siehe *Detlef Bald*, Günter Will. In: Detlef Bald, Uwe Hartmann, Claus von Rosen (Hrsg.), Klassiker der Pädagogik im deutschen Militär, Baden-Baden 1999, S. 227-239.

[22] Zuletzt im *Weißbuch 2006*, S. 14 und S. 78-81.

[23] *Bundespräsident Horst Köhler*, Rede auf der Kommandeurtagung der Bundeswehr am 10. Oktober 2005 in Bonn. In: http://www.bundesregierung.de/nn_1514/Content/DE/Bulletin/2001__200 5/2005/10/2005-10-10-rede-von-bundespraesident-horst-koehler-auf-der-kommandeurtagung-der-bundeswehr-am-10-.html.

[24] Rede des Bundeskanzlers *Konrad Adenauer* vor der ersten Einheit der Bundeswehr in Andernach am 20. Januar 1956. In: http://www.kas.de/upload/dokumente/reden.pdf.

[25] Es gibt durchaus unterschiedliche Meinungen darüber, ob Baudissin *der* „Vater der Inneren Führung" ist oder nur zu *den* „Vätern der Inneren Führung" zählt. Parteipolitische Erwägungen mögen hier manchmal das Urteil leiten, zumal der späte Baudissin eine gewisse Präferenz zu sicherheitspolitischen Positionen der SPD erkennen ließ und sein Verhältnis zu dem ersten Bundesminister der Verteidigung, Theodor Blank (CDU), nicht immer konfliktfrei war. Baudissins enger Mitarbeiter aus der Anfangszeit, der spätere Oberst Günter Will, sieht diesen in einer zentralen Rolle: „Nicht anders aber als Clausewitz die bisher einzige Theorie des Krieges entwickelt hat, hat Graf Baudissin die einzige mir bekannte Konzeption der Führung des Militärs und im Militär für und in einem demokratisch verfassten Gemeinwesen entwickelt" *(Günter Will*, Freiheit und Verantwortung. Die Grundsätze der Konzeption Innere Führung, hrsg. von Elisabeth Will, Egg 2002, S. 26). Er sei der „... Architekt, der den Bauplan für eine neue Art von Haus geliefert hatte und jetzt Menschen suchte, die bereit waren, mit ihm dieses Haus zu bauen" (S. 32). General a.D. Ulrich de Maizière kommt zu einem insgesamt ausgleichenden Urteil. Er schreibt: „Das Gesamtgebäude (der Inneren Führung; U.H.) ist das Ergebnis vieler Diskussionen und enger Zusammenarbeit zwischen Soldaten, Juristen, Politikern, Wis-

senschaftlern, Parteien, Kirchen und Verbänden. Insofern gibt es viele ‚Väter der Inneren Führung'. Das schmälert in keiner Weise die Verdienste des Grafen Baudissins und seiner militärischen Mitarbeiter. Er war in der Dienststelle Blank und in dem jungen Verteidigungsministerium der verantwortliche Bearbeiter. Ein wesentlicher Teil der konzeptionellen Gedankenarbeit wurde von ihm geleistet. Er hat am sichtbarsten für die Idee gekämpft und konsequent gegen manchen Widerstand auch aus den Reihen widerstrebender älterer und jüngerer Kameraden auf ihre Realisierung gedrungen" (*Ulrich de Maizière*, Entstehung und Grundgedanken des Konzeptes des „Staatsbürgers in Uniform". In: Andreas Prüfert (Hrsg.), Innere Führung im Wandel. Zur Debatte um die Führungsphilosophie der Bundeswehr, Baden-Baden 1998, S. 22). Siehe auch *Ulrich de Maizière*, Geleitwort. In: Günter Will, Freiheit und Verantwortung. Die Grundsätze der Konzeption Innere Führung, hrsg. von Elisabeth Will, Egg 2002, S. 11. Zur Person Baudissins siehe auch *Uwe Hartmann, Frank Richter, Claus von Rosen*, Wolf Graf von Baudissin. In: Detlef Bald, Uwe Hartmann, Claus von Rosen (Hrsg.), Klassiker der Pädagogik im deutschen Militär, Baden-Baden 1999, S. 210-226.

[26] Siehe dazu *Sönke Neitzel*, Abgehört. Deutsche Generäle in britischer Kriegsgefangenschaft 1942-1945, Berlin 2005, vor allem S. 56-60.

[27] Der Militärhistoriker *Frank Nägler* hat darauf hingewiesen, dass es in der Konzeption der Inneren Führung trotz ihres Anspruchs, „ohne Anlehnung an die Formen der alten Wehrmacht … *grundlegend Neues*" zu schaffen, auch Kontinuitätslinien gab, die es den ehemaligen Wehrmachtssoldaten ermöglichten, „… sich nicht auf fundamentale Veränderungen in ihrer militärischen Praxis einstellen…" zu müssen. Aufgrund einer gewissen Ähnlichkeit der Inneren Führung mit dem NS-Brauchtum habe sogar die Gefahr bestanden, die Innere Führung als eine verbesserte Version der Führungsphilosophie in der Wehrmacht zu verstehen. Kontinuität zwischen der Zeit vor 1945 und nach 1956 gab es insbesondere im Hinblick auf die Beurteilung des Kriegsbildes (Kampf der Weltanschauungen und damit Entstaatlichung des Konflikts im Sinne eines „Weltbürgerkriegs" bzw. „permanenten Bürgerkriegs"), der Analyse des Gefechtsfeldes (mechanisierte, selbständig agierende Verbände) und der Notwendigkeit einer engen Verbindung von Volk bzw. Gesellschaft und Militär. Neu war die Ausrichtung auf die freiheitlich-demokratische Grundordnung und deren Übertragung auf den Bereich der Streitkräfte: „Integration hieß nun nicht mehr die Eingliederung in die bereits militarisierte >Volksgemeinschaft<. Im Blick auf das zivil-militärische Verhältnis hieß unter rechtsstaatlich-demokratischen Vorzeichen Integration nun, dass im Gegensatz zu früheren Regelungen dem Soldaten im wesentlichen unverkürzt auch die politischen Teilhaberechte des Bürgers blieben. Aus der >Einbürgerung< folgte vor allem aber die umfassende Verrechtlichung des dem Soldaten zugedachten Status –

mit Konsequenzen namentlich für das Binnengefüge der Armee. Die gesetzliche Fixierung seiner Rechte und Pflichten fand ihren Niederschlag in einem umfangreichen Wehrrecht, zu dessen prominentesten Teilen gewiss das Soldatengesetz gehörte, aber z.B. auch Gesetze, welche das Beschwerde- und Disziplinarwesen regelten. Mit diesen Bestimmungen wurde das militärische Gewaltverhältnis erstmals vollständig – also nicht nur in strafrechtlicher Hinsicht – in den Bereich der unabhängiger richterlicher Überprüfung zugänglichen staatlichen Verwaltungsakte einbezogen" (*Frank Nägler*, >>Innere Führung<<: Zum Entstehungszusammenhang einer Führungsphilosophie. In: Klaus-Jürgen Bremm, Hans-Hubertus Mack, Martin Rink (Hrsg.), Entschieden für Frieden. 50 Jahre Bundeswehr 1955-2005, Freiburg i.Br./Berlin 2005, S. 329). Siehe auch *Frank Nägler*, Wolf Graf von Baudissin – ein Reformer? In: Hans Ehlert, Michael Epkenhans (Hrsg.), Militärische Reformer in Deutschland im 19. und 20. Jahrhundert, Potsdam 2007, S. 53-61. Siehe dazu auch *Donald Abenheim*, Bundeswehr und Tradition, München 1989.

[28] *Nägler* weist darauf hin, dass das moderne Kriegsbild ein Miteinander, nicht ein Gegeneinander von Militär und Gesellschaft forderte und auch aus diesem Grund die Idee einer Armee als Staat im Staate auf große Ablehnung stieß (*Frank Nägler*, >>Innere Führung<<: Zum Entstehungszusammenhang einer Führungsphilosophie, a.a.O., S. 325). Andererseits sah sich noch im Jahre 1964 der damalige Wehrbeauftragte des Deutschen Bundestages, Vizeadmiral a.D. *Hellmuth Heye*, zu der öffentlichen Warnung veranlasst, die Bundeswehr zeige einen Trend zum Staat im Staate. Siehe dazu *Rudolf J. Schlaffer*, Der Wehrbeauftragte 1951 bis 1985. Aus Sorge um den Soldaten, München 2006, S. 169.

[29] Baudissin sagte dazu in seiner Rede zum 20. Jahrestag des Attentats auf Hitler am 20. Juli 1944: „In den Jahren meiner Arbeit in integrierten Stäben der NATO ... habe ich täglich gespürt, wie viel wir den Männern und Frauen des deutschen Widerstandes verdanken, die in tödlicher Bedrohung das lebten, was uns heute so leicht über die Lippen geht. Unter den Lehrgangsteilnehmern des NATO Defense College, mit denen ich mich während eines halben Jahres um die Grundlagen des Bündnisses mühte, sind stets mehrere, deren Angehörige oder die selbst die Willkür des Dritten Reiches erfuhren. Manche Familien wurden, ohne in Kriegshandlungen verwickelt zu sein, ‚ausgemerzt', wie es in der NS-Terminologie hieß. Wie sollte ich mit ihnen zusammenleben, mit ihnen über die gemeinsame Verteidigung von Freiheit und Recht sprechen, und wie könnte ich glaubwürdig die Forderungen des Bündnisses vertreten, wenn nicht auch deutsche Soldaten gegen Unfreiheit und Unrecht aufgestanden wären? Sie haben gemeinsam mit allen Kräften des Widerstandes ein Zeichen aufgerichtet für das andere Deutschland, als dessen Erben allein wir heute als verlässliche Partner angesehen werden" (*Wolf Graf von Baudissin*, Soldaten dienen ohne Pres-

tige. Ansprache des Generalleutnants der Bundeswehr Wolf Graf von Baudissin am 20. Juli 1964 in der Bonner Beethovenhalle, S. 2).

[30] Zu den Belastungen des Soldaten im Einsatz siehe *Michael Feller, Claudia A. Stade*, Physische und psychische Belastungen. In: Gareis, Sven Bernhard, Klein, Paul (Hrsg.), Handbuch Militär und Sozialwissenschaft, 2. Auflage, Wiesbaden 2006, S. 322-333; *Dietrich Ungerer*, Der militärische Einsatz, Potsdam 2003.

[31] *Günter Will*, Freiheit und Verantwortung. Die Grundsätze der Konzeption Innere Führung, hrsg. von Elisabeth Will, Egg 2002, S. 42, 45, 50-71.

[32] Zu den näheren Umständen der Terminwahl siehe *Georg Meyer*, Zur inneren Entwicklung der Bundeswehr bis 1960/61. In: Anfänge westdeutscher Sicherheitspolitik 1945-1956, Bd 3, hrsg. vom MGFA, München 1993, S. 851-1162.

[33] Urteil des Bundesverfassungsgerichts vom 12. Juli 1994, zitiert nach *Klaus Dau, Gotthard Währmann* (Hrsg.), Die Auslandseinsatz deutscher Streitkräfte. Eine Dokumentation des AWACS-, des Somalia- und des Adria-Verfahrens vor dem Bundesverfassungsgericht, Heidelberg 1996, S. 967.

[34] Es geht also um Zustimmung, nicht um Entscheidungen über den Einsatz der Bundeswehr. Diese werden ausschließlich durch die Bundesregierung getroffen.

[35] Die CSU-Bundestagsfraktion hat gefordert, das Parlamentsbeteiligungsgesetz zu ergänzen. Der Bundestag solle in zwei Stufen mit der Bereitstellung eines Bundeswehrkontingents und mit dem konkreten Einsatz befasst werden. Dieser Vorstoß verlief im Sande. Stattdessen wurde betont, dass der Parlamentsvorbehalt für Einsätze der Bundeswehr zum Kern des Verfassungsverständnisses gehöre und der Deutsche Bundestag durchaus in der Lage sei, sehr kurzfristig Entscheidungen zu treffen. So etwa *Schellenberger, Rouven*, Ein bisschen mehr Krieg. In: Berliner Zeitung vom 8. Februar 2007, S. 4. Eine grundlegende Analyse liefern *Timo Noetzel, Benjamin Schreer*, Parlamentsvorbehalt auf dem Prüfstand. In: SWP-Aktuell 10, Februar 2007.

[36] Bisweilen kann man den Eindruck haben, dass den Politikern der Ernst dieser Entscheidung nicht geglaubt wird, etwa wenn darauf hingewiesen wird, das vom Bundesminister der Verteidigung, Franz Josef Jung, geplante Ehrenmal der Bundeswehr solle vor dem Reichstaggebäude errichtet werden, damit die Abgeordneten des Deutschen Bundestages jederzeit an ihre Verantwortung für die Soldaten der Bundeswehr erinnert würden. So z.B. *Romanus Otte*, Versteckt die Opfer unserer Kriege nicht! In: Welt am Sonntag vom 11. Februar 2007, S. 4.

[37] *Hew Strachan*, The Politics of the British Army, Oxford 1997.

[38] Vgl. *Rudolf J. Schlaffer*, Der Wehrbeauftragte – Kontrolleur der inneren Entwicklung der Bundeswehr. In: Klaus-Jürgen Bremm, Hans-Hubertus Mack, Martin Rink (Hrsg.), Entschieden für Frieden. 50 Jahre Bundeswehr 1955-2005, Freiburg i.Br./Berlin 2005, S. 397-407.

[39] Der Unterausschuss „Weiterentwicklung der Inneren Führung, politischen Bildung und sozialen Verantwortung für Angehörige der Bundeswehr vor dem Hintergrund des Aufgaben- und Strukturwandels im Einsatz" wurde am 7. Mai 2003 konstituiert. Nach dem Regierungswechsel wurde am 15. März 2006 seine Wiedereinrichtung im Verteidigungsausschuss beschlossen.

[40] Immediatbericht der Militär-Reorganisationskommission vom 31.08.1807. In: Vaupel, R. (Hrsg.), Die Reorganisation des Preussischen Staates unter Stein und Hardenberg, zweiter Teil: Das Preussische Heer vom Tilsiter Frieden bis zur Befreiung 1807 – 1814, Bd. 1, Neudruck der Ausgabe Leipzig 1938, Osnabrück 1968, S. 82

[41] 2. Deutscher Bundestag, 157. Sitzung, Bonn, den 4. Juli 1956, S. 7481. Hinzu kam, dass Deutschland 500.000 Soldaten für die Verteidigung Westeuropas stellen sollte und dies nur über die Allgemeine Wehrpflicht möglich war.

[42] Zu den privaten Militärunternehmen siehe *Georg Maria Meyer*, Söldner GmbH? – Zur Problematik privater Militärdienstleistungsunternehmen. In: Gareis, Sven Bernhard, Klein, Paul (Hrsg.), Handbuch Militär und Sozialwissenschaft, 2. Auflage, Wiesbaden 2006, S. 506-517; *Thomas Jäger, Gerhard Kümmel*, Private Military and Security Companies. Chances, Problems, Pitfalls and Prospects, Wiesbaden 2007; *Klaus M. Brust*, Söldner – Ausverkauf der Exekutive, Berlin 2007.

[43] Zu den Wehrstrukturen bei den Verbündeten Deutschlands siehe *Ines-Jacqueline Werkner*, Wehrstrukturen im internationalen Vergleich. In: Gareis, Sven Bernhard, Klein, Paul (Hrsg.), Handbuch Militär und Sozialwissenschaft, 2. Auflage, Wiesbaden 2006, S. 80-92.

[44] Zum Zusammenhang zwischen Allgemeiner Wehrpflicht und Reservistenarbeit siehe *Gerhard Brugmann*, Reservisten in der Bundeswehr – ihre Bedeutung für die Verteidigungsplanung. In: Klaus-Jürgen Bremm, Hans-Hubertus Mack, Martin Rink (Hrsg.), Entschieden für Frieden. 50 Jahre Bundeswehr 1955-2005, Freiburg i.Br./Berlin 2005, S. 231-251. Er resümiert: „Die Reservistenkonzeption steht auf zwei Säulen, auf der Freiwilligkeit und auf der Wehrpflicht. (...) Schwierig ... dürfte sich die Umsetzung der Reservistenkonzeption gestalten, sollte die Wehrpflicht ausgesetzt werden. Das würde unausweichlich eine neuerliche Umgestaltung der Bundeswehr zur Folge haben. Sie ist, setzt man eine Beibehaltung der jetzigen Aufgaben der Bundeswehr bei weiterer Unterfinanzierung voraus, nur als weitgehende Umwandlung der Wehrpflichtarmee in eine Freiwilligenmiliz vorstellbar. Dann wird aus dem Reservisten ein Milizsoldat" (S. 251). Siehe auch die Rede des Bundesministers der Verteidigung, Franz Josef Jung, anlässlich des Parlamentarischen Abends des Reservistenverbandes am 21. März 2007 (www.bmvg.de).

[45] Im Jahre 2006 haben rund 1.600 Reservisten an den Auslandseinsätzen teilgenommen. Darüber hinaus vertreten Reservisten die Dienstposteninhaber auf ihren Dienstposten im Inland, wenn diese sich im Auslandseinsatz befinden.

[46] Siehe dazu Weißbuch 2006, S. 160. Viele Reservisten können so in ihrer regionalen Heimat eingesetzt werden.

[47] Weiterhin ist die Mehrheit der Deutschen für den Fortbestand der Wehrpflicht, was allerdings ihre Weiterentwicklung nicht ausschließt. Bulmahn hat auf der Grundlage einer repräsentativen Umfrage 2005 festgestellt: „Vergleicht man das aktuelle Meinungsbild mit dem der letzten Jahre, dann werden einige interessante Veränderungen deutlich. Immer mehr Menschen in Deutschland sind dafür, eine allgemeine Dienstpflicht einzuführen; immer weniger sind dafür, die Wehrpflicht abzuschaffen" (*Thomas Bulmahn*, Das sicherheits- und verteidigungspolitische Meinungsbild in Deutschland. In: Gareis, Sven Bernhard, Klein, Paul (Hrsg.), Handbuch Militär und Sozialwissenschaft, 2. Auflage, Wiesbaden 2006, S. 147). Die republikanische Idee der allgemeinen Dienstpflicht scheint damit auch den Fortbestand der Allgemeinen Wehrpflicht zu stützen. Zur aktuellen Diskussion über die Wehrpflicht siehe auch *Reiner Pommerin*, Die Wehrpflicht. Legitimes Kind der Demokratie oder überholter Ballast? In: Klaus-Jürgen Bremm, Hans-Hubertus Mack, Martin Rink (Hrsg.), Entschieden für Frieden. 50 Jahre Bundeswehr 1955-2005, Freiburg i.Br./Berlin 2005, S. 299-312.

[48] Auf diese Weise würde die politische Bildung – wie ja auch für die Streitkräfte konzipiert – ein wichtiges Lernfeld für die Demokratie.

[49] Weißbuch 2006, S. 83: „Die Bundesregierung und der Koalitionsvertrag vom 11. November 2005 bekennen sich zur allgemeinen Wehrpflicht und zum Zivildienst als Ersatzdienst für den Wehrdienst."

[50] Siehe dazu auch die „Zufriedenheitsstudie" des Deutschen BundeswehrVerbandes, die ein positives Licht auf die Zufriedenheit der Grundwehrdienstleistenden in der Bundeswehr wirft.

[51] *Ulrich de Maizière*, Entstehung und Grundgedanken des Konzeptes des ‚Staatsbürgers in Uniform'. In: Andreas Prüfert (Hrsg.), Innere Führung im Wandel. Zur Debatte um die Führungsphilosophie der Bundeswehr, Baden-Baden 1998, S. 24.

[52] Zu EUROMIL siehe *Bernhard Gertz*, Die Entwicklung der Inneren Führung aus der Sicht des Deutschen Bundewehr-Verbandes. In: Andreas Prüfert (Hrsg.), Innere Führung im Wandel. Zur Debatte um die Führungsphilosophie der Bundeswehr, Baden-Baden 1998, S. 17.

[53] Siehe dazu den Jubiläumsband „50 Jahre Deutscher Bundeswehrverband", Berlin/Bonn 2006.

[54] Siehe dazu die im Nomos-Verlag erschienene Buchreihe „Forum Innere Führung".

[55] Zur Befindlichkeit ehemaliger NVA-Soldaten, insbesondere ihren Problemen hinsichtlich der gesellschaftlichen Anerkennung ihres Dienstes in der NVA, siehe *Nina Leonhard*, ,Armee der Einheit': Zur Integration von NVA-Soldaten in die Bundeswehr. In: Gareis, Sven Bernhard, Klein, Paul (Hrsg.), Handbuch Militär und Sozialwissenschaft, 2. Auflage, Wiesbaden 2006, S. 71.

[56] Diese Problematik ist derart wichtig, dass Premierminister *Tony Blair* in einer programmatischen Rede „Our Nation´s Future – Defence" am 12. Januar 2007 in Plymouth darauf hinwies, dass nicht-repräsentative Erlebnisberichte von Soldaten aus den Einsatzgebieten die öffentliche Meinung stärker beeinflussten als „harte Fakten" (www.oneworldtrust.org/pages/download3.cfm?did=467).

[57] Die derzeit 18 Sportfördergruppen der Bundeswehr verfügen über 740 Dienstposten. Die Bundeswehr ist damit der größte Förderer des deutschen Leistungssports.

[58] *Wissenschaftsrat*, Stellungnahme zum Militärgeschichtlichen Forschungsamt (MGFA), Potsdam, Drs. 7261-06, Nürnberg, 19. Mai 2005, S. 11.

[59] Siehe dazu *Sozialwissenschaftliches Institut der Bundeswehr*, Jahresbericht 2006, Strausberg Januar 2007, S. 6.

[60] Zum Berufsförderungsdienst siehe *Udo Pfefferkorn*, Der Berufsförderungs-dienst der Bundeswehr. In: Uwe Hartmann, Christian Walther (Hrsg.), Der Soldat in einer Welt im Wandel, Landsberg a.L. 1995, S. 176-191.

[61] Der Bundesminister der Verteidigung, Die Bundeswehr der Zukunft. Ressortkonzept Stationierung (http://www.bundeswehr.de/portal/PA_1_0_LT/PortalFiles/C1256EF40036 B05B/W2652FK6894INFODE/essortkonzept.pdf?yw_repository=youatweb).

[62] Die Bundeswehr bietet Journalisten vier Mal pro Jahr einen fünftägigen Lehrgang „Schutz und Verhalten in Krisenregionen" an, der am VN-Ausbildungszentrum der Bundeswehr in Hammelburg durchgeführt wird. Dabei geht es vor allem um die Aufklärung über die Risiken in den Einsatzgebieten sowie die praktische Vermittlung von Verhaltensweisen in konkreten Gefahrensituationen (www.bmvg.de/portal/a7bmvg/kcxml/04 vom 1. Februar 2007).

[63] Die Belebung der sicherheitspolitischen Debatte leidet auch an einer eher generellen Zurückhaltung der Politik, die darauf zurückzuführen ist, dass bestimmte sicherheitspolitische Themen zu Stimmenverlusten bei Wahlen führen könnten.

[64] Siehe dazu etwa *Klaus Liebetanz*, Frieden braucht Fachleute. Zur Frage der Qualifizierung von Fachkräften im Auslandseinsatz. In: Auftrag, Nr. 261, 2006, S. 8-17.

[65] Jüngstes Beispiel ist das größte IT-Projekt der Bundeswehr mit dem Namen HERKULES. Am 28. Dezember 2006 haben das Bundesamt für Informationsmanagement und Informationstechnik der Bundeswehr und das Auftrag-

nehmerkonsortium SI, bestehend aus Siemens Business Service GmbH Co. OHG und IBM Deutschland GmbH das umfangreiche Vertragswerk zum Projekt unterzeichnet. Hier geht es um die umfassende Modernisierung und der Betrieb der administrativen Informationstechnik und Kommunikationsnetze der Bundeswehr innerhalb Deutschlands (u.a. 140.000 Computerarbeitsplätze und 300.000 Telefone).

[66] Für die Zusammenarbeit mit der einheimischen Bevölkerung müssen nicht nur Einstellungen und Fähigkeiten bei den Soldaten der Bundeswehr, sondern auch geeignete organisatorische Maßnahmen getroffen werden.

[67] Dazu zählen z.B. die sog. *De Maizière-Kommission* (siehe *Der Bundesminister der Verteidigung*, Führungsfähigkeit und Entscheidungsverantwortung in den Streitkräften. Bericht der Kommission des Bundesministers der Verteidigung zur Stärkung der Führungsfähigkeit und Entscheidungsverantwortung in der Bundeswehr, Bonn 1979, S. 97-98) und die sog. *Weizsäcker-Kommission*.

[68] Das MGFA besitzt einen Wissenschaftlichen Beirat, einen Erweiterten Wissenschaftlichen Beirat sowie einen Wissenschaftlichen Beirat Einsatzunterstützung. Zu Aufgaben und Zusammensetzung siehe www.mgfa-potsdam.de.

[69] Zum „Beirat für Fragen der Inneren Führung" siehe *Reiner Pommerin, Gerd Jürgen Bischof* (Hrsg.), Einsatz für den Soldaten. Die Arbeit des 10. Beirats für Fragen der Inneren Führung, Baden-Baden 2003. Der Beirat für Fragen der Inneren Führung hat immer wieder konstruktive Impulse für die Weiterentwicklung der Inneren Führung gegeben, konkrete Projekte wie beispielsweise die Ökonomisierung der Bundeswehr aus Sicht der Inneren Führung bewertet und öffentlichkeitswirksame Veranstaltungen u.a. zur Allgemeinen Wehrpflicht durchgeführt. Weiterhin gibt es noch einen Wissenschaftlichen Beirat für das Sanitäts- und Gesundheitswesen beim Bundesminister der Verteidigung („Wehrmedizinischer Beirat").

[70] Zur Organisationsform der Militärseelsorge und zum Streit darüber vor allem in der evangelischen Kirche siehe *Horst Scheffler*, Militärseelsorge. In: Gareis, Sven Bernhard, Klein, Paul (Hrsg.), Handbuch Militär und Sozialwissenschaft, 2. Auflage, Wiesbaden 2006, S. 193-195.

[71] Siehe dazu *Martin Bock*, Die Einstellung zur Militärseelsorge in der Bevölkerung und bei Soldaten im Bosnieneinsatz der Bundeswehr, SOWI-Arbeitspapier Nr. 126, Strausberg März 2001. „Nahezu 96% der befragten Soldaten im Feldlager Rajlovac finden es persönlich gut, dass Pfarrer anwesend sind" (S. 92).

[72] Rund 40% der Bundeswehrsoldaten sind konfessionell nicht gebunden. Zur allgemeinen Zunahme religiöser Orientierungen siehe Wolfgang Huber, Renaissance des Glaubens. In: *Liz Mohn, Brigitte Mohn, Werner Weidenfeld, Johannes Meier* (Hrsg.), Werte. Was die Gesellschaft zusammenhält, Verlag Bertelsmann-Stiftung, S. 45-52: „Es gibt eine Wiederkehr der Religion. Aber sie wirkt sich

keineswegs automatisch in einer verstärkten Zuwendung zum christlichen Glauben aus. Menschen verstehen sich wieder als religiös. Aber Klarheit darüber, was sie damit meinen, suchen sie oft nicht in den Kirchen" (S. 45f.). Für die Soldaten ist auch wichtig, dass die Pfarrer in keinem Vorgesetzten-Untergebenen-Verhältnis stehen wie etwa Ärzte oder Truppenpsychologen. Militärbischof Peter Krug sagte dazu in einem Interview: „Kein anderer Mensch, kein Arzt und auch kein Psychologe ist so frei wie der Pfarrer" (In: JS. Das Magazin der Evangelischen Militärseelsorge, H. 2, Februar 2007, S. 7).

[73] Siehe dazu *Uwe Hartmann*, Die Bundeswehr – ein „besonderer" Fall? Zur Übertragbarkeit betriebswirtschaftlicher und pädagogischer Konzepte auf die militärische Praxis in der Bundeswehr. In: Uwe Hartmann, Meike Strittmatter (Hrsg.), Reform und Beteiligung. Ideen und innovative Konzepte für die Innere Führung in der Bundeswehr, 2. Auflage Frankfurt/Main 1994, S. 23-38; *Sven Bernhard Gareis, Paul Klein*, Militär und Sozialwissenschaft – Anmerkungen zu einer ambivalenten Beziehung. In: diess. (Hrsg.), Handbuch Militär und Sozialwissenschaft, 2. Auflage, Wiesbaden 2006, S. 9-12.

[74] Bisher sind Wegweiser erschienen zu Bosnien-Herzegowina, Afghanistan, zur Demokratischen Republik Kongo, zum Kosovo, zum Nahen Osten und zum Horn von Afrika.

[75] *Sozialwissenschaftliches Institut der Bundeswehr*, Jahresbericht 2006, Strausberg Januar 2007, S. 23 und S. 81-82.

[76] Siehe hierzu die Rezension von *Hasko Zimmer* zu dem Buch *Thomas Gatzemann, Anja-Silvia Göing* (Hrsg.), Geisteswissenschaftliche Pädagogik, Krieg und Nationalsozialismus, Frankfurt/M. 2004. In: Erziehungswissenschaftliche Revue 4, Nr. 4 (http://www.klinkhardt.de/ewr/63150840.html).

[77] Zu den Belastungen, denen die Familien durch die Einsätze ausgesetzt sind, siehe *Maren Tomforde*, Einsatzbedingte Trennung. Erfahrungen und Bewältigungsstrategien, Sozialwissenschaftliches Institut der Bundeswehr, Forschungsbericht 78, Strausberg November 2006 sowie *Silvio Gödickmeier/Martin Schlossmacher*, Soldatenfamilien im Einsatz, Berlin 2006. Beide Publikationen unterstreichen, dass die Zeit der Trennung den Beziehungen nicht notwendig schadet, sondern sie vielfach belebt. Die Frauen zuhause seien oftmals selbstbewusster geworden und die zurückkehrenden Männer wüssten ihre Familien mehr zu schätzen. „Ein Großteil der Beziehungen meisterte die Trennung nicht nur gut, sondern ging aus ihr auch gestärkt hervor…" (*Maren Tomforde*, Einsatzbedingte Trennung. Erfahrungen und Bewältigungsstrategien, Sozialwissenschaftliches Institut der Bundeswehr, Forschungsbericht 78, Strausberg November 2006, S. 70). Allerdings können auch Probleme auftreten, die kaum zu lösen sind und zu einem Scheitern der Beziehung führen können. Insbesondere dann, wenn sich bei den Rückkehrern psychische Probleme einstellen,

sind die Familien mit dieser Situation auf sich allein gestellt. Hier gibt es eine Lücke in der Betreuung nach einem Einsatz.

[78] *Maren Tomforde*, Einsatzbedingte Trennung. Erfahrungen und Bewältigungsstrategien, Sozialwissenschaftliches Institut der Bundeswehr, Forschungsbericht 78, Strausberg November 2006, S. 38: „Interviews mit Soldaten im Einsatzland haben gezeigt, dass die Konfrontation der Männer mit den alltäglichen Belangen der Familien (z.B. über Telefon oder E-Mails; U.H.), auf die sie häufig keinerlei Einfluss nehmen können, diese mit zusätzlichen Sorgen und schlimmstenfalls sogar mit einem Gefühl der Ohnmacht belasten können." Siehe auch S. 70: Soldaten im Einsatz gehen davon aus, „... dass ihre Frauen die eigentlichen schweren Belastungen des Einsatzes zu tragen..." hätten.

[79] http://www.einsatz.bundeswehr.de/C1256F1D0022AC2/CurrentBaseLink/ W26AXF vom 2. Februar 2007. Siehe dazu auch die „Teilkonzeption Vereinbarkeit von Familie und Dienst in den Streitkräften" (BMVg, Fü S I 3 – Az 35-30-00 – vom 21. Mai 2007).

[80] In: Loyal, Ausgabe I/2007, S. IV.

[81] Siehe dazu *Evangelisches Kirchenamt für die Bundeswehr*, Oasen. Worte-Bilder-Begegnungen aus der Evangelischen Seelsorge im Auslandseinsatz der Bundeswehr, Leipzig 2006.

[82] Siehe www.forum-soldatenfamilien.de. Dort heißt es u.a.: „Im Forum für Soldatenfamilien e.V. engagieren sich Ehefrauen, Ehemänner und Lebensgefährten(-innen) von Soldaten für die Interessen der Soldatenfamilien." Die homepage gibt einen guten Überblick über die vielfältigen Aktivitäten dieses Vereins. Unter dem Slogan „Kein Mann war je Soldatenfrau..." steht programmatisch: „Nur wenige Berufe berühren das Leben einer Familie so sehr wie der des Soldaten. Auslandseinsätze und häufige Versetzungen bestimmen das Leben in einer Soldatenfamilie. Erlasse und Verwaltungsanordnungen, die einen Ausgleich schaffen sollen, werden in der Regel von Personen gemacht, die keine wirkliche Vorstellung von der Realität im Leben einer Soldatenfamilie haben. Oft gehen sie deshalb haarscharf an den Bedürfnissen der Betroffenen vorbei. Das muss so nicht sein!" Siehe auch www.soldatenfamilien-netzwerk.de, das eine Kontakt-Plattform zur gegenseitigen Hilfe anbietet.

[83] Siehe www.frauzufrau-online.de. Dieses Internetangebot bietet Möglichkeiten zum Informations- und Erfahrungsaustausch für Angehörige von Soldatinnen und Soldaten im Auslandseinsatz.

[84] Wie Soldatenfrauen sich selbst helfen, zeigt auch *Maren Tomforde*, Einsatzbedingte Trennung. Erfahrungen und Bewältigungsstrategien, Sozialwissenschaftliches Institut der Bundeswehr, Forschungsbericht 78, Strausberg November 2006, S. 50. In einem Interview sagte eine Frau: „Der Austausch zwischen den Betroffenen ist wichtig. Die Freunde können unsere Situation eben nicht so richtig verstehen. Wir Soldatenfrauen helfen uns aber gegenseitig. Das sind die

Frauen, die einen richtig verstehen. Ich denke, dass dieser Kontakt auch nach dem Einsatz weiter bestehen bleibt, schließlich kann der Mann jederzeit wieder gehen."

[85] Siehe dazu http://www.bmfsfj.de/Politikbereiche/familie,did=13662.html. Der *10. Beirat für Fragen der Inneren Führung* hat auf die Notwendigkeit einer engen Verbindung der Familienbetreuungszentren mit dem kommunalen Umfeld hingewiesen. In einem Schreiben an den damaligen Bundesminister der Verteidigung, Rudolf Scharping, vom 20. Oktober 2000 zu den „Belastungen der Soldaten und ihrer Familien durch Auslandseinsätze" schlägt der Sprecher des Beirats Innere Führung, Prof. Dr. Pommerin, eine Initiative vor, „... die die in unserem Staat vorhandenen Kapazitäten für Fürsorge und Betreuung auch und insbesondere für Soldaten und deren durch den Auslandseinsatz belasteten Familien nutzbar macht. Das vielerorts bestehende Informationsdefizit auf allen Seiten gilt es zu reduzieren" (In: *Reiner Pommerin, Gerd Jürgen Bischof* (Hrsg.), Einsatz für den Soldaten. Die Arbeit des 10. Beirats für Fragen der Inneren Führung, Baden-Baden 2003, S. 48). Gesprächsrunden zwischen den „Lokalen Bündnissen für Familie" und der Bundeswehr, vor allem mit den örtlichen Kommandeuren und Familienbetreuungszentren, wären ein geeigneter Schritt dazu.

[86] Siehe dazu www.legatenfonds.de.

[87] Main Post vom 25.01.2007, S. 30.

[88] Informationen zum Soldatenhilfswerk sind unter www.soldatenhilfswerk.de erhältlich.

[89] Siehe www.silenthelp.de.

[90] http://www.lachen-helfen.de. Dies ist die bisher höchste Einzelspende, die diese Privatinitiative deutscher Soldaten je erhalten hat. Mit dem Geld wird der Bau eines Gesundheitszentrums im Norden Afghanistans finanziert, in dem rund 48.000 Menschen medizinisch betreut werden. In den letzten zehn Jahren konnten 240 Einzelprojekte erfolgreich abgeschlossen werden.

[91] Griepahn Briefe, 43. Jg., Nr. 01-01/07 vom 8. Januar 2007, S. 4.

[92] Mehr Informationen auf www.clausewitz-gesellschaft.de.

[93] *Reiner Pommerin*, Zur Tradition der Bundeswehr. In: Clausewitz-Gesellschaft, Jahrbuch 2006, S. 131-155. Siehe auch das Jahrbuch 2005 mit dem Beitrag von *Georg Meyer*, Auf der Suche nach dem gültigen Erbe. In: dies., Jahrbuch 2005, S. 146-173.

[94] Zum Arbeitskreis Militär- und Sozialwissenschaften (AMS) siehe www.ams-ev.de Darüber hinaus veröffentlicht der AMS etwa viermal im Jahr den „AMS-Newsletter".

[95] Das Baudissin-Dokumentationszentrum befindet sich in der Baudissin-Kaserne der Führungsakademie der Bundeswehr in Hamburg und wird ehren-

amtlich von Oberstleutnant a.D. Prof. Dr. Claus Freiherr von Rosen geleitet. Weitere Informationen unter www.fueakbw.de.

[96] Vorsitzender des Freundeskreises ist der ehemalige Kommandeur des Zentrums Innere Führung, Flottillenadmiral a.D. Ulrich A. Hundt.

[97] Veröffentlichungen von Walther, Ungerer und Royl sind im Anmerkungsapparat bzw. Literaturverzeichnis aufgeführt.

[98] *Winfried Heinemann*, Militär und Tradition. In: Gareis, Sven Bernhard, Klein, Paul (Hrsg.), Handbuch Militär und Sozialwissenschaft, 2. Auflage, Wiesbaden 2006, S. 455.

[99] *Die deutschen Bischöfe*, Soldaten als Diener des Friedens. Erklärung zur Stellung und Aufgabe der Bundeswehr, hrsg. vom Sekretariat der Deutschen Bischofskonferenz, 29. November 2005, S. 1.

[100] *Karl-Ernst Schulz* (Hrsg.), Die Neuordnung von Bildung und Ausbildung in der Bundeswehr. Eine Zwischenbilanz nach zehn Jahren, Baden-Baden 1982.

[101] Die Hochschulen der Bundeswehr wurden 1985 in Universitäten umgewandelt. An beiden Universitäten sind die studierenden Offiziere und Offizieranwärter verpflichtet, über ihr Fachstudium hinaus sog. „erziehungs-, gesellschafts-, technik- und wirtschaftswissenschaftliche Anteile" zu studieren. Auf diese Weise werden fachübergreifende Kompetenzen vermittelt, die sich auch auf den Offizierberuf beziehen.

[102] Zur Zusammenarbeit zwischen Gerhard von Scharnhorst und Wilhelm von Humboldt siehe *Uwe Hartmann*, Erziehung von Erwachsenen als Problem pädagogischer Theorie und Praxis, Frankfurt/M. 1994, S. 175-179.

[103] Siehe *Martin Elbe, Florian H. Müller*, Berufsentscheidungen und Karriereverläufe von Offizieren der Bundeswehr. In: Sabine Collmer, Gerhard Kümmel (Hrsg.), Ein Job wie jeder andere? Zum Selbst- und Berufsverständnis von Soldaten, Baden-Baden 2005, S. 123-144.

[104] Zur Ökonomisierung in der Bundeswehr siehe den 10. Beirat für Fragen der Inneren Führung, AG „Ökonomisierung in den Streitkräften". In: *Reiner Pommerin, Gerd Jürgen Bischof* (Hrsg.), Einsatz für den Soldaten. Die Arbeit des 10. Beirats für Fragen der Inneren Führung, Baden-Baden 2003, S. 81-89; *Gregor Richter*, Ökonomisierung in der Bundeswehr. In: Gareis, Sven Bernhard, Klein, Paul (Hrsg.), Handbuch Militär und Sozialwissenschaft, 2. Auflage, Wiesbaden 2006, S. 40-50.

[105] So *Generalmajor a.D. Beck* in seiner Laudatio anlässlich der Übergabe des Buches „Wolf Graf von Baudissin 1907-1993. Modernisierer zwischen totalitärer Herrschaft und freiheitlicher Ordnung, hrsg. von Rudolf J. Schlaffer und Wolfgang Schmidt, München 2007" an den Bundesminister der Verteidigung am 7. Mai 2007 im Bendlerblock in Berlin. Zum Beitrag der Universitäten der Bundeswehr für eine erfolgreiche zivilberufliche Karriere ehemaliger Offiziere siehe *Rainer Marr* (Hrsg.), Kaderschmiede Bundeswehr? Vom Offizier zum Manager.

Karriereperspektiven von Absolventen der Universitäten der Bundeswehr in Wirtschaft und Verwaltung, 2. Auflage, München 2002. Zum Zusammenhang zwischen Studienerfolg und General- bzw. Admiralstabsausbildung an der Führungsakademie der Bundeswehr siehe *Arwed U. Bonnemann*, Individueller Studienerfolg und seine Bedeutung für postuniversitäres Lernen, Frankfurt/M. 1994.

[106] Weißbuch 2006, S. 80f.

[107] Siehe dazu auch die *Kommission „Europäische Sicherheit und Zukunft der Bundeswehr am IFSH*, „Demokratie hört nicht am Kasernentor auf." Die Innere Führung in der Bundeswehr muss strukturell verbessert werden. In: Detlef Bald, Hans-Günter Fröhling, Jürgen Groß, Claus Frhr. v. Rosen (Hrsg.), Was ist aus der Inneren Führung geworden? Zum hundersten Geburtstag Wolf Graf von Baudissins, Hamburger Beiträge zur Friedensforschung und Sicherheitspolitik, H. 146, Hamburg April 2007, S. 8.

[108] Für die Verbesserung der Praxis der politischen Bildung in der Truppe sollte vor allem die Projektmethode genutzt werden, da sie die Selbständigkeit der Soldaten fördert und die Soldaten über einen längeren Zeit die ihnen zur Verfügung stehende oder gestellte Zeit effizient nutzen können. Zur Projektmethode in der Bundeswehr siehe *Stephan Schröder*, Schlüsselqualifikationen und Projektmethode. In: Hartmann, Uwe, Walther, Christian (Hrsg.), Der Soldat in einer Welt im Wandel, Landsberg a.L. 1995, S. 422-430.

[109] Zur Auftragstaktik siehe *Stephan Leistenschneider*, Auftragstaktik im preussisch-deutschen Heer 1871-1914, Potsdam 2002; *Dirk Oetting*, Auftragstaktik. Geschichte und Gegenwart einer Führungskonzeption, Frankfurt/M. 1993.

[110] *Jürgen Kuhlmann*, Einheitsführer-Studie. Eine empirische Analyse der Tätigkeiten von Kompaniechefs des Feldheeres in der Deutschen Bundeswehr, München 1979 (=SOWI-Berichte Nr. 16); ders., Zeithaushalte und Tätigkeitenprofile von Bootskommandanten der Bundesmarine, München 1986 (=SOWI-Berichte Nr. 42).

[111] Der Bundesminister der Verteidigung, Führungsfähigkeit und Entscheidungsverantwortung in den Streitkräften. Bericht der Kommission des Bundesministers der Verteidigung zur Stärkung der Führungsfähigkeit und Entscheidungsverantwortung in der Bundeswehr, Bonn 1979. Darin heißt es auf S. 26: „Bei der Auswahl und Förderung der Kommandeure sollte wieder mehr Wert gelegt werden auf die Befähigung zur Menschenführung und Erziehung. In der Führerausbildung sollten Menschenführung und Erziehung stärkeres Gewicht erhalten." Siehe auch *Ulrich de Maizière*, In der Pflicht, Herford/Bonn 1989, S. 339-341.

[112] Siehe dazu die Rede „Standortbestimmung des Generalinspekteurs der Bundeswehr am 12. Mai 1992. In: BMVg (Hrsg.), Informationen zur Sicherheitspolitik. „Wandel und Aufbruch. Bundeswehr – Streitkräfte der Einheit". 33.

Kommandeurtagung der Bundeswehr in Leipzig – 12.-14. Mai 1992, Bonn 1992, S. 32-29. Siehe auch den Generalinspekteurbrief 1/93, Bonn 5. März 1993.

[113] Dies ist auch die Kernbotschaft des Wehrbeauftragten des Deutschen Bundestages in seinem letzten Bericht.

[114] Der gesellschaftliche Wertewandel verlangt weitaus stärker als früher, dass die Bundeswehr mehr Raum für Selbstentfaltungswerte gibt.

[115] Einer der bekanntesten Kritiker war der damalige Inspekteur des Heeres, General A. Schnez. Zur sog. „Schnez-Studie" siehe *Frank Nägler*, Wolf Graf von Baudissin – ein Reformer? In: Hans Ehlert, Michael Epkenhans (Hrsg.), Militärische Reformer in Deutschland im 19. und 20. Jahrhundert, Potsdam 2007, S. 53-61. Nägler sieht darin eine der „… letzten spektakulären Bemühungen…, der inneren Verfassung der Bundeswehr ein anderes Gesicht zu geben…" (S. 60).

[116] Siehe *Donald Abenheim*, Soldier and Politics Transformed, Berlin 2007 und die dort angegebene Literatur.

[117] Dass die Grundsätze der Inneren Führung auch für den Bundesminster der Verteidigung gelten, darauf weist der Beirat für Fragen der Inneren Führung hin. Siehe *Reiner Pommerin*, „Der Blick ist frei geradeaus gerichtet." In: BMVg (Hrsg.), Streitkräfte in der Demokratie. 40 Jahre Beirat für Fragen der Inneren Führung, Bonn 1998, S. 37: „Dass die Grundsätze der Inneren Führung auch das Verhältnis zwischen politischer Führung und Militär, zwischen zivilen und militärischen Angehörigen der Bundeswehr bestimmen, ist eine Binsenweisheit. Denn die Akzeptanz der Inneren Führung zeigt sich in erster Linie darin, dass sie vom obersten bis zum untersten Vorgesetzten gleich respektiert und angewandt wird. Das Verhalten ihrer Führung, ganz gleich ob es die politische oder militärische Führung ist, bewegt die Truppe. Und sie bewegt auch die Frage: ‚Wie gehen wir miteinander um?' Hier muss es weiterhin das Ziel bleiben, jede Art der Beschädigung von Vertrauen zu vermeiden."

[118] Nicht selten hört man innerhalb der Bundeswehr die Aussage, wer anständig führe, benötige keine Innere Führung. Dies ließe sich durchaus als Beleg für den Erfolg der Inneren Führung interpretieren; scheinbar ist der Rahmen, den sie gesetzt hat, heute so selbstverständlich akzeptiert, dass nur „Anständigkeit" erforderlich sei, um ein guter militärischer Führer zu sein. Aber allein die Frage, was denn mit „Anständigkeit" gemeint ist, dürfte zeigen, wie wichtig die Innere Führung ist, um sich Klarheit darüber zu verschaffen.

[119] Dazu gehört auch der Erfolg der Inneren Führung als „Exportartikel". Gerade von politischer Seite wird dies immer wieder betont. Allerdings liegen keine Untersuchungen vor, inwiefern die Innere Führung tatsächlich Pate war bei den Streitkräftereformen beispielsweise in osteuropäischen Ländern oder in Südafrika. Was die Innere Führung dabei leisten kann, hat *Günter Will* am Bei-

spiel einer Beratung, die Baudissin für Argentinien geleistet hat, beschrieben: „Rat und mancherlei Hilfe konnte Graf Baudissin geben. Vorbild aber konnte die Konzeption für Argentinien nicht sein, weil Ausgangslage und Rahmenbedingungen zu unterschiedlich waren. Anders gesagt: Die Konzeption Innere Führung ist an die jeweiligen politisch-kulturellen Bedingungen gebunden. Die Fragen, die sie stellt, die Probleme, die sie aufwirft, können anderen Beispiel sein – die Antworten, die sie gibt, können anderen nur Anregung geben" (*Günter Will*, Freiheit und Verantwortung. Die Grundsätze der Konzeption Innere Führung, hrsg. von Elisabeth Will, Egg 2002, S. 89). Zur Inneren Führung als „Orientierungshilfe" für die Armeen des ehemaligen Warschauer Pakts siehe *Hans-Christian Beck*, Ist die Innere Führung als deutsche Führungsphilosophie der Bundeswehr noch konkurrenzfähig? In: Andreas Prüfert (Hrsg.), Innere Führung im Wandel. Zur Debatte um die Führungsphilosophie der Bundeswehr, Baden-Baden 1998, S. 40-41. Siehe auch Martin Kutz, Innere Führung in der Bundeswehr: Auf andere Streitkräfte übertragbar?, SOWI-kontrovers Nr. 1 / 4, Hamburg, Januar 2004.

[120] Siehe dazu Volker Perthes, Was zu prüfen ist. Vier Kriteriengruppen für die Entscheidung über Auslandseinsätze. In: Frankfurter Allgemeine Zeitung vom 14. Februar 2007, S. 10; *Lothar Rühl*, Unvorhersehbares vorhersehen. In: Frankfurter Allgemeine Zeitung vom 3. Januar 2007, S. 8.

[121] Zum Zentrum Innere Führung und dem Aufgabenverbund Innere Führung siehe die Festschrift „50 Jahre Zentrum Innere Führung", Koblenz Oktober 2006, S. 14-16 und S. 54-56.

[122] Das Wort ‚definieren' kommt aus dem Lateinischen und bedeutet ‚abgrenzen, bestimmen'.

[123] Zum „Erziehungsstreit in der Bundeswehr" siehe *Uwe Hartmann*, Erziehung von Erwachsenen als Problem pädagogischer Theorie und Praxis, Frankfurt/M. 1994, S. 129ff. und 377ff. Siehe auch *Andreas Prüfert* (Hrsg.), Hat der Faktor ‚Erziehung' noch Platz in den Streitkräften?, Bonn 1991.

[124] Siehe dazu etwa die Artikel von *Hans-Jürgen Leersch*, Lange Mängelliste beim Afghanistan-Einsatz. In: Die Welt vom 19. Dezember 2006, S. 4 und *Peter Blechschmidt*, Soldaten in Afghanistan werden besser ausgerüstet. In: Süddeutsche Zeitung vom 20.12.2006, S. 6.

[125] Ab 1951 war Baudissin zunächst im Amt Blank, dann im neu gegründeten Bundesministerium für Verteidigung, anschließend Brigadekommandeur in Göttingen und von 1958 bis 1967 in verschiedenen NATO-Verwendungen. Zu Leben und Werk Baudissins siehe *Uwe Hartmann, Frank Richter, Claus von Rosen*, Wolf Graf von Baudisin. In: Detlef Bald, Uwe Hartmann, Claus von Rosen (Hrsg.), Klassiker der Pädagogik im deutschen Militär, Baden-Baden 1999, S. 210-226; *Martin Kutz* (Hrsg.), Gesellschaft, Militär, Krieg und Frieden im Denken von Wolf Graf von Baudissin, Baden-Baden 2004; *Rudolf J. Schlaffer und*

Wolfgang Schmidt (Hrsg.), Wolf Graf von Baudissin 1907-1993. Modernisierer zwischen totalitärer Herrschaft und freiheitlicher Ordnung, München 2007; *Angelika Dörfler-Dierken* (Hrsg.), Graf von Baudissin. Als Mensch hinter den Waffen, Göttingen 2006.

[126] Baudissin war der erste General der Bundeswehr, der einer Gewerkschaft (ÖTV) beitrat.

[127] Zur preußischen Staats- und Heeresreform siehe *Heinz Stübig*, Pädagogik und Politik in der preußischen Reformzeit, Weinheim und Basel 1982; *Ralph Thiele*, Gerhard von Scharnhorst. Zur Identität der Bundeswehr in der Transformation, Bonn 2006.

[128] *Karl Feldmeyer*, Auf dem Feuerstuhl – die Bundesminister der Verteidigung. In: Jürgen Bremm, Hans-Hubertus Mack, Martin Rink (Hrsg.), Entschieden für Frieden. 50 Jahre Bundeswehr 1955-2005, Freiburg i.Br./Berlin 2005, S. 355-364.

[129] Siehe dazu *Uwe Hartmann, Thomas Lowin, Detlef Sanders,* Rolle der Geisteswissenschaften bei Militärreformen. In: Information für die Truppe, 2/1996, S. 48-55.

[130] Siehe dazu die Arbeiten von *Uwe Hartmann*: Carl von Clausewitz, Landsberg a.L. 1998; Carl von Clausewitz and the Making of Modern Strategy, Potsdam 2002.

[131] Zu den vom ZInFü angebotenen Hilfsmitteln gehören u.a.: CD-ROM „Interkulturelles Lernen", Koblenz 2007; CD-ROM „Belastungsmanagement", Koblenz 2005; CD-ROM „Vom Ich zum Wir: Die soziale Gruppe im Blickfeld der militärischen Vorgesetzten", Koblenz 2005; „Hilfe Einsatzvorbereitung – Einsatz – Einsatznachbereitung", Koblenz 2005.

[132] Siehe dazu „Einführende Worte zur Pressekonferenz vom Wehrbeauftragten des Deutschen Bundestages, Dr. Willfried Penner, am 15. März 2005." In: http://www.bundestag.de/aktuell/archiv/2005/wbeauftragt2004/rede.html.

[133] *Gerhard von Scharnhorst*, Ausgewählte Schriften, Osnabrück 1983, S. 4.

[134] *Carl von Clausewitz*, Verstreute kleine Schriften, Osnabrück 1979, S. 231.

[135] *Oskar Hoffmann* verwendet in diesem Zusammenhang den eingängigen Begriff der „Motivation zur doppelten Veränderung" als Voraussetzung für eine erfolgreiche Transformation (*Oskar Hoffmann*, Der Mensch in der Transformation der Bundeswehr. In: Sabine Collmer, Gerhard Kümmel (Hrsg.), Ein Job wie jeder andere? Zum Selbst- und Berufsverständnis von Soldaten, Baden-Baden 2005, S. 49).

[136] *Ulrich de Maizière*, Was war neu an der Bundeswehr? Betrachtungen eines Zeitzeugen. In: Jürgen Bremm, Hans-Hubertus Mack, Martin Rink (Hrsg.), Entschieden für Frieden. 50 Jahre Bundeswehr 1955-2005, Freiburg i.Br./Berlin 2005, S. 11-16.

[137] *Der Wehrbeauftragte des Deutschen Bundestages*, Jahresbericht 2006. Defizite bei der sanitätsdienstlichen Versorgung im Inland sind auch darauf zurückzuführen, dass die sanitätsdienstliche Versorgung der Soldaten im Einsatz auf einem sehr hohen Niveau erfolgt, das wohl von keiner anderen Armee erreicht wird. Wo immer ein deutscher Soldat im Einsatz erkrankt bzw. verletzt oder verwundet wird, kann er sich darauf verlassen, dass sein Behandlungsergebnis qualitativ dem fachlichen Standard in Deutschland entspricht. Schwerstverletzte werden innerhalb einer Stunde einer lebensrettenden notfallchirurgischen Versorgung zugeführt.

[138] Siehe ZDv 10/1 Innere Führung, Bonn 1993, Ziffer 320: „Bei der Auswahl der militärischen Führer muss die Personalführung vornehmlich die charakterliche Eignung und die Fähigkeit zur Menschenführung berücksichtigen. Diese beeinflusst entscheidend das zwischenmenschliche Klima in den Streitkräften, die Berufszufriedenheit und die Einsatzbereitschaft der Soldaten."

[139] Die Dienstaufsicht in der Bundeswehr gerät immer dann in das Blickfeld von Politik und Öffentlichkeit, wenn Missstände wie die Misshandlung von Rekruten in Coesfeld oder der Umgang mit Skelettteilen in Afghanistan auftreten. Vorgesetzte sind zur Dienstaufsicht verpflichtet. Dafür muss ihnen neben den Qualifikationen (helfende Dienstaufsicht) auch die notwendige Zeit zur Verfügung gestellt werden. Dienstaufsicht kann jedoch die Freiräume für unterstellte Führer verringern und kann ggf. auch über die Ebenen hinweg zu einer rigiden Kontrolle ausarten, was nicht im Sinne der Inneren Führung ist.

[140] *Günter Will*, Freiheit und Verantwortung. Die Grundsätze der Konzeption Innere Führung, hrsg. von Elisabeth Will, Egg 2002, S. 24.

[141] Zur FMO siehe das Weißbuch 2006, S. 164. Siehe auch *Walter Sauer u.a.*, Führungsbegleitung in militärischen Organisationen: Konzept und erste Effekte in der Praxis. In: Personalführung 11/2004, S. 44-51; *ders.*, Führungsbegleitung in militärischen Organisationen. Ein innovatives Coaching-Konzept und seine Evaluation. In: Uniforschung. Forschungsmagazin der Helmut-Schmidt-Universität – Universität der Bundeswehr Hamburg, Ausgabe 2005, S. 56-58.

[142] *Heiko Biehl* hat in seinen Untersuchungen darauf hingewiesen, dass die „… Einsatzmotivation der deutschen Soldaten … zentral bestimmt (ist) durch deren Einsicht in die Ziele der Mission. Wer vom Sinn und Erfolg des Einsatzes überzeugt ist, legt eine größere Motivation an den Tag als derjenige, bei dem dies nicht der Fall ist" (*Heiko Biehl*, Kampfmoral und Einsatzmotivation. In: Gareis, Sven Bernhard, Klein, Paul (Hrsg.), Handbuch Militär und Sozialwissenschaft, 2. Auflage, Wiesbaden 2006, S. 300).

[143] *Maren Tomforde*, Einsatzbedingte Trennung. Erfahrungen und Bewältigungsstrategien, Sozialwissenschaftliches Institut der Bundeswehr, Forschungsbericht 78, Strausberg November 2006. Siehe auch *Heiko Biehl, Jörg Keller, Maren Tomforde*, „Den eigentlichen Einsatz fährt meine Frau zu Hause…": Belastun-

gen von Bundeswehr-Soldaten und ihren Familien während des Auslandsein-satzes. In: Gerhard Kümmel (Hrsg.), Diener zweier Herren. Soldaten zwischen Bundeswehr und Familie, Frankfurt/M. 2005, S. 79-107.

[144] Der *Autor* hat den militärischen Erziehungsbegriff von der preußischen Ar-mee unter Friedrich dem Großen bis zur Bundeswehr der 90er Jahre historisch aufgearbeitet. Siehe dazu *Uwe Hartmann*, Erziehung von Erwachsenen als Prob-lem pädagogischer Theorie und Praxis, Frankfurt/M. 1994, S. 104-286.

[145] *Dirk Assmann*, Subordination und Selbständigkeit. Ausbildung, Erziehung und Bildung im preußisch-deutschen Heer von 1861-1890, Frankfurt/M. 1994.

[146] Siehe das Handbuch Innere Führung, Bonn 1957, S. 17. *Günter Will* weist zu Recht darauf hin, dass die Innere Führung nicht auf ein pädagogisches Kon-zept verkürzt werden dürfe. Die Konzeption der Inneren Führung ist politisch. Siehe *Günter Will*, Freiheit und Verantwortung. Die Grundsätze der Konzepti-on Innere Führung, hrsg. von Elisabeth Will, Egg 2002, S. 41. Erst in diesem Zusammenhang gewinnt der Erziehungsbegriff seine umfassende Bedeutung, die über das persönliche Verhältnis Vorgesetzter – Untergebener hinausgeht.

[147] *Kai Uwe Bormann*, Die Erziehung des Soldaten. Herzstück der Inneren Füh-rung. In: Rudolf J. Schlaffer und Wolfgang Schmidt (Hrsg.), Wolf Graf von Baudissin 1907-1993. Modernisierer zwischen totalitärer Herrschaft und frei-heitlicher Ordnung, München 2007, S. 111-126.

[148] Weißbuch 2006, S. 165. Gerade von Truppenführern wird jüngst eine ver-stärkte Wertevermittlung gefordert. Siehe etwa das Interview von Brigadegene-ral Bescht in der Saarbrücker Zeitung vom 15. Januar 2007, S. 18.

[149] Siehe dazu *Kommission „Europäische Sicherheit und Zukunft der Bundeswehr am IFSH*, „Demokratie hört nicht am Kasernentor auf." Die Innere Führung in der Bundeswehr muss strukturell verbessert werden. In: Detlef Bald, Hans-Günter Fröhling, Jürgen Groß, Claus Frhr. v. Rosen (Hrsg.), Was ist aus der Inneren Führung geworden? Zum hundersten Geburtstag Wolf Graf von Bau-dissins, Hamburger Beiträge zur Friedensforschung und Sicherheitspolitik, H. 146, Hamburg April 2007, S. 8.

[150] Brief Ernst Wirmers an Theodor Blank vom 30.06.1954. In: BA/MA Bw 9/2867, 37. Die Kontroverse ist dargestellt in *Uwe Hartmann*, Erziehung von Erwachsenen als Problem pädagogischer Theorie und Praxis, Frankfurt/M. 1994, S. 275-280. Siehe auch *Kai Uwe Bormann*, Die Erziehung des Soldaten. Herzstück der Inneren Führung. In: Rudolf J. Schlaffer und Wolfgang Schmidt (Hrsg.), Wolf Graf von Baudissin 1907-1993. Modernisierer zwischen totalitä-rer Herrschaft und freiheitlicher Ordnung, München 2007, S. 121f. Auch der 10. Beirat für Fragen der Inneren Führung wies darauf hin, dass die pädagogi-schen Grundbegriffe in der Bundeswehr nicht klar und präzise sind (siehe *Rei-ner Pommerin, Gerd Jürgen Bischof* (Hrsg.), Einsatz für den Soldaten. Die Arbeit des 10. Beirats für Fragen der Inneren Führung, Baden-Baden 2003, S. 16).

[151] Zu den Siegburger Tagungen siehe *Uwe Hartmann*, Erziehung von Erwachsenen als Problem pädagogischer Theorie und Praxis, Frankfurt/M. 1994, S. 240ff.

[152] Zur Auseinandersetzung der Erziehungswissenschaften mit Erich Weniger siehe *Uwe Hartmann*, Erich Wenigers Militärpädagogik und ihre aktuelle Rezeption innerhalb der Erziehungswissenschaft. Beiträge aus dem Fachbereich Pädagogik, Heft 1/1995, Universität der Bundeswehr Hamburg 1995.

[153] *Herman Nohl*, Notizen zu Beginn meiner Militärzeit. In: Elisabeth Blochmann, Herman Nohl in der pädagogischen Bewegung seiner Zeit, 1879-1969, Göttingen 1969, S. 76f.

[154] *Erich Weniger*, Wehrmachtserziehung und Kriegserfahrung, Berlin 1938. Siehe dazu auch *Uwe Hartmann*, Erich Wenigers Militärpädagogik und ihre aktuelle Rezeption innerhalb der Erziehungswissenschaft. Beiträge aus dem Fachbereich Pädagogik, Heft 1/1995, Universität der Bundeswehr Hamburg 1995, S. 16ff.

[155] *Erich Weniger*, Wehrmachtserziehung und Kriegserfahrung, Berlin 1938, S. 134.

[156] Ebd., S. 141f.

[157] Diesen Vergleich habe ich von *Brigadegeneral Blotz*, Kommandeur der Panzergrenadierbrigade 30 in Ellwangen, übernommen.

[158] *Wolf Graf von Baudissin*, Soldat für den Frieden, hrsg. von Peter von Schubert, München 1969, S. 206.

[159] *Wolf Graf von Baudissin*, Nie wieder Sieg! Programmatische Schriften 1951-1981, hrsg. von Cornelia Bührle und Claus von Rosen, München 1982, S. 2.

[160] *Frank Nägler*, >>Innere Führung<<: Zum Entstehungszusammenhang einer Führungsphilosophie. In: Klaus-Jürgen Bremm, Hans-Hubertus Mack, Martin Rink (Hrsg.), Entschieden für Frieden. 50 Jahre Bundeswehr 1955-2005, Freiburg i.Br./Berlin 2005, S. 330.

[161] Siehe die sog. Schnez-Studie, in der es heißt: „Jedes Kurieren an Symptomen verspricht ebensowenig durchschlagenden Erfolg wie die Beseitigung einzelner Mängel. Nur eine Reform an ‚Haupt und Gliedern', an Bundeswehr und Gesellschaft, mit dem Ziel, die Übel an der Wurzel zu packen, kann die Kampfkraft des Heeres entscheidend heben" (*Albert Schnez*, Gedanken zur Verbesserung der Inneren Ordnung des Heeres. In: K. Heßler (Hrsg.), Militär, Gehorsam, Meinung, Berlin/New York 1971, S. 50-91). Das Original befindet sich im BA/MA Bw 1/17333..

[162] Der emeritierte Professor der Universität der Bundeswehr München, *Wolfgang Royl*, war der erste, der den historisch belasteten Begriff der „Militärpädagogik" in die erziehungswissenschaftliche Diskussion einbrachte. Siehe *Wolfgang Royl*, Militärpädagogik. In: L. Roth (Hrsg.), Pädagogik. Handbuch für Studium und Praxis, München 1991, S. 536-542. Royl hat mehrfach auf die Verantwor-

tung der Erziehungswissenschaften hingewiesen, bei jungen Menschen das Interesse für sicherheitspolitische Fragestellungen zu wecken und deren Wehrbereitschaft zu fördern. Siehe dazu u.a. *Wolfgang Dexheimer, Wolfgang Royl* (Hrsg.), Die pädagogische Mitverantwortung für die Sicherheitspolitik der freien Welt, Baden-Baden 1992. Zur Notwendigkeit einer Militärpädagogik siehe auch die Arbeiten von *Uwe Hartmann*, Erziehung von Erwachsenen als Problem pädagogischer Theorie und Praxis, Frankfurt/M. 1994, S. 47-53 sowie *ders.*, Das Wohl des Soldaten im Blick. Plädoyer für eine Militärpädagogik. In: Information für die Truppe, 3/1997, S. 4-11. In historischer Perspektive gibt es weiterhin nur das Buch von *Detlef Bald, Uwe Hartmann, Claus von Rosen* (Hrsg.), Klassiker der Pädagogik im deutschen Militär, Baden-Baden 1999. Seit 1998 gibt es einen internationalen Arbeitskreis von Militärpädagogen, der die Ergebnisse seiner Arbeitstagungen regelmäßig veröffentlicht. Siehe dazu *Heinz Florian* (Ed.), Military Pedagogy: An international Survey, Frankfurt/M. 2002; *Edwin R. Micewski, Hubert Annen* (eds.), Military Ethics in Professional Military Education – Revisited, Frankfurt/M. 2005.

[163] *Herman Nohl*, Notizen zu Beginn meiner Militärzeit. In: Elisabeth Blochmann, Herman Nohl in der pädagogischen Bewegung seiner Zeit, 1879-1969, Göttingen 1969, S. 76f.

[164] Siehe Kapitel 2. Dieses erweiterte Verständnis des Verantwortungsbegriffs findet sich auch in Neidhard von Gneisenaus „Instruktion für die Festungskommandanten" aus dem Jahre 1808. Anlass für diese Instruktion waren die zahlreichen kampflosen Übergaben preußischer Festungen im Krieg gegen Napoleon von 1806-1807. Gneisenau, der in diesem Krieg die Festung Kolberg erfolgreich verteidigt hatte, machte in seiner Instruktion die Festungskommandanten für die möglichst lange Verteidigung von Festungen *verantwortlich*. Konkret forderte er von ihnen, vor dem Verteidigungskampf *vorausschauend* alle notwendigen Maßnahmen zu ergreifen, während der Verteidigung *selbständig und eigenverantwortlich* im Sinne der Absicht der übergeordneten Führung zu handeln und nach dem Ende der Verteidigung und unabhängig vom Ausgang der Kampfhandlungen vor einem preußischen Kriegsgericht *Rechenschaft* darüber abzulegen (Entwurf des *Oberstleutnant Neidhardt von Gneisenau* zu einer Instruktion für die Festungskommandanten, Königsberg, nach dem 25.11.1808. In: Vaupel, R. (Hrsg.), Die Reorganisation des Preussischen Staates unter Stein und Hardenberg, zweiter Teil: Das Preussische Heer vom Tilsiter Frieden bis zur Befreiung 1807 – 1814, Bd. 1, Neudruck der Ausgabe Leipzig 1938, Osnabrück 1968, S. 733-735). Gneisenaus „Instruktion für die Festungskommandanten" ist ein frühes Dokument für das Prinzip des „Führens nach Auftrag", das im preußisch-deutschen Militär Tradition wurde und auch heute die Menschenführung in der Bundeswehr prägen soll.

[165] *Carl von Clausewitz*, Vom Kriege, Bonn 1991, S. 233.

[166] *Max Weber*, Gesammelte politische Schriften, München 1921 (5. Auflage 1972), S. 415.

[167] *Walter Schulz*, Philosophie in der veränderten Welt, Pfullingen [6]1984.

[168] *Hans Jonas*, Das Prinzip Verantwortung, Frankfurt/M. 1984, S. 175.

[169] *Albert Schweitzer*, Die Ethik der Ehrfurcht vor dem Leben. In: ders., Kultur und Ethik, München 1981, S. 331.

[170] *Christian Walther*, Liebe als Element der Führung. In: Hartmann, Uwe, Walther, Christian (Hrsg.), Der Soldat in einer Welt im Wandel, Landsberg a.L. 1995, S. 145.

[171] Anlässlich der Beförderung von Offizieranwärtern der 1. Panzerdivision zum Leutnant sagte der Generalinspekteur der Bundeswehr, General Schneiderhan, am 27. Juni 2006 in Celle folgende Worte: „Wollen Sie die Herzen Ihrer Soldaten gewinnen, so denken Sie an den Rat des Generals der Kavallerie Karl von Schmidt. Dieser hochangesehene Offizier schrieb vor mehr als hundert Jahren über seine Berufserfahrungen als Offizier: ‚Erziehung ist Beispiel und sonst nichts als Liebe'. Das ist vielleicht nicht mehr die Sprache unserer Zeit, aber die Aussage ist noch immer richtig." Und anlässlich eines Festaktes zum 100. Geburtstag von General Johann Adolf Graf von Kielmansegg am 10. Januar 2007 im BMVg in Berlin sagte dessen Sohn, Generalmajor a.D. Johann Adolf Graf von Kielmansegg, in einem Redebeitrag, für seinen Vater sei die Liebe zu seinen Soldaten Movens seines Berufes gewesen.

[172] Der Erziehungsauftrag von militärischen Vorgesetzten in der Bundeswehr umfasst auch die Verhängung von Maßnahmen mit Strafcharakter (z.B. Disziplinarmaßnahmen, die von den Disziplinarvorgesetzten in abgestufter Form verhängt werden können). Die Bindung dieser Aufgabe an den Erziehungsauftrag soll verdeutlichen, dass Maßnahmen im Hinblick auf die Persönlichkeitsentwicklung des betroffenen Soldaten reflektiert und mit diesem besprochen werden. Im Idealfall wird dadurch die Einsicht in die Notwendigkeit und Angemessenheit der Strafe erreicht und die Selbsterziehung des Soldaten angeregt.

[173] *Karl Feldmeyer* schildert das Beispiel von deutschen Soldaten der EUFOR RD CONGO, die gezwungen wurden, ein Gitter, das sie zum Schutz vor Steinwürfen an einer Windschutzscheibe ihres Fahrzeugs befestigt hatten, wieder abzumontieren, weil die Wehrverwaltung das Fehlen einer „Technischen Anleitung" für die Konstruktion moniert hatte (Mentaler Ausnahmezustand. In: Loyal 12/06, S. 14).

[174] *Uwe Hartmann, Alfred Marstaller*, Politische Bildung als Organisationsentwicklung. In: Information für die Truppe, 6/1996, S. 12-19.

[175] *Kai Uwe Bormann*, Die Erziehung des Soldaten. Herzstück der Inneren Führung. In: Rudolf J. Schlaffer und Wolfgang Schmidt (Hrsg.), Wolf Graf von Baudissin 1907-1993. Modernisierer zwischen totalitärer Herrschaft und freiheitlicher Ordnung, München 2007, S. 111-126.

[176] Weißbuch 2006, S. 154

[177] *Uwe Hartmann*, Erziehung von Erwachsenen als Problem pädagogischer Theorie und Praxis, Frankfurt/M. 1994, S. 201.

[178] Vgl. dazu die historische Darstellung in *Donald Abenheim*, Bundeswehr und Tradition, München 1989, S. 72. Daneben finden Soldaten aller Dienstgrade noch weniger schöne Bewertungen der Inneren Führung, die von „Quatsch" bis hin zur Charakterisierung als „schwule Scheiße" reichen. Kürzlich hat der *SPD-Politiker Arnold* darauf hingewiesen, dass die Innere Führung für viele Soldaten „nur ein hohles Wort" sei (In: Stuttgarter Zeitung vom 10. April 2007, S. 2).

[179] Siehe dazu die Rede des Bundesministers der Verteidigung, *Dr. Franz Josef Jung*, anlässlich des 50-jährigen Bestehens des Zentrums Innere Führung am 30. November 2007 in Koblenz. In dieser Rede formulierte der Minister seine Erwartung, dass jede „...militärische Führungskraft sich intensiv mit der Inneren Führung auseinander setzt und die Weiterbildungsangebote des Zentrums Innere Führung nutzt. Dies gilt für angehende Kommandeure und Kommandanten genauso wie für Einheitsführer und Kompaniefeldwebel, für Beamte und Angestellte. Und ich möchte auch den Reservistenverband zu noch mehr Anstrengungen in diesem Bereich ermutigen."

[180] *Helmut R. Hammerich*, >>Kerniger Kommiss<< oder >Weiche Welle<<? Baudissin und die kriegsnahe Ausbildung in der Bundeswehr. In: Rudolf J. Schlaffer und Wolfgang Schmidt (Hrsg.), Wolf Graf von Baudissin 1907-1993. Modernisierer zwischen totalitärer Herrschaft und freiheitlicher Ordnung, München 2007, S. 127-137.

[181] Zu den gesellschaftspolitischen Zielen der Kritiker Baudissins schreibt Hammerich: Die Traditionalisten „... bauten weiter an der Legende von der unsoldatischen Streitmacht Bundeswehr. Unter dem Motto >>Rettet die Bundeswehr<<, so ein Buchtitel aus dem Jahre 1967, war dieser Kampf jedoch nicht nur gegen Wolf Graf von Baudissin und seine Anhänger als Reformer gerichtet, sondern vielmehr gegen die Modernisierung der Gesellschaft insgesamt" (*Hammerich*, a.a.O., S. 135).

[182] *Ulrich de Maizière*, Entstehung und Grundgedanken des Konzeptes des „Staatsbürgers in Uniform". In: Andreas Prüfert (Hrsg.), Innere Führung im Wandel. Zur Debatte um die Führungsphilosophie der Bundeswehr, Baden-Baden 1998, S. 30.

[183] *Ulrich De Maizière*, In der Pflicht, Herford 1989.

[184] *Bundesministerium für Verteidigung*, Handbuch Innere Führung, Bonn 1957, S. 17.

[185] *Ulrich de Maizière*, Entstehung und Grundgedanken des Konzeptes des „Staatsbürgers in Uniform". In: Andreas Prüfert (Hrsg.), Innere Führung im

Wandel. Zur Debatte um die Führungsphilosophie der Bundeswehr, Baden-Baden 1998, S. 24.

[186] Einen guten Überblick gibt *Robert Bergmann*, Ethik und Moral. In: loyal 02/06, S. 10-13.

[187] *Klaus Reinhardt*, Reformbedürftig? Markenartikel Innere Führung. In: Loyal 12/2002, S. 13: "Die zunächst durchaus positive Einstellung von 87 Prozent der Befragten zu Einsatzbeginn sank während des Einsatzes dramatisch auf 56 Prozent und nur 15 Prozent waren nach ihrer Rückkehr der Meinung, ihr Einsatz hätte dazu beigetragen, die Situation im Kosovo zu befrieden."

[188] Zum Beitrag des ZInFü zur einsatzvorbereitenden Führerausbildung siehe *Hans-Christian Beck*, Ist die Innere Führung als deutsche Führungsphilosophie der Bundeswehr noch konkurrenzfähig? In: Andreas Prüfert (Hrsg.), Innere Führung im Wandel. Zur Debatte um die Führungsphilosophie der Bundeswehr, Baden-Baden 1998, S. 41 sowie *Oskar Hoffmann*, Soldaten als Kämpfer oder Friedensstifter? Führerausbildung für erweiterte Anforderungen in friedenssichernden Einsätzen. In: Andreas Prüfert (Hrsg.), Innere Führung im Wandel. Zur Debatte um die Führungsphilosophie der Bundeswehr, Baden-Baden 1998, S. 56-63.

[189] Die Innere Führung unterstreicht aber auch unmissverständlich, dass die Streitkräfte keine Sonderstellung in Politik und Gesellschaft haben dürfen. Vgl. *Claus von Rosen*, Staatsbürger in Uniform in Baudissins Konzeption Innere Führung. In: Gareis, Sven Bernhard, Klein, Paul (Hrsg.), Handbuch Militär und Sozialwissenschaft, 2. Auflage, Wiesbaden 2006, S. 175f..

[190] Ein besonderes Problem stellen die Posttraumatischen Belastungsstörungen (PTBS) dar. In der Bundeswehr sind bisher weniger als ein Prozent aller im Auslandseinsatz gewesenen Soldaten davon betroffen. Zum Umgang mit PTBS, insbesondere Fragen der Prävention und der Nachsorge siehe *Dietrich Ungerer*, Der militärische Einsatz, Potsdam 2003, S. 175-213.

[191] Dies ist das gängige Interpretationsmuster zur Geschichte der Bundeswehr bzw. zur Inneren Führung, zuletzt bei *Detlef Bald*, Die Bundeswehr. Eine kritische Geschichte 1955-2005, München 2005. Siehe auch *Dietrich Genschel*, Wehrreform und Reaktion, Hamburg 1972. Allerdings ist fraglich, ob diese Begriffe noch geeignet sind, da, wie Professor Dr. Wiesendahl während eines Symposiums zum 100. Geburtstag von Graf von Baudissin am 9.-10. Mai 2007 an der Führungsakademie der Bundeswehr in Hamburg darlegte, angesichts der Weiterentwicklung der Inneren Führung ihre „Prinzipienwächter" durchaus zu den „neuen Traditionalisten" werden könnten.

[192] *M. Braun u.a.*, Erziehung in der Bundeswehr, München 1984 (unveröffentlichter Bericht).

[193] *Thomas Bulmahn*, Das sicherheits- und verteidigungspolitische Meinungsbild in Deutschland. In: Gareis, Sven Bernhard, Klein, Paul (Hrsg.), Handbuch Militär und Sozialwissenschaft, 2. Auflage, Wiesbaden 2006, S. 135-148.

[194] Die Information für die Truppe wird künftig weiterhin nur quartalsweise erscheinen, aber inhaltlich neu ausgerichtet. Siehe dazu *Rüdiger Michael*, Spiegelbild des Wandels. Von der Schrift für die staatsbürgerliche Unterrichtung zur Zeitschrift für Innere Führung. In: Information für die Truppe, 3-4/2006, S. 17: „Im Mittelpunkt des Redaktionsprogramms werden dann (ab 2007; U.H.) Grundfragen des militärischen Dienstes im Kontext der Transformation von Gesellschaften im Zeitalter der Globalisierung stehen. Die Themenauswahl wird sich zudem künftig stärker an Problemfeldern in den Anwendungsbereichen der Inneren Führung ausrichten".

[195] *Hans Ehlert, Michael Epkenhans und Gerhard P. Groß* (Hrsg.), Der Schlieffenplan. Analysen und Dokumente, Paderborn/München/Wien/Zürich 2006.

[196] *Henry A. Turner*, Hitler's Thirty Days to Power, 2003, S. 109-162.

[197] Es war *Carl von Clausewitz*, der in seinem Werk „Vom Kriege" die Idee der Vernetzten Sicherheit vorwegnahm und den Krieg „… als eine Fortsetzung des politischen Verkehrs mit Einmischung anderer Mittel" definierte. „Diese Vorstellungsart", so Clausewitz weiter, „würde selbst dann unentbehrlich sein, wenn der Krieg ganz Krieg, ganz das ungebundene Element der Feindschaft wäre, denn alle Gegenstände, auf welchen er ruht und die seine Hauptrichtungen bestimmen: eigene Macht, Macht des Gegners, beiderseitige Bundesgenossen, gegenseitiger Volks- und Regierungscharakter usw.… sind sie nicht politischer Natur, und hängen sie nicht mit dem ganzen politischen Verkehr so genau zusammen, dass es unmöglich ist, sie davon zu trennen?". Dies thematisiert die vernetzte Sicherheit auf internationaler Ebene. Für die nationale Ebene führte Clausewitz aus: „Mit dieser Ansicht ist es eine unzulässige und selbst schädliche Unterscheidung, wonach ein großes kriegerisches Ereignis oder der Plan zu einem solchen eine *rein militärische Beurteilung* zulassen soll; ja, es ist ein widersinniges Verfahren, bei Kriegsentwürfen Militäre zu Rate zu ziehen, damit sie *rein militärisch* darüber urteilen sollen, wie die Kabinette wohl tun; aber noch widersinniger ist das Verlangen der Theoretiker, dass die vorhandenen Kriegsmittel dem Feldherrn überwiesen werden sollen, um danach einen rein militärischen Entwurf zum Kriege oder Feldzuge zu machen" (*Carl von Clausewitz*, Vom Kriege, Bonn 1991, S. 994). Bis heute gibt es Politiker, Strategen und Wissenschaftler, die diese Zusammenhänge nicht sehen und Clausewitz weiterhin als „Dogmatiker der Vernichtungsschlacht" sehen (siehe dazu *Uwe Hartmann*, Carl von Clausewitz and the Making of Modern Strategy, Potsdam 2002).

[198] Siehe dazu auch *Ulrich de Maizière*, Entstehung und Grundgedanken des Konzeptes des „Staatsbürgers in Uniform". In: Andreas Prüfert (Hrsg.), Innere

Führung im Wandel. Zur Debatte um die Führungsphilosophie der Bundeswehr, Baden-Baden 1998, S. 24-27.

[199] *Detlef Bald*, Alte Kameraden. Offizierskader der Bundeswehr. In: Ursela Breymayer, Bernd Ulrich, Karin Wieland (Hrsg.), Willensmenschen. Über deutsche Offiziere, Frankfurt/M. 1999, S. 50.

[200] *Klaus Naumann*, Generale in der Demokratie. Generationengeschichtliche Studien zur Bundeswehrelite, Hamburg 2007.

[201] *Carl von Clausewitz*, Vom Kriege, Bonn 1991, S. 990

[202] Ebd., S. 993.

[203] *Samuel Huntington*, The Soldier and the State, Cambridge 1957.

[204] *Carl von Clausewitz*, Vom Kriege, Bonn 1991, S. 994.

[205] *Ebd.*, S. 231ff. Siehe hier auch Kap. 4.3.

[206] *Dieter Wellershoff*, Das Ganze vor seinen Teilen sehen. Zur inneren und äußeren Integration. In: Klaus-Jürgen Bremm, Hans-Hubertus Mack, Martin Rink (Hrsg.), Entschieden für Frieden. 50 Jahre Bundeswehr 1955-2005, Freiburg i.Br./Berlin 2005, S. 37. Siehe auch *Ulrich de Maizière*, der eine eindeutige Grenze des Primats der Politik für die militärische Führung definierte: „Allerdings sollte vor der Versuchung gewarnt werden, dass sich das Parlament auch in die operative Führung der Streitkräfte einschaltet. Diese kann nur in der personellen Verantwortung des Ministers oder in Teilbereichen in der Hand eines hohen Offiziers liegen, der dann im Auftrag des Ministers führt. Operative Führung darf und kann nicht von kollektiven Entscheidungen abhängig gemacht werden" (In: *Ulrich de Maizière*, War war neu an der Bundeswehr? Betrachtungen eines Zeitzeugen. In: Klaus-Jürgen Bremm, Hans-Hubertus Mack, Martin Rink (Hrsg.), Entschieden für Frieden. 50 Jahre Bundeswehr 1955-2005, Freiburg i.Br./Berlin 2005, S. 15).

[207] Siehe dazu *Thomas Bulmahn*, Das sicherheits- und verteidigungspolitische Meinungsbild in Deutschland. Aktuelle Ergebnisse der repräsentativen SOWI-Bevölkerungsbefragung 2005. In: SOWI.Newsletter Heft 1/2006, S. 3ff.

[208] Weißbuch 2006, S. 27-28.

[209] *Klaus-Dieter Frankenberger*, Das Land der Selbsttäuscher. In: Frankfurter Allgemeine Sonntagszeitung vom 11. Februar 2007, S. 13.

[210] Warnung aus Beirut. In: Der Spiegel vom 8. Januar 2007, S. 15. In diesem Artikel wird ein Botschaftsbericht zitiert, wonach der deutsche Beitrag zu UNIFIL „... bei einigen radikalen libanesischen Strömungen zu einer veränderten und teilweise feindseligen Haltung gegenüber Deutschland und damit auch den im Libanon lebenden Deutschen führt".

[211] *Kurt Kister*, Zivile Armee im Krieg. In: Süddeutsche Zeitung vom 6.02.2007, S. 4.

[212] Das im Oktober 2006 verabschiedete Weißbuch bietet dafür ein gute Grundlage. Es zeigt zum einen den bereits erreichten Konsens in der Politik.

Es zeigt zum anderen aber auch, wo künftig noch um Antworten auf Fragen gerungen werden muss. Strittige Fragen wie der Einsatz der Bundeswehr im Inneren oder die nukleare Teilhabe sind genauso ausgeklammert wie die Frage, welche Maßnahmen auf nationaler Ebene erforderlich sind, um das Konzept der Vernetzten Sicherheit zu implementieren. Hier gibt es viele Ansatzpunkte für eine Debatte.

[213] Siehe dazu *Die Bundesregierung*, Die Umsetzung des G8-Afrika-Aktionsplans. Bericht zum G8-Gipfel in Evian vom 1.-3. Juni 2003. Der Beitrag der Bundesregierung, Berlin 2003.

[214] Siehe dazu *Norbert Eitelhuber*, Politik für den Frieden – Regierungsbericht zur Krisenprävention vorgelegt. In: IF – Zeitschrift für Innere Führung, H. 1/2007.

[215] *Thomas Bulmahn*, Das sicherheits- und verteidigungspolitische Meinungsbild in Deutschland. In: Gareis, Sven Bernhard, Klein, Paul (Hrsg.), Handbuch Militär und Sozialwissenschaft, 2. Auflage, Wiesbaden 2006, S. 144f; *Heiko Biehl, Olaf Theiler*, Abgestufte Zustimmung. Der erweiterte Auftrag der Bundeswehr im Meinungsbild der Bevölkerung. In: Information für die Truppe, 3-4/2006, S. 72-75.

[216] *Claudia Lepping*, Der Armee verpflichtet. In: Stuttgarter Nachrichten vom 5. Dezember 2005, S. 2. Bereits das Weißbuch 1973/74 beschrieb die Einstellungen der Bürger zur Bundeswehr mit den Begriffen der „wohlwollenden Indifferenz" und der „passiven Zustimmung".

[217] *Christoph Keese*, Der unbekannte Soldat. In: Welt am Sonntag vom 17. Dezember 2006, S. 2

[218] Weißbuch 2006, S. 28f.

[219] Der britische Premierminister *Tony Blair* hielt am 12. Januar 2007 an Bord eines Marineschiffes im Hafen von Plymouth eine Grundsatzrede zu den britischen Streitkräften als Instrument britischer Sicherheitspolitik im 21. Jahrhundert. Neben einer Erhöhung des Verteidigungshaushalts forderte Blair, dass die Solidarität mit der veränderten Rolle der Streitkräfte im 21. Jahrhundert („The Military Covenant") im Rahmen einer öffentlichen Diskussion erneuert werden müsse.

[220] Siehe *Thomas Bulmahn*, Das sicherheits- und verteidigungspolitische Meinungsbild in Deutschland. Aktuelle Ergebnisse der repräsentativen SOWI-Bevölkerungsbefragung 2005. In: SOWI.Newsletter Heft 1/2006, S. 5.

[221] *Liz Mohn, Brigitte Mohn, Werner Weidenfeld, Johannes Meier* (Hrsg.), Werte. Was die Gesellschaft zusammenhält, Verlag Bertelsmann-Stiftung.

[222] Die kulturpessimistische Klage über die Dominanz eines „hedonistischen Ichlings" scheint nur die eine Medaille des sozialen Wandels in Deutschland zu sein. Daneben nimmt auch die Bereitschaft der Menschen zum sozialen Engagement zu (siehe dazu *Bernhard Fleckenstein*, Der gesellschaftliche Wandel und

seine Auswirkungen auf das zivil-militärische Verhältnis und die Bundeswehr. In: Andreas Prüfert (Hrsg.), Innere Führung im Wandel. Zur Debatte um die Führungsphilosophie der Bundeswehr, Baden-Baden 1998, S. 68), die u.a. auch von der Politik gefordert wird. Vergleiche dazu die Rede des Bundesministers der Verteidigung, *Franz Josef Jung*, anlässlich der Auszeichnung von Soldaten und zivilen Mitarbeitern der Bundeswehr für soziales Engagement am 14. Dezember 2006 in Berlin (www.bmvg.de).

[223] Siehe *Silvio Gödickmeier, Martin Schlossmacher*, Soldatenfamilien im Einsatz, Berlin 2006.

[224] Siehe *Maren Tomforde*, Einsatzbedingte Trennung. Erfahrungen und Bewältigungsstrategien, Sozialwissenschaftliches Institut der Bundeswehr, Forschungsbericht 78, Strausberg November 2006, S. 30 und S. 50.

[225] *Manfred Hettling*, Wofür? Der Bundesrepublik fehlt ein politischer Totenkult. In: Frankfurter Allgemeine Zeitung vom 4. März 2006.

[226] Rede des Bundesministers der Verteidigung, *Dr. Peter Struck*, anlässlich der zentralen Gedenkfeier des Volksbundes Deutsche Kriegsgräberfürsorge zum Volkstrauertag 2005 am 13. November 2005 im Plenarsaal des Deutschen Bundestages: „Als Bundesminister der Verteidigung trage ich die Verantwortung für den Einsatz von vielen Tausenden deutscher Soldaten. Leider musste ich schmerzhaft erfahren, dass unsere Soldaten selbst durch die sehr gute Ausrüstung und Ausbildung nicht absolut geschützt werden können. Es ist nicht leicht, Worte des Trostes zu finden gegenüber den Angehörigen der Soldaten, die bei Unfällen oder Anschlägen ihr Leben verloren haben. Umso wichtiger ist es, dass der Deutsche Bundestag und die Bürgerinnen und Bürger in Deutschland die Einsätze der Bundeswehr mit breiter Mehrheit mittragen. Mein tiefes Mitgefühl gilt heute auch den Angehörigen der Frauen und Männer, die ihr Leben im Einsatz für den Frieden überall auf der Welt verloren haben. Wir werden ihnen ein ehrendes Andenken wahren." Siehe auch die Rede des Bundespräsidenten, Horst Köhler, zum Volkstrauertag 2006, in der er auch die Bundeswehrsoldaten und andere Einsatzkräfte, die in Auslandseinsätzen ihr Leben verloren, einbezog.

[227] Siehe *Gerhard Kümmel, Nina Leonhard*, Casualty Shyness and Democracy in Germany. In: Sicherheit + Frieden, 22. Jg. (2004), H. 3, S. 119-126.

[228] Siehe auch *Manfred Hettling*, Gefallenengedenken – aber wie? Das angekündigte „Ehrenmal" für Bundeswehrsoldaten sollte ihren demokratischen Auftrag darstellen. In: vorgänge, Nr. 177, 46. Jg., H. 1 (März 2007), S. 9.

[229] *B. Freiherr v. Müllenheim-Rechberg*, Schlachtschiff Bismarck. Ein Überlebender in seiner Zeit, Frankfurt/M. und Berlin 1993, S. 200 (wiederzitiert nach *Bernd Ulrich*, Der deutsche Offizier stirbt .... In: Ursela Breymayer, Bernd Ulrich, Karin Wieland (Hrsg.), Willensmenschen. Über deutsche Offiziere, Frankfurt/M. 1999, S. 12).

[230] Siehe http://en.wikipedia.org/wiki/H._Jones#Citation.

[231] Siehe *Bernd Ulrich*, Der deutsche Offizier stirbt... . In: Ursela Breymayer, Bernd Ulrich, Karin Wieland (Hrsg.), Willensmenschen. Über deutsche Offiziere, Frankfurt/M. 1999, S. 14.

[232] Siehe *Hans Wilhelm Hetzler*, „Bewegung im erschwerenden Mittel" - Handlungstheoretische Elemente bei Carl von Clausewitz. In: Vowinckel, Gerhard (Hrsg.), Clausewitz-Kolloquium, Berlin 1993, S. 45-62.

[233] Zur Kritik an dem Begriff siehe *Christian Walther*, Im Auftrag für Freiheit und Frieden, Berlin 2006, S. 81ff. Walther schlägt daher vor, den Begriff der „Bürgergesellschaft" zu nutzen. Siehe dazu *Günter Will*, Freiheit und Verantwortung. Die Grundsätze der Konzeption Innere Führung, hrsg. von Elisabeth Will, Egg 2002, S. 75: Vielfach würde der „… englische Begriff >civic society< als >Zivilgesellschaft< übersetzt statt, wie es richtig heißen muss, *Bürgergesellschaft*. Die >civic society< hebt ab auf den >citoyen< im Unterschied zum >bourgeois<, also auf den politisch verantwortlichen Staatsbürger im Gegensatz zu dem der politischen Verantwortung ledigen Untertanen. Als Staatsbürger definiere ich mich jedoch nicht über meinen Beruf oder die Zugehörigkeit zu einer gesellschaftlichen Gurppe, sondern dadurch, dass ich meine politische (Mit-)Verantwortung annehme."

[234] *Elisabeth Noelle, Thomas Petersen*, Ein Hauch von Isolationismus. In: Frankfurter Allgemeine Zeitung vom 24. Januar 2007, S. 5. Der Einsatz von deutschen Tornados in Afghanistan wurde von rund 75% der Deutschen abgelehnt.

[235] Zur Diskussion um die sog. „postheroische" oder „post-militärische Gesellschaft" siehe grundlegend *Edward N. Luttwak*, „Towards Post-Heroic Warefare". In: Strategy and Force Planning Faculty (Ed.), Strategy and Force Planning, Newport, S. 419-429; *Hans-Georg Ehrhart*, Das „Internationale Fellowship-Programm Graf Baudissin" am IFSH. In: Detlef Bald, Hans-Günter Fröhling, Jürgen Groß, Claus Frhr. v. Rosen (Hrsg.), Was ist aus der Inneren Führung geworden? Zum hundersten Geburtstag Wolf Graf von Baudissins, Hamburger Beiträge zur Friedensforschung und Sicherheitspolitik, H. 146, Hamburg April 2007, S. 37f.

[236] *Christian Walther*, Im Auftrag für Freiheit und Frieden, Berlin 2006, S. 37-40 und S. 81ff.

[237] Siehe dazu das Medienpaket, das die Bundeswehr Schulen unter www.frieden-und-sicherheit.de zur Verfügung stellt.

[238] Rund 42% eines zum Wehrdienst heranstehenden Geburtsjahrgangs sind körperlich nicht für den Wehrdienst geeignet.

[239] Die IFTD wurde kürzlich 50 Jahre alt. Siehe dazu *Hans-Joachim Reeb*, 50 Jahre Truppeninformation im Wandel des Medienzeitalters. In: Information für die Truppe 3-4/2006, S. 4-13. Die IFTD wurde Anfang 2007 durch die IF – Zeitschrift für Innere Führung abgelöst (siehe www.if-zeitschrift.de). Diese

verfolgt den Neuansatz, den Lesern ein Diskussionsforum im Internet anzubieten. Siehe die Ausgabe 1/2007, S. 62: Auf der Startseite „... können die Leser ... sofort Stellung zu den Aussagen der Artikel nehmen, ihre Position zu Fragen der Inneren Führung darstellen oder der Redaktion Anregungen zu Profil und Inhalten von if geben. Außerdem bietet die Startseite alle eingegangenen Lesermeinungen im Überblick."

[240] Zur *Akademie für Information und Kommunikation* siehe www.aik.bundeswehr.de.

[241] Siehe dazu das *EUROBAROMETER 65*. Die öffentliche Meinung in der Europäischen Union, Nationaler Bericht Deutschland, Frühjahr 2006 sowie die Studie vom *German Marshall Fund,* Transatlantic Trends. Key Findings, 2006.

[242] Vor allem in Umbruchphasen ist eine intensive Vortragstätigkeit von Angehörigen der Bundeswehr erforderlich. General a.D. *Ulrich de Maizière* weis darauf hin, dass er „... von Ende 1954 bis Ende 1957 etwa 70 Vortragsveranstaltungen vor den verschiedensten Gremien neben der täglichen Arbeit in der Zentrale wahrgenommen (hat). Das gleiche gilt für Graf Kielmansegg. Bei Baudissin liegt die Zahl noch viel höher. Er stellte sich vor allem den besonders kritischen und ablehnenden Gruppierungen" (*Ulrich de Maizière*, Entstehung und Grundgedanken des Konzeptes des „Staatsbürgers in Uniform". In: Andreas Prüfert (Hrsg.), Innere Führung im Wandel. Zur Debatte um die Führungsphilosophie der Bundeswehr, Baden-Baden 1998, S. 23).

[243] Siehe *Manfred Jourdan*, Grundlagen der Humankommunikation, Schriftenreihe der Akademie der Bundeswehr für Information und Kommunikation, Strausberg 1993.

[244] Rede des Generalinspekteurs der Bundeswehr, *General Schneiderhan*, an der Führungsakademie der Bundeswehr am 8. Mai 2007.

[245] So kritisiert *Martin Kutz* die Zeitschriften der Bundeswehr als „Verlautbarungsjournalismus" (Martin Kutz, Deutsche Soldaten. Eine Kultur- und Mentalitätsgeschichte, Darmstadt 2006, S. 239).

[246] Umgekehrt betonen Vorgesetzte, dass es eine besondere Freude sei, mit Frauen und Männern, die man selbst ausgebildet habe, in den Einsatz zu gehen. Siehe *Nicolas Wolz,* Vorher. Wie deutsche Soldaten ihrem Einsatz in Afghanistan entgegensehen. In: Frankfurter Allgemeine Sonntagszeitung vom 27. Mai 2007, S. 4. Allerdings scheint das Vertrauen der Untergebenen in die Vorgesetzten nicht nachhaltig zu sein und im Laufe eines Einsatzes abzunehmen. General Reinhardt zeigte dies am Beispiel des Kosovo-Einsatzes auf (*Klaus Reinhardt*, Reformbedürftig? Markenartikel Innere Führung. In: Loyal 12/2002, S. 13).

[247] Die Zentrale Dienstvorschrift ZDv 12/1 „Politische Bildung" gibt hierzu konkrete inhaltliche und auch zeitliche Vorgaben.

[248] Und auch der unterstellte Soldat ist verpflichtet, die ihn und seine Kamera-den drängenden Fragen an die Vorgesetzten zu richten.

[249] Siehe dazu *Klaus Naumann*, Innere Führung im bescheunigten Wandel. In: Gerhard Kümmel, Sabine Collmer (Hrsg.), Die Bundeswehr heute und mor-gen. Sicherheitspolitische und militärsoziologische Herausforderungen, Baden-Baden 2007, S. 102. Auch für die Militärseelsorger muss diese Möglichkeit of-fen sein. Siehe dazu *Horst Scheffler*, Die Militärseelsorge der Bundeswehr. In: Klaus-Jürgen Bremm, Hans-Hubertus Mack, Martin Rink (Hrsg.), Entschieden für Frieden. 50 Jahre Bundeswehr 1955-2005, Freiburg i.Br./Berlin 2005, S. 420. Zur rechtlichen Bewertung siehe grundlegend *Stefan Sohm*, Vom Primat der Politik zum Primat des Gewissens? Anmerkungen zu BVerwG 2 WB 12.04 vom 21. Juni 2005. In: NZWehrr 2006, H. 1, S. 1-24.

[250] Siehe *Angelika Dörfler-Dierken*, Ethische Fundamente der Inneren Führung, Berichte des Sozialwissenschaftlichen Instituts der Bundeswehr Nr. 77, Straus-berg 2005.

[251] Das Sozialwissenschaftliche Institut der Bundeswehr führt 2007 eine reprä-sentative Streitkräftebefragung zu den Einstellungen der Soldaten zur Trans-formation der Bundeswehr durch. Dabei geht es um deren persönliche „… Erfahrungen mit bzw. die Erwartungen an den Prozess der Transformation sowie die Motivation und Einsatzbereitschaft der Soldaten" (In: *Sozialwissen-schaftliches Institut der Bundesweh*r, Jahresbericht 2006, Strausberg Januar 2007, S. 11). Daten liegen für einen Teilbereich der Transformation, die Ökonomisie-rung, vor. Siehe dazu *Carsten Großeholz*, Der Veränderungsprozess im Mei-nungsbild der Soldatinnen und Soldaten. Ausgewählte Ergebnisse der SOWI-Streitkräftebefragung als Anregung für ein verstärktes Management des Wan-dels. In: SOWI.NEWS. Newsletter des Sozialwissenschaftlichen Instituts der Bundeswehr, H. 3/2006, S. 4-8.

[252] *Ralph Thiele*, Gerhard von Scharnhorst. Zur Identität der Bundeswehr in der Transformaton, Bonn 2006.

[253] *Gregor Richter*, Transformation. Eine Annäherung aus Sicht des Change Ma-nagement. In: SOWI.NEWS. Newsletter des Sozialwissenschaftlichen Instituts der Bundeswehr, H. 3/2006, S. 3.

[254] *Beirat für Fragen der Inneren Führung*, Empfehlungen zur Ökonomisierung in der Bundeswehr vom 5. Dezember 2003, Bonn 2003, S. 8.

[255] *Carsten Großeholz*, Der Veränderungsprozess im Meinungsbild der Soldatin-nen und Soldaten. Ausgewählte Ergebnisse der SOWI-Streitkräftebefragung als Anregung für ein verstärktes Management des Wandels. In: SOWI.NEWS. Newsletter des Sozialwissenschaftlichen Instituts der Bundeswehr, H. 3/2006, S. 6.

[256] *Cornelia Knust*, Mit Bodenhaftung. In: Süddeutsche Zeitung vom 25. April 2007, S. 22.

[257] Siehe den Jahresbericht des Wehrbeauftragten 2006 (www.bundestag.de/aktuell/archiv/2007/**wehrbeauftragter**/bericht**2006**.pdf).

[258] Siehe *Uwe Hartmann, Alfred Marstaller*, Politische Bildung als Organisationsentwicklung. In: Information für die Truppe, 6/1996, S. 12-19.

[259] *Wolf Graf von Baudissin*, Soldat für den Frieden, München 1969, S. 134.

[260] Zuletzt wies der Wehrbeauftragte des Deutschen Bundestages am Beispiel des UNIFIL-Einsatzes darauf hin („Alle zufrieden auf Zypern". In: Flensburger Tageblatt vom 9. Januar 2007, S. 9).

[261] Die *de Maizière-Kommission* hat das BMVg, die höheren Führungsebenen und den Bereich der territorialen Wehrverwaltung sowie der Rüstungsverwaltung aus ihrem Untersuchungsauftrag ausgeklammert. Für die Entbürokratisierung des BMVg das Projekt „Entbürokratisierung nach innen" initiiert, das bereits erste Erfolge verzeichnen kann. Siehe dazu http://www.infosys.svc/01DB010000000002/CurrentBaseLink/W273P9SF74 6INFODE

[262] Siehe dazu auch die „Teilkonzeption Vereinbarkeit von Familie und Dienst in den Streitkräften", die unter der Überschrift „Führungskompetenz" fordert:: „Die Verwirklichung der Vereinbarkeit von Familie und Dienst muss fester Bestandteil der Führungsverantwortung werden" (BMVg, Fü S I 3 – Az 35-30-00 – vom 21. Mai 2007, S. 6).

[263] Unter Leitung des Führungsstabs der Streitkräfte wird zunächst ein Lagebild für die einzelnen Standorte der Bundeswehr erstellt. Der Bedarf der militärischen Dienststellen und das Angebot der für die Kinderbetreuung zuständigen Kommunen müssen ermittelt werden. Dabei gilt grundsätzlich: Bevor die Bundeswehr selber Betreuungsmöglichkeiten einrichtet, müssen alle anderen Möglichkeiten ausgeschöpft werden. Und wenn eigene Einrichtungen ausgebaut werden müssen, muss die Möglichkeit der Kooperation mit der Wirtschaft geprüft werden.

[264] Viele Stellen sind daran beteiligt und müssen ihren Beitrag dazu leisten, vor allem der S1 und der S3. Hier bieten sich einheits- oder verbandsinterne Personalkonferenzen an, in denen die weitere Forderung und Förderung einzelner Soldaten besprochen wird.

[265] Siehe dazu *Paul Klein*, Die Akzeptanz der Bundeswehr in der deutschen Bevölkerung. In: Klaus-Jürgen Bremm, Hans-Hubertus Mack, Martin Rink (Hrsg.), Entschieden für Frieden. 50 Jahre Bundeswehr 1955-2005, Freiburg i.Br./Berlin 2005, S. 480-481. „Trotz dieser mehrheitlich positiven Meinung zur Wehrpflicht unter der jungen Generation und trotz schwächerer Geburtenjahrgänge sind die Verweigerungszahlen heute höher denn je. Man kann davon ausgehen, dass mehr als ein Drittel eines männlichen Geburtenjahrganges den Wehrdienst verweigert und dass die Zahl der Verweigerer die der Wehrdienstleistenden übertrifft. Dies gilt besonders für Abiturienten, die sich zu mehr als

der Hälfte für den Zivildienst entscheiden" (S. 481). Martin Kutz ist insgesamt sehr skeptisch über den Führungsnachwuchs, den die Bundeswehr zur Zeit vor allem aus bildungsfernen Schichten rekrutiert. Siehe dazu *Martin Kutz*, Deutsche Soldaten. Eine Kultur- und Mentalitätsgeschichte, Darmstadt 2006, S. 275f.

[266] *Tanja Gerlach*, Wir sind lieber Soldaten als arbeitslos. In: Hamburger Abendblatt, 6. Februar 2007, S. 13

[267] Deren Angehörige befinden sich während des Auslandseinsatzes nicht im Status eines Reservisten.

[268] ZDv 10/1 Innere Führung, Ziffer 204: „Die **Grundsätze der Inneren Führung** sind verpflichtende Vorgaben für das Handeln aller Soldaten. Sie sind zugleich Leitlinie für das Handeln der Angehörigen der Bundeswehrverwaltung in den Streitkräften und gegenüber den Soldaten."

[269] *Dieter Krüger*, Das Amt Blank, Freiburg/Br. 1993, S. 178.

[270] Siehe auch *Frank-Walter Steinmeier*, Zivilmacht mit Zähnen. In: Süddeutsche Zeitung - Sicherheitskonferenz vom 8. Februar 2007, S. 11. Zu den Vorteilen und Herausforderungen auf dem Weg zu einer EU-Armee siehe *Hans J. Gießmann*, Europa im Tarnanzug. In: Frankfurter Rundschau vom 31. März 2007, S. 9-10. Zu den Herausforderungen zählt Gießmann insbesondere den Statuswert nationaler Streitkräfte, die unterschiedliche sicherheitspolitische Priorisierung von NATO oder EU, die unterschiedlich gestalteten zivil-militärischen Beziehungen (Einsatz von Streitkräften auf Beschluss der Regierung oder Parlamentsvorbehalt wie in Deutschland), verschiedene Wehrstrukturen und -verfassungen sowie Unterschiede in den Führungsphilosophien. Er resümiert: „Europäische Politik wäre angesichts der Friktionen um Verfassung, Sicherheitspolitik und Erweiterung schlecht beraten, ausgerechnet auf das Projekt einer Europäischen Armee zu setzen, um den stotternden Integrationsmotor der EU wieder zum Laufen zu bringen. (…) Die Gründe hierfür liegen weniger in den militärischen Fertigkeiten der EU als in politisch-konzeptionellen Defiziten. In ihrer Überwindung liegen die einzigen Chancen für das Projekt einer gemeinsamen Europa-Armee" (S. 10).

[271] Daten liefert *Ekkehard Stemmer*, Demography and European Armed Forces, Berlin 2006.

[272] Dazu gehören künftig vor allem die Stärkung der Planungs- und Führungsfähigkeit, gemeinsame fliegerische und technische Ausbildung, Wartung und Instandsetzung bei der Einführung des neuen Transportflugzeuges A400M. Der Beirat für Fragen der Inneren Führung hat bereits im Jahre 2000 die Einrichtung eines „Europäischen Zentrums der Inneren Führung" vorgeschlagen (siehe *Reiner Pommerin, Gerd Jürgen Bischof* (Hrsg.), Einsatz für den Soldaten. Die Arbeit des 10. Beirats für Fragen der Inneren Führung, Baden-Baden 2003, S. 31).

[273] Einen guten Überblick geben *Karl W. Haltinger, Paul Klein* (Hrsg.), Multinationalität als Herausforderung für die Streitkräfte, Baden-Baden 2004; *Gareis, Sven Bernhard, Klein, Paul* (Hrsg.), Handbuch Militär und Sozialwissenschaft, 2. Auflage, Wiesbaden 2006, S. 360-434. Siehe auch die Stellungnahme der Arbeitsgruppe „Multinationalität, Innere Führung und Recht als Bestandteil der Inneren Führung", die neben einer kenntnisreichen Analyse der Probleme konkrete Handlungsempfehlungen gibt (In: *Reiner Pommerin, Gerd Jürgen Bischof* (Hrsg.), Einsatz für den Soldaten. Die Arbeit des 10. Beirats für Fragen der Inneren Führung, Baden-Baden 2003, S. 29-46).

[274] Zu unterschiedlichen Auffassungen von Kriegführung siehe *Pascal Vennesson*, Die Handhabung militärischer Macht – Ein Vergleich zwischen Europa und den USA. In: Gareis, Sven Bernhard, Klein, Paul (Hrsg.), Handbuch Militär und Sozialwissenschaft, 2. Auflage, Wiesbaden 2006, S. 262-271; *Donald Abenheim*, Soldier and Politics transformed, Berlin 2007.

[275] *Markus Decker*, SPD denkt an EU-Armee. In: Kölner Stadt-Anzeiger vom 4. Dezember 2006, S. 7.

[276] *Die deutschen Bischöfe*, Soldaten als Diener des Friedens. Erklärung zur Stellung und Aufgabe der Bundeswehr, hrsg. vom Sekretariat der Deutschen Bischofskonferenz, 29. November 2005, S. 11-12. Siehe auch *Anita Schäfer*, Transformation der Bundeswehr. Die Bedeutung der Katholischen Militärseelsorge für die Innere Führung. In: Information für die Truppe 3-4/2006, S. 56-59. Siehe auch *Kommission „Europäische Sicherheit und Zukunft der Bundeswehr am IFSH"*, „Demokratie hört nicht am Kasernentor auf." Die Innere Führung in der Bundeswehr muss strukturell verbessert werden. In: Detlef Bald, Hans-Günter Fröhling, Jürgen Groß, Claus Frhr. v. Rosen (Hrsg.), Was ist aus der Inneren Führung geworden? Zum hundersten Geburtstag Wolf Graf von Baudissins, Hamburger Beiträge zur Friedensforschung und Sicherheitspolitik, H. 146, Hamburg April 2007, S. 8. Siehe auch *Hans J. Gießmann*, Europa im Tarnanzug. In: Frankfurter Rundschau vom 31. März 2007, S. 10.

[277] Weißbuch 2006, S. 81

[278] Darauf weist auch *Hans-Günter Fröhling* in seiner Studie „Innere Führung und Multinationalität", Berlin 2006, hin.

[279] Erste vergleichende Arbeiten liegen vor, etwa von *Hans-Günter Fröhling*, Innere Führung und Multinationalität, Berlin 2006 und von *Dirk Freudenberg*, Militärische Führungsphilosophien und Führungskonzeptionen ausgewählter NATO- und WEU-Staaten im Vergleich, Baden-Baden 2005. Auch der Beirat für Fragen der Inneren Führung hat dazu Studien in Auftrag gegeben, die allerdings noch nicht abgeschlossen sind. Während der EU-Ratspräsident hat Deutschland dieses Thema nicht auf die Agenda gesetzt, obwohl sowohl von der Bundeskanzlerin Merkel als auch vom SPD-Parteivorsitzenden Beck die Notwendigkeit einer europäischen Armee unterstrichen wurde.

[280] *René Moelkers, Joseph Soeters*, Das Deutsch-Niederländische Korps. In: Gareis, Sven Bernhard, Klein, Paul (Hrsg.), Handbuch Militär und Sozialwissenschaft, 2. Auflage, Wiesbaden 2006, S. 401-415; *Ulrich vom Hagen et al.,* True Love. A Study of Multinationality within 1 (German/Netherlands) Corps, SOWI-Forum International, Bd. 25, Strausberg 2003; *Paul Klein*, Das Eurokorps. In: Gareis, Sven Bernhard, Klein, Paul (Hrsg.), Handbuch Militär und Sozialwissenschaft, 2. Auflage, Wiesbaden 2006, S. 416-423.

[281] Siehe dazu auch *Hartmut Bühl*, Erfahrungen mit Innerer Führung in der Multinationalität. In: Andreas Prüfert (Hrsg.), Innere Führung im Wandel. Zur Debatte um die Führungsphilosophie der Bundeswehr, Baden-Baden 1998, S. 50-55.

[282] *Heike Abel* spricht in diesem Zusammenhang von den drei wichtigsten multinationalen Grundregeln: „Zeit (sich kennen zu lernen) – Zeit (gemeinsame realistische Ziele zu setzen) und wieder Zeit (sich täglich gemeinsam abzustimmen und immer wieder anzunähern)" (*Heike Abel,* Multinationale Streitkräftestrukturen als Herausforderung für die Streitkräfteintegration Europas. Das Beispiel der Deutsch-Französischen Militärkooperation. In: Gerhard Kümmel, Sabine Collmer (Hrsg.), Die Bundeswehr heute und morgen. Sicherheitspolitische und militärsoziologische Herausforderungen, Baden-Baden 2007, S. 63.

[283] *Dietrich Ungerer*, Militärische Lagen, Berlin 2007, S. 126f.; siehe auch *ders.*, Der militärische Einsatz, Potsdam 2003.

[284] *Klaus Liebetanz*, Frieden braucht Fachleute. Zur Frage der Qualifizierung von Fachkräften im Auslandseinsatz. In: Auftrag, Nr. 261, 2006, S. 8-17.

[285] So betont etwa *Herfried Münkler*, dass in den neuen Kriegen „Rauben und Plündern, Morden und Vergewaltigen zu Charakteristika" geworden seien. Nicht selten habe es den Anschein, „… deren wichtigster und wesentlicher Zweck sei die Lizenz zu ungehemmter Gewaltanwendung. (…) Die Hegung des Krieges als konventionalisierte, verrechtlichte Gewaltanwendung von Soldaten gegen Soldaten ist also von unterschiedlichen Richtungen her aufgebrochen worden: aus Positionen der Schwäche, wie im Fall der Partisanen, und aus Positionen militärtechnologischer Überlegenheit, wie im Falle der Luftkriegführung. Die Folgen dessen zeigt ein Zahlenvergleich: Waren zu Beginn des 20. Jahrhunderts etwa 90 Prozent der bei Kriegshandlungen Verwundeten und Getöteten Soldaten und nur 10 Prozent Zivilisten, so hat sich dieses Verhältnis am Ende des 20. Jahrhunderts ins Gegenteil verkehrt: etwa 20 Prozent Kombattanten stehen in der Opferbilanz 80 Prozent Nonkombattanten, als Zivilisten, gegenüber" (*Herfried Münkler*, Die neuen Kriege und ihre sicherheitspolitischen Folgen. In: Klaus-Jürgen Bremm, Hans-Hubertus Mack, Martin Rink (Hrsg.), Entschieden für Frieden. 50 Jahre Bundeswehr 1955-2005, Freiburg i.Br./Berlin 2005, S. 650f.).

[286] Erziehung meint hier, wie weiter oben beschrieben, vor allem die Überprüfung und ggf. Veränderung von Rahmenbedingungen, die der Persönlichkeitsentwicklung der unterstellten Soldaten im Sinne des Leitbildes entgegenstehen.

[287] Siehe dazu *Gerhard Kümmel*, Eine schwierige Melange – Das Bild des Soldaten der Bundeswehr im Wandel. In: IF – Zeitschrift für Innere Führung, H. 1/2007; *Anja Seiffert*, Soldat der Zukunft, Berlin 2005; *Sabine Collmer, Gerhard Kümmel* (Hrsg.), Ein Job wie jeder andere?, Baden-Baden 2005.

[288] Siehe dazu die Untersuchungen von *Georg-Maria Meyer*, der eine zunehmende Familienorientierung bei Zeit- und Berufssoldaten festgestellt hat. Unteroffiziere und Offiziere messen familiären Belangen ein größeres Gewicht als früher bei. Dies habe Auswirkungen vor allem auf ihre Mobilität.

[289] Schon früh haben *Joachim Arenth* und *Sigrid Westphal* von einem „Weltbürger in Uniform" als dem neuen Leitbild für die Bundeswehr gesprochen. Siehe dazu *Joachim Arenth, Sigrid Westphal*, "Staatsbürger in Uniform" + "out of area" = "Weltbürger in Uniform". In: Uwe Hartmann, Meike Strittmatter (Hrsg.), Reform und Beteiligung. Ideen und innovative Konzepte für die Innere Führung in der Bundeswehr, 2. Auflage Frankfurt/Main 1994, S.125-136. *Sven Gareis* spricht heute von einem „Soldat für den Weltfrieden" in Abwandlung des Baudissinschen Leitbildes vom „Soldat für den Frieden".

[290] *Christian Walther*, Im Auftrag für Freiheit und Frieden, Berlin 2006, S. 95.

[291] Interview mit General a.D. *Harald Kujat* „Unsere Unschuld ist längst dahin". In: Der Tagesspiegel vom 15. Februar 2007, S. 4.

[292] Siehe dazu *Uwe Hartmann*, Tapferkeit. Klassische Soldatentugend, allgemeine Bürgertugend oder verlorene Tugend? Persönliche Anmerkungen zu einer Kernfrage des soldatischen Selbstverständnisses. In: Truppenpraxis/Wehrausbildung, 7-8/1999, S. 520ff.

[293] Darauf hat der Sicherheitswissenschaftler *Dietrich Ungerer* mehrfach hingewiesen (*Dietrich Ungerer*, Ausbildung im Frieden für den Frieden. Menschenführung im Gefecht. In: Uwe Hartmann/Meike Strittmacher, Reform und Beteiligung. Ideen und innovative Konzepte für die Innere Führung in der Bundeswehr, 2. Auflage Frankfurt/. 1994, S. 108-112; ders., Der Militärische Einsatz, Potsdam 2003, S. 67-70. Vor allem in seinem neuen Buch „Militärische Lagen, Berlin 2007" wird dieser Aspekt herausgearbeitet.

[294] Siehe das „Handbuch Innere Führung", Bonn 1957, S. 34f.

[295] Dies bestätigt das Ergebnis einer Untersuchung der US-amerikanischen Streitkräfte im Irak. „Nicht einmal die Hälfte der US-Soldaten glaubt noch, irakische Zivilisten verdienten Respekt und würdevolle Behandlung. Jeder Zehnte hat gegen Unbeteiligte oder ihr Eigentum unnütz physische Gewalt eingesetzt. Eine große Mehrheit würde Übergriffe von Kameraden, bei denen Zivilisten getötet oder verletzt werden, nicht an Vorgesetzte melden. Vier von zehn Befragten sind dafür, gefangene Iraker zu foltern, um das Leben von US-Soldaten

zu retten" (*Dietmar Ostermann*, Die Moral der US-Truppe sinkt, die Verrohung nimmt zu. In: Frankfurter Rundschau vom 15. Mai 2007, S. 1).

[296] Siehe dazu *Uwe Hartmann, Hans-Joachim Engelhaupt, Thomas Dröge*, Über den pädagogischen Umgang mit Erwachsenen in der Bundeswehr. In: Information für die Truppe, 4/1995, S. 4-9.

[297] Weißbuch 2006, S. 165. Zur Fernausbildung siehe auch *Manuel Schulz, Heinz Glump* (Hrsg.), Fernausbildung ist mehr ... Auf dem Weg vom technologischen Potenzial zur didaktischen Innovation, Augsburg 2005.

[298] Wirtschaftliches Denken ist mittlerweile eine beurteilsrelevante Befähigung. Siehe dazu die neue ZDv 20/6 „Beurteilungsbestimmungen für Soldaten".

[299] *Christian Millotat*, Zum Berufsbild des Offiziers der Bundeswehr von heute, unveröffentl. Manuskript November 2005.

[300] Siehe dazu *Paul Klein*, Soldat und ziviler Beruf. In: Gareis, Sven Bernhard, Klein, Paul (Hrsg.), Handbuch Militär und Sozialwissenschaft, 2. Auflage, Wiesbaden 2006, S. 188f.

[301] *Heinz Karst*, Das Bild des Soldaten, Boppard am Rhein 1969.

[302] Einen schnellen Überblick über die Bildungssituation in der Bundeswehr gibt *Hans-Joachim Reeb*, Das pädagogische Konzept Baudissins – Innere Führung wirkt im Transformationsprozess. In: IF – Zeitschrift für Innere Führung, Heft 1/2007. In diesem Zusammenhang sollte die Fernausbildung in der Bundeswehr konsequent genutzt werden.

[303] Diesem Ziel gilt auch die neue Reservistenkonzeption.

[304] *Carl von Clausewitz*, Vom Kriege, Bonn 1991, S. 233. Zur Bedeutung des Zufalls schreibt Clausewitz: „Der Krieg ist das Gebiet des Zufalls. In keiner menschlichen Tätigkeit muss diesem Fremdling ein solcher Spielraum gelassen werden, weil keine so nach allen Seiten hin in beständigem Kontakt mit ihm ist. Er vermehrt die Ungewissheit aller Umstände und stört den Gang der Ereignisse" (S. 234).

[305] *Claus von Rosen*, Carl von Clausewitz. In: Detlef Bald, Uwe Hartmann, Claus von Rosen (Hrsg.), Klassiker der Pädagogik im deutschen Militär, Baden-Baden 1999, S. 77-106.

[306] *Carl von Clausewitz*, Vom Kriege, Bonn 1991, S. 245.

[307] *Ebd.*, S. 361.

[308] Der Duden versteht Tradition als „... das, was im Hinblick auf Verhaltensweisen, Ideen, Kultur o.Ä. in der Geschichte, von Generation zu Generation entwickelt und weitergegeben wird" (*Duden*. Das Bedeutungswörterbuch, 3. Auflage, Mannheim u.a. 2002, S. 894). *Uwe Hartmann* hat eine kleine Abhandlung vorgelegt, deren Traditionsverständnis auf der philosophischen Hermeneutik Hans Georg Gadamers beruht. Er kommt dementsprechend zu einem anderen Umgang mit den Vorgängerarmeen der Bundeswehr. Siehe dazu *Uwe Hartmann*, Tradition und Legitimation. Eine kritische Reflexion über aktuelle

Probleme des Traditionsverständnisses der Bundeswehr. In: Uwe Hartmann, Hans Herz, Tradition und Tapferkeit, Frankfurt/M. 1991, S. 7-62.

[309] *Bundesministerium der Verteidigung*, Fü S I 3, Az 35-08-07, „Richtlinien zum Traditionsverständnis und zur Traditionspflege in der Bundeswehr" vom 20. September 1982 (abgedruckt in *Loretana de Libero*, Tradition in Zeiten der Transformation: Zum Traditionsverständnis der Bundeswehr im frühen 21. Jahrhundert, Paderborn 2006, S. 218-224.; siehe auch *Winfried Heinemann*, Militär und Tradition. In: Gareis, Sven Bernhard, Klein, Paul (Hrsg.), Handbuch Militär und Sozialwissenschaft, 2. Auflage, Wiesbaden 2006, S. 449. Zur Entstehungsgeschichte und zu den Inhalten des Traditionserlasses von 1982 und seinem Vorgänger von 1965 siehe *Loretana de Libero*, Tradition in Zeiten der Transformation: Zum Traditionsverständnis der Bundeswehr im frühen 21. Jahrhundert, Paderborn 2006, S. 36-42.

[310] Bundespräsident Horst, Köhler, Rede auf der Kommandeurtagung der Bundeswehr am 10. Oktober 2005 in Bonn. In:
http://www.bundesregierung.de/nn_1514/Content/DE/Bulletin/2001__200 5/2005/10/2005-10-10-rede-von-bundes-praesident-horst-koehler-auf-der-kommandeurtagung-der-bundeswehr-am-10-.html

[311] Zum Traditionsverständnis der Bundeswehr und zum Streit über die Traditionspflege gibt es zwei Standardwerke, die zur Lektüre empfohlen werden. Dies sind: *Donald Abenheim*, Bundeswehr und Tradition, München 1989 sowie *Loretana de Libero*, Tradition in Zeiten der Transformation: Zum Traditionsverständnis der Bundeswehr im frühen 21. Jahrhundert, Paderborn 2006, S. 15. Siehe auch das Handbuch Innere Führung von 1957, S. 47ff..

[312] Siehe dazu *Uwe Hartmann*, Tradition und Legitimation. Eine kritische Reflexion über aktuelle Probleme des Traditionsverständnisses der Bundeswehr. In: Uwe Hartmann, Hans Herz, Tradition und Tapferkeit, Frankfurt/M. 1991, S. 20-33.

[313] Zur moralisierenden Verneinung des Nationalsozialismus, die zu einem Verschwinden der deutschen Nationalgeschichte vor 1933 geführt habe, siehe *Karl Heinz Bohrer*, Ekstasen der Zeit. Augenblick, Gegenwart, Erinnerung, München 2003, S. 10-29; *Manfred Hettling*, Westdeutsche Rezeptionen der nationalsozialistischen Vergangenheit. In: Tel Aviver Jahrbuch für Deutsche Geschichte, XXIX/2000, S. 357-378.

[314] Zu den Traditionslinien siehe insbesondere *Loretana de Libero*, Tradition in Zeiten der Transformation: Zum Traditionsverständnis der Bundeswehr im frühen 21. Jahrhundert, Paderborn 2006, S. 47-86.

[315] *Loretana de Libero* weist darauf hin, dass es sich „… bei dem offiziellen Traditionsverständnis der Bundeswehr nicht um eine reglementierte Traditionsvorgabe, sondern um ein Angebot (handelt), das im Laufe der letzten fünf Jahrzehnte einen quais-normativen Charakter erlangt hat. Die bekannten drei Tra-

ditionsstränge, die durch ein halbes Jahrhundert Bundeswehrgeschichte gezogen wurden, erheben keinen Anspruch auf Ausschließlichkeit" (*Loretana de Libero*, Tradition in Zeiten der Transformation: Zum Traditionsverständnis der Bundeswehr im frühen 21. Jahrhundert, Paderborn 2006, S. 137).

[316] *BMVg* (Hrsg.), Scharnhorst, Beiheft 3/85 zur Information für die Truppe, Bonn 1985; ders., Gneisenau, Beiheft 2/87 zur Information für die Truppe, Bonn 1987.

[317] Rede des Bundesministers der Verteidigung, *Dr. Franz Josef Jung*, anlässlich des XXXII. Internationalen Militärhistorikerkongresses am 21. August 2006 in Potsdam.

[318] *Thomas Rid*, Der degradierte General. Clausewitz und zivil-militärische Beziehungen in den USA. In: Berliner Debatte Initial 18 (2007), H. 2, S. 1-10.

[319] Weißbuch 2006, S. 79f. Solche Forderungen gab es schon in der Vergangenheit (siehe *Loretana de Libero*, Tradition in Zeiten der Transformation: Zum Traditionsverständnis der Bundeswehr im frühen 21. Jahrhundert, Paderborn 2006, S. 80). Dies mag ein Hinweis darauf sein, dass neben dem Bewusstsein auch die organisatorischen Rahmenbedingungen (u.a. auch angemessene finanzielle Mittel) für eine verstärkte Hinwendung auf die eigene Tradition geschaffen werden müssen.

[320] Zu General a.D. *Johann Adolf Graf von Kielmansegg* (1906-2006) siehe *Helmut R. Hammerich*, Vom Kavalleristen zum NATO-Oberbefehlshaber. In: Information für die Truppe 3-4/2006, S. 52-55.

[321] Mit Ausnahme der Erich-Boldt-Kaserne in Delitzsch wurde bisher keine Liegenschaft der Bundeswehr nach Bundeswehrangehörigen ohne vorherige Dienstzeit in der Wehrmacht benannt. Obwohl bei den in der deutschen Öffentlichkeit sehr anerkannten Hilfs- und Rettungseinsätzen der Bundeswehr auch Soldaten der Bundeswehr ums Leben kamen (wie z.B. bei der Sturmflut 1962), spielen diese für die Traditionspflege kaum eine Rolle. Auch für die Spitzensportler der Bundeswehr, die seit 1972 bei vielen Olympiaden und Weltmeisterschaften viele Medaillen gewonnen haben, gibt es keine Erinnerungskultur.

[322] *Ulrich de Maizière*, War war neu an der Bundeswehr? Betrachtungen eines Zeitzeugen. In: Klaus-Jürgen Bremm, Hans-Hubertus Mack, Martin Rink (Hrsg.), Entschieden für Frieden. 50 Jahre Bundeswehr 1955-2005, Freiburg i.Br./Berlin 2005, S. 15.

[323] Rudolf Hamann, Armee im Abseits?, Hamburg 1972.

[324] Siehe dazu auch die zu ihrem 50-jährigen Jubiläum erschienenen Bände über die Geschichte von Heer, Luftwaffe und Marine. Die Bezeichnung der neuen Bundeswehr als „Armee im Einsatz" bedeutet eine Abwertung für die alte Bundeswehr als „Ausbildungsarmee", indem sie falsche Assoziationen weckt. Auch

die Kriegsverhinderung durch Abschreckung ist eine Form von Einsatz, der die ganze Armee forderte.

[325] Siehe dazu auch *Eberhard Birk*, Reformieren und gestalten – Was Scharnhorst, Gneisenau und Baudissin heute verlangen würden. In: IF - Zeitschrift für Innere Führung, H. 1/2007.

[326] Dazu gehörte dann auch Carl Schurz, der in die Vereinigten Staaten auswanderte, am amerikanischen Bürgerkrieg 1861-1865 auf Seiten der Nordstaaten-Armee teilnahm (zuletzt als Generalmajor) und von 1877-1881 Innenminister war. Siehe dazu *Winfried Halder*, Revolutionär, General, Minister – Carl Schurz. In: Information für die Truppe, 3-4/2006, S. 92-97.

[327] Vgl. *Winfried Heinemann*, Militär und Tradition. In: Gareis, Sven Bernhard, Klein, Paul (Hrsg.), Handbuch Militär und Sozialwissenschaft, 2. Auflage, Wiesbaden 2006, S. 455. Zu den Militärreformen in nicht-preußischen Ländern siehe *Hans-Joachim Harder*, Militärgeschichtliches Handbuch Baden-Württemberg, Stuttgart 1987; Militärgeschichtliches Forschungsamt (Hrsg.), Tradition in deutschen Streitkräften bis 1945, Herford und Bonn 1986; *Karl-Heinz Lutz*, Das badische Offizierkorps 1840-1870/71, Stuttgart 1997.

[328] Siehe dazu *Loretana de Libero*, Tradition in Zeiten der Transformation: Zum Traditionsverständnis der Bundeswehr im frühen 21. Jahrhundert, Paderborn 2006, S. 148. Zum Thema Frauen in der Bundeswehr siehe *Gerhard Kümmel*, Frauen im Militär. In: Gareis, Sven Bernhard, Klein, Paul (Hrsg.), Handbuch Militär und Sozialwissenschaft, 2. Auflage, Wiesbaden 2006, S. 51-60. Zum Bild der Frauen in der Bundeswehr siehe *Sylka Scholz, Alexandra Ahammer*, „Du willst Zukunft?" – Die Bundeswehr und ihre Soldatinnen. In: Ulrich vom Hagen, Björn Kilian (Hrsg.), Perspektiven der Inneren Führung. Zur gesellschaftlichen Integration der Bundeswehr, Berlin 2005, S. 43-56.

[329] Im „Wegweiser für die Traditionspflege im Heer" steht dazu: „… Soldaten, die in der NVA gedient und sich menschlich anständig verhalten haben, (können) unsere Achtung verdienen und in geeigneten Fällen auch als Vorbild einbezogen werden…" (*Bundesministerium der Verteidigung, Inspekteur des Heeres*, Fü H I 1, Wegweiser für die Traditionspflege im Heer, Bonn, 1. Dezember 1999, S. 114).

[330] *Winfried Heinemann*, Militär und Tradition. In: Gareis, Sven Bernhard, Klein, Paul (Hrsg.), Handbuch Militär und Sozialwissenschaft, 2. Auflage, Wiesbaden 2006, S. 457. *Heinemann* weist darauf hin, dass es bereits eine Lucius D. Clay-Kaserne in Garstedt bei Bremen und eine Robert Schumann-Kaserne in Müllheim/Baden gibt. Erste Überlegungen zu einer „europäischen Tradition" hat *Eberhard Birk* angestellt (*Eberhard Birk*, Aspekte einer militärischen Tradition für Europa. In: Österreichische Militärische Zeitschrift, 2/2004, S. 131-140). Er resümiert: „Europäische Streitkräfte müssen sich als ein Mittel für die Durchsetzung des Friedens in Freiheit als Grundvoraussetzung militärischen

Dienens begreifen. Dieses in Vergangenheit und Gegenwart verwurzelte soldatische Ethos bietet Halt, Orientierung und Wertefestigkeit für die Aufgaben der Zukunft" (S. 139). Hierfür könnte auf abendländische Werte zurückgegriffen werden, wie es bereits im Handbuch Innere Führung von 1957 vorgesehen war (siehe dazu *Loretana de Libero*, Tradition in Zeiten der Transformation: Zum Traditionsverständnis der Bundeswehr im frühen 21. Jahrhundert, Paderborn 2006, S. 29).

[331] *Heinemann* weist zu Recht darauf hin, dass durch die Begrenzung auf drei Traditionslinien zwar Handlungssicherheit erreicht, aber „… zugleich eine ernsthafte Auseinandersetzung mit den Problemen der Geschichte verhindert…" würde. „Die Definition dreier Traditionslinien führt in der Praxis dazu, alles, was diesen Linien zuzurechnen ist, ohne nähere Untersuchung als positiv zu akzeptieren, und alles andere ungeprüft abzulehnen. Dieser damnatio memoriae verfallen dann aber auch solche Epochen deutscher Geschichte, die im Verständnis breiter Bevölkerungsteile keineswegs als belastet empfunden werden" (*Winfried Heinemann*, Militär und Tradition. In: Gareis, Sven Bernhard, Klein, Paul (Hrsg.), Handbuch Militär und Sozialwissenschaft, 2. Auflage, Wiesbaden 2006, S. 456).

[332] *BMVg*, Fü S I 3, Az 35-08-07 vom 20. September 1982, Ziffer 21 (abgedruckt in *Loretana de Libero*, Tradition in Zeiten der Transformation: Zum Traditionsverständnis der Bundeswehr im frühen 21. Jahrhundert, Paderborn 2006, S. 218-224).

[333] So heißt es im G1-Hinweis „Benennung von Kasernen" vom 6. Februar 1995: „Kasernen der Bundeswehr, die als Truppenunterkünfte genutzt werden, können mit Zustimmung des Bundesministers der Verteidigung nach Persönlichkeiten der Geschichte, nach Landschaften, Regionen, Gemarkungen sowie nach Truppengattungen benannt werden. Die Auswahl des Namens obliegt der in der Kaserne stationierten Truppe. Sie stellt mit den kommunalen Gremien und Behörden des Standortes Einvernehmen zu dem Namensvorschlag her. (…) Der Kasernenkommandant stimmt den beabsichtigten Namensvorschlag mit den Kommandeuren und Dienststellenleitern der in der Kaserne untergebrachten Truppenteile und Dienststellen ab" (abgedruckt in *Loretana de Libero*, Tradition in Zeiten der Transformation: Zum Traditionsverständnis der Bundeswehr im frühen 21. Jahrhundert, Paderborn 2006, S. 232). Zuletzt wurde dieses Verfahren bei der Umbenennung der Frankenstein-Kaserne in Darmstadt-Eberstadt in Major-Karl-Plagge-Kaserne am 10. Februar 2006 angewandt. Karl Plagge (1897-1957) ist ein „Gerechter unter den Völkern".

[334] *Loretana de Libero*, Tradition in Zeiten der Transformation: Zum Traditionsverständnis der Bundeswehr im frühen 21. Jahrhundert, Paderborn 2006, S. 103.

[335] In der Tat und nicht in ihren politischen Motiven sieht Michael Wildt heute das Beispielhafte des Attentats von Graf von Stauffenberg: „Stauffenberg stieß spät zum Widerstand, vor allem aus Enttäuschung, dass Hitler Deutschland nicht zu neuer Größe, sondern geradewegs in das Verderben führte. Desto entschlossener zog er die Konsequenz. Der Mut und die Unbedingtheit, mit der Stauffenberg den Tod Hitlers und den Sturz des verbrecherischen Regimes vorbereitete und dafür sein eigenes Leben einsetzte, fand sich nur bei wenigen. Politisch hat uns Claus Schenk Graf von Stauffenberg heute nichts mehr zu sagen, an seiner Entschiedenheit werden wir auch weiterhin gemessen" (*Michael Wildt*, Ethos der Tat. In: Ursela Breymayer, Bernd Ulrich, Karin Wieland (Hrsg.), Willensmenschen. Über deutsche Offiziere, Frankfurt/M. 1999, S. 150).

[336] *Karl Feldmeyer, Georg Meyer, Helmut R. Hammerich* (Hrsg.), Johann Adolf Graf von Kielmansegg 1906-2006. Deutscher Patriot – Europäer – Atlantiker, Hamburg 2007.

[337] Wo das Gespräch gesucht wurde, gab es bei den Jüngeren bisweilen auch negative Erfahrungen (z.B. nicht Ernstnehmen der Leistungen der Bundeswehrsoldaten im Vergleich zu denen der Wehrmachtssoldaten).

[338] Sehr eindrucksvoll wird dieses Phänomen in dem US-amerikanischen Film „The Straight Story" (2000) von *David Lynch* dargestellt.

[339] BMVg, Fü S I 3, Az 35-08-07 vom 20. September 1982, S. 1 (abgedruckt in *Loretana de Libero*, Tradition in Zeiten der Transformation: Zum Traditionsverständnis der Bundeswehr im frühen 21. Jahrhundert, Paderborn 2006, S. 218-224).

[340] Siehe *Angelika Dörfler-Dierken*, Baudissins Konzeption Innere Führung und lutherische Ethik. In: Rudolf J. Schlaffer und Wolfgang Schmidt (Hrsg.), Wolf Graf von Baudissin 1907-1993. Modernisierer zwischen totalitärer Herrschaft und freiheitlicher Ordnung, München 2007, S. 55ff. Zu Hermann Kunst (1907-1999), dem „Diplomaten im Lutherrock", siehe *Peter Krug*, Seelsorger und Diplomat. In: Bundeswehr aktuell, 29. Januar 2007, S. 6. Kunst war im Zweiten Weltkrieg als Mitglied der Bekennenden Kirche Militärpfarrer in Polen und Frankreich. Danach war er der erste Bevollmächtigte des Rates der Evangelischen Kirche in Deutschland bei der Bundesrepublik Deutschland (1949 – 1977) und der erste evangelische Militärbischof (1956 – 1972). Kunst war maßgeblich an den Verhandlungen über den 1957 geschlossenen Militärseelsorgevertrag beteiligt. Militärseelsorge beruht demnach auf der vertrauensvollen und gleichberechtigten Partnerschaft von Staat und Kirche. Der Staat sorgt für den organisatorischen Aufbau, die Kirche jedoch erteilt den Auftrag und übt die Aufsicht über die Militärseelsorge aus. Die Militärseelsorge ist damit der von der Kirche geleistete, vom Staat gewünschte und unterstützte Beitrag, damit Soldaten der Bundeswehr ihre Religion frei ausüben können. Die seelsorgerli-

che Betreuung ist seither ein Wesensmerkmal der Bundeswehr als Armee in der Demokratie und des Selbstverständnisses des Soldaten als Staatsbürger in Uniform. Zur Zusammenarbeit zwischen Kunst und Baudissin siehe *Angelika Dörfler-Dierken* (Hrsg.), Graf von Baudissin. Als Mensch hinter den Waffen, Göttingen 2006, S. 36-38 und S. 71-73.

[341] Zu den zivilen Widerstandskämpfern, derer die Bundeswehr gedenkt, siehe *Loretana de Libero*, Tradition in Zeiten der Transformation: Zum Traditionsverständnis der Bundeswehr im frühen 21. Jahrhundert, Paderborn 2006, S. 70.

[342] *Winfried Heinemann*, Militär und Tradition. In: Gareis, Sven Bernhard, Klein, Paul (Hrsg.), Handbuch Militär und Sozialwissenschaft, 2. Auflage, Wiesbaden 2006, S. 454.

[343] *Donald Abenheim*, Solider and Politics Transformed, Berlin 2007.

[344] Bundesminister Volker Rühe, Aktuelle Stunde im Bundestag am 13. März 1997. In: Bundesdrucksache, 13. Wahlperiode, 163. Sitzung, S. 14721.

[345] Berliner Zeitung vom 29.01.2007, S. 23

[346] Siehe dazu Bundesminister der Verteidigung, *Rudolf Scharping*, Rede anlässlich des Gelöbnisses am 20. Juli 2000 in Berlin: „Neben dem 20. Juli 1944 hat sich die Bundeswehr auch eines weitgehend unbekannten Erbes des militärischen Widerstandes angenommen. Sie wahrt das Andenken an diejenigen Wehrmachtssoldaten, die keinen organisierten Widerstandsgruppen angehörten, aber aus sittlicher Verpflichtung zur Menschlichkeit handelten." Beispiele dafür liefert *Wolfram Wette* mit seinem Sammelband Zivilcourage. Empörte, Helfer und Retter aus Wehrmacht, Polizei und SS, Frankfurt/M. 2004. Zu Wilm Hosenfeld siehe die ausgezeichnete Dokumentation von *Thomas Vogel*, Wilm Hosenfeld: ‚Ich versuche jeden zu retten', München 2004.

[347] *Loretana de Libero*, Tradition in Zeiten der Transformation: Zum Traditionsverständnis der Bundeswehr im frühen 21. Jahrhundert, Paderborn 2006, S. 15 und S. 159.

[348] *Ebd.*, S. 44. Das Heer reagierte kurz darauf mit dem lesenswerten „Wegweiser für die Traditionspflege im Heer" (1999).

[349] Artikel „Bundeswehr immer beliebter. Umfrage belegt positives Bild der Streitkräfte unter Jugendlichen." In: Frankfurter Allgemeine Zeitung vom 23. November 2006, S. 2.

[350] Über die KSK-Soldaten des 1. Kontingents der „*Operation Enduring Freedom*" wird berichtet, sie hätten die deutsche Fahne an ihrer Uniform abgeklebt und vereinbart, sich nicht als Deutsche zu erkennen zu geben (Der Spiegel, 22.01.2007, S. 34). Siehe dazu auch Martin Kutz, Deutsche Soldaten. Eine Kultur- und Mentalitätsgeschichte, Darmstadt 2006, S. 278f.

[351] *Christian Walther*, Im Auftrag für Freiheit und Frieden, Berlin 2006, S. 89.

[352] *Günter Will* ist der Frage nach den Motiven nachgegangen, weshalb Graf von Baudissin dem Widerstand nahestand. „Wir haben nur selten direkt darüber

gesprochen. Ich vermute, was ihn zuerst in den Widerstand trieb, war einfach Ehrgefühl. Es gibt Dinge, die zu tun oder zu dulden unehrenhaft ist. Nüchtern bringt unser Grundgesetz es gleich eingangs auf den Punkt: Die Würde des Menschen ist unantastbar. Sie zu achten und zu schützen ist Verpflichtung aller staatlichen Gewalt" (*Günter Will*, Freiheit und Verantwortung. Die Grundsätze der Konzeption Innere Führung, hrsg. von Elisabeth Will, Egg 2002, S. 33).

[353] Das Sozialwissenschaftliche Institut der Bundeswehr untersucht im Forschungsschwerpunkt „Militär und Ethik" zwei Fragestellungen: Zum einen legt es die ethischen Fundamente der Inneren Führung frei, zum anderen erarbeitet es eine „Handreichung für Soldaten und Soldatinnen" zum Ethos der Weltreligionen. Siehe dazu *Sozialwissenschaftliches Institut der Bundeswehr*, Jahresbericht 2006, Strausberg Januar 2007, S. 19-21.

[354] Zum lebenskundlichen Unterricht siehe *Horst Scheffler*, Militärseelsorge. In: Gareis, Sven Bernhard, Klein, Paul (Hrsg.), Handbuch Militär und Sozialwissenschaft, 2. Auflage, Wiesbaden 2006, S. 198-199.

[355] Siehe dazu *Angelika Dörfler-Dierken*, Befehl – Gehorsam – Mitmenschlichkeit. In: Ulrich vom Hagen (Hrsg.), Armee in der Demokratie. Zum Verhältnis von zivilen und militärischen Prinzipien, Wiesbaden 2006, S. 165-187.

[356] Siehe dazu das Publikationsorgan der GKS, die Zeitschrift „Auftrag", die viermal im Jahr erscheint. Das 11. Seminar der GKS-Akademie Oberst Helmut Korn vom 12. – 16. November 2007 in Fulda beschäftigt sich mit dem Thema „Ethische Forderungen an den Beruf des Soldaten als Friedensdienst – auch im Einsatz". Beispielhaft ist auch die Auseinandersetzung mit dem Weißbuch 2006 in den Ausgaben des „Auftrag" Heft 264 und Heft 265.

[357] *Albert Schweitzer*, Die Ethik der Ehrfurcht vor dem Leben. In: ders., Kultur und Ethik, München 1981, S. 328-353. Während meines Einsatzes im SFOR-Hauptquartier in Sarajewo 1999 entdeckte ein türkischer Oberst im Konferenzraum eine Kakalake. Er nahm sie auf ein Blatt und trug sie hinaus. Als er zurückkehrte, sagte er leise: „Eins meiner Kinder ist gestorben. Seitdem achte ich auch das Leben von Tieren."

[358] *Christian Walther*, Im Auftrag für Freiheit und Frieden, Berlin 2006; siehe auch *Klaus Ebeling*, Militär und Ethik. Moral- und militärkritische Reflexionen zum Selbstverständnis der Bundeswehr, Stuttgart 2006.

[359] *Hans Rühle*, Und keiner schießt. In: Frankfurter Allgemeine Zeitung vom 10. Januar 2007, S. 10

[360] *Christian Walther*, Im Auftrag für Freiheit und Frieden, Berlin 2006, S. 87ff..

[361] Theodor Fontane, Effi Briest, Ditzingen 1986.

[362] *Ulrich Simon*, Die Integration der Bundeswehr in die Gesellschaft, Hamburg 1980, S. 146.

[363] *Udo Di Fabio*, Die Kultur der Freiheit, München 2005.

[364] *Weißbuch 2006*, S. 78.

[365] Ein gutes Beispiel dafür ist der entwicklungspolitische Kongress der CDU/CSU-Bundestagsfraktion am 31. Januar 2007 zum Thema: „Keine Sicherheit ohne Entwicklung – Entwicklungspolitik in der globalen Sicherheitsarchitektur".

[366] *Carl von Clausewitz*, Vom Kriege, Bonn 1991, S. 293f.

[367] *Christian Walther*, Im Auftrag für Freiheit und Frieden, Berlin 2006, S. 17ff.

[368] *Ulrich de Maizière*, Geleitwort. In: Günter Will, Freiheit und Verantwortung. Die Grundsätze der Konzeption Innere Führung, hrsg. von Elisabeth Will, Egg 2002, S. 10.

[369] *Dietrich Benner*, Wilhelm von Humboldts Bildungstheorie, Weinheim und München 1990.

[370] ZDv 10/1 „Innere Führung", Februar 1993, Ziffer 204.

[371] *Carl von Clausewitz*, Der Feldzug 1812 in Russland und die Befreiungskriege von 1813-1815, Berlin o.J., S. 264.

[372] *Martin Kutz*, Deutsche Soldaten. Eine Kultur- und Mentalitätsgeschichte, Darmstadt 2006, S. 285ff.

[373] „Kraftvolles Rüstzeug". Interview mit dem Kommandeur des 9. Bundeswehrkontingentes in Kabul, *Achim Lidsba*, über Innere Führung im Einsatz. In: loyal 02/06, S. 16.

[374] Die Vorschläge für die Weiterentwicklung der Inneren Führung und die Verbesserung ihrer Praxis, wie sie in diesem Buch erarbeitet wurden, sind im Anhang auf den Seiten 264-266 zusammengefasst.

Anhang

Vorschläge für konkrete Maßnahmen in Politik, Gesellschaft und Streitkräften

Politik:

- o Innere Führung als Teil der politischen Führungsverantwortung verstehen.
- o Bedeutung der Inneren Führung für die demokratisch-staatsbürgerliche Kultur in Deutschland und die Einsatzfähigkeit der Bundeswehr unterstreichen.
- o Gesamtpolitische und gesellschaftliche Diskurse zu Themen der Inneren Führung organisieren.[374]
- o Europäische Wehrrechtssysteme und Führungsphilosophien als Beitrag zum Aufbau einer zukünftigen europäischen Armee harmonisieren.
- o Konzept der „Vernetzten Sicherheitspolitik" vermitteln (schulische und universitäre Lehrpläne; Einrichtung von Professuren).

Gesellschaft:

- o Aktive Beteiligung an der Weiterentwicklung der Inneren Führung in Theorie und Praxis.
- o Engagiertes Interesse der Gesellschaft an dem Diskurs über Sicherheitspolitik und Streitkräfte.
- o Anerkennung und Würdigung des Dienstes der Soldaten.
- o Aktive Solidarität für die Angehörigen der Bundeswehr und ihre Familien.

Bundeswehr:

- o Strukturen:
  - ▪ Integration der Inneren Führung in das Leitungs-controlling.
  - ▪ Umfassende Entbürokratisierung der Bundeswehr.
  - ▪ Aufwertung des Zentrums Innere Führung und Re-aktivierung des Aufgabenverbunds Innere Führung.
- o Didaktik:
  - ▪ Intensivierung der wissenschaftlichen Beschäfti-gung mit der Inneren Führung („Geschichte der Inneren Führung"; „Theorie der Inneren Führung"; „Datenbank Innere Führung").
  - ▪ Auf allen Ebenen ein verständliches Bild über mili-tärische Einsätze und Lagen vermitteln; Bezug der Inneren Führung zur Einsatzorientierung der Bun-deswehr deutlich herausstellen.
  - ▪ Anreize schaffen für die intensivere Beschäftigung mit Fragen der Inneren Führung in Schulen, Äm-tern und Verbänden der Bundeswehr (z.B. Projekt-wettbewerbe).
  - ▪ Weitere Diskussionsforen schaffen für Themen der Inneren Führung innerhalb der Bundeswehr.
  - ▪ Wiederbelebung des Erziehungsauftrags in Vor-schriften und Erlassen sowie Umsetzung in die Lehr- bzw. Weiterbildungspläne.
  - ▪ Entrümpelung der Lehrpläne an den Akademien und Schulen der Bundeswehr und Stärkung des selbstorganisierten Lernens.
  - ▪ Stärkere Einbindung von Fragen der Inneren Füh-rung in die Ausbildung, vor allem in Übungen. Da-bei stärkere Vernetzung von strategischer, operati-

ver und taktischer Planung und Führung mit Fragen der Inneren Führung.

- ▪ Militärische Lagen müssen erfolgreich bewältigt werden können, um Vertrauen zu entwickeln; Innere Führung dafür als „Hilfsmittel" anbieten.

o Medien:

- ▪ Intensivierung des Dialogs innerhalb der Bundeswehr über Fragen der Inneren Führung.
- ▪ Kontroversen über Themen der Inneren Führung auch in den Medien der Bundeswehr widerspiegeln.

o Personal:

- ▪ Längere Stehzeiten von Einheitsführern und Kommandeuren.
- ▪ Befähigung zum „Inneren Führer" als Voraussetzung für die Verwendung in Führungspositionen.
- ▪ Einführung verpflichtender Lehrgänge zu Fragen der Inneren Führung vor der Einnahme bestimmter Führungspositionen, vor allem für Einheitsführer und Kommandeure sowie zivile Führungskräfte.

Ausgewählte Literatur

Die hier aufgeführten Publikationen sind für die individuelle Ge-
schäftigung mit der Inneren Führung sehr empfehlenswert. Die
Endnoten dieses Buches enthalten alle benutzten Bücher, Aufsätze
und Zeitschriftenartikel.

I.   Väter der Inneren Führung

Wolf Graf von Baudissin, Soldat für den Frieden, München 1969.

Wolf Graf von Baudissin, Nie wieder Sieg! Programmatische Schriften
  1951-1981, hrsg. von Cornelia Bührle und Claus von Rosen,
  München 1982.

Ulrich De Maizière, In der Pflicht, Herford 1989.

Hilmar Linnenkamp, Dieter S. Lutz (Hrsg.), Innere Führung – Zum
  Gedenken an Wolf Graf von Baudissin, Baden-Baden 1995.

Angelika Dörfler-Dierken (Hrsg.), Graf von Baudissin. Als Mensch hinter den Waffen, Göttingen 2006.

Karl Feldmeyer, Georg Meyer, Helmut R. Hammerich (Hrsg.), Johann Adolf
  Graf von Kielmansegg 1906-2006. Deutscher Patriot – Europäer
  – Atlantiker, Hamburg 2007.

Schlaffer, Rudolf J., Schmidt, Wolfgang (Hrsg.), Wolf Graf von Baudissin
  1907-1993. Modernisierer zwischen totalitärer Herrschaft und
  freiheitlicher Ordnung, München 2007.

II.   Geschichte und Theorie der Inneren Führung

Dietrich Genschel, Wehrreform und Reaktion, Hamburg 1972.

Günter Will, Freiheit und Verantwortung. Die Grundsätze der Konzeption Innere Führung, hrsg. von Elisabeth Will, Egg 2002.

Elmar Wiesendahl (Hrsg.), Neue Bundeswehr – neue innere Führung?
  Perspektiven und Rahmenbedingungen für die Weiterentwicklung eines Leitbildes, Baden-Baden 2005.

Detlef Bald, Die Bundeswehr. Eine kritische Geschichte 1955-2005, München 2005.

III. Sicherheitspolitik und neues Kriegsbild

Carl von Clausewitz, Vom Kriege, Bonn 1991.

Herfried Münkler, Die neuen Kriege, 2. Auflage Reinbek bei Hamburg 2002.

IV. Integration der Bundeswehr in die Gesellschaft und gesellschaftliches Engagement für die Bundeswehr

Pommerin, Reiner, Bischof, Gerd Jürgen (Hrsg.), Einsatz für den Soldaten. Die Arbeit des 10. Beirats für Fragen der Inneren Führung, Baden-Baden 2003.

Die deutschen Bischöfe, Soldaten als Diener des Friedens. Erklärung zur Stellung und Aufgabe der Bundeswehr, hrsg. vom Sekretariat der Deutschen Bischofskonferenz, 29. November 2005.

Evangelisches Kirchenamt für die Bundeswehr, Oasen. Worte-Bilder-Begegnungen aus der Evangelischen Seelsorge im Auslandseinsatz der Bundeswehr, Leipzig 2006.

Klaus Naumann, Generale in der Demokratie. Generationengeschichtliche Studien zur Bundeswehrelite, Hamburg 2007.

V. Menschenführung, Ausbildung, Erziehung und Bildung in der Bundeswehr

Manfred Jourdan, Grundlagen der Humankommunikation, Schriftenreihe der Akademie der Bundeswehr für Information und Kommunikation, Strausberg 1993.

Uwe Hartmann, Erziehung von Erwachsenen als Problem pädagogischer Theorie und Praxis, Frankfurt/M. 1994.

Dietrich Ungerer, Der Militärische Einsatz, Potsdam 2003.

Maren Tomforde, Einsatzbedingte Trennung. Erfahrungen und Bewältigungsstrategien, Sozialwissenschaftliches Institut der Bundeswehr, Forschungsbericht 78, Strausberg November 2006.

VI. Geschichte und Traditionsverständnis der Bundeswehr

Donald Abenheim, Bundeswehr und Tradition, München 1989.

Detlef Bald, Uwe Hartmann, Claus von Rosen (Hrsg.), Klassiker der Pädagogik im deutschen Militär, Baden-Baden 1999

Wolfram Wette, Zivilcourage. Empörte, Helfer und Retter aus Wehrmacht, Polizei und SS, Frankfurt/M. 2004.

Thomas Vogel, Wilm Hosenfeld: ‚Ich versuche jeden zu retten', München 2004.

Reiner Pommerin, Zur Tradition der Bundeswehr. In: Clausewitz-Gesellschaft (Hrsg.), Jahrbuch 2006, S. 131-155.

Loretana de Libero, Tradition in Zeiten der Transformation: Zum Traditionsverständnis der Bundeswehr im frühen 21. Jahrhundert, Paderborn 2006.

VII. Selbst- und Berufsverständnis und Ethik für Soldaten der Bundeswehr

Sabine Collmer, Gerhard Kümmel (Hrsg.), Ein Job wie jeder andere? Zum Selbst- und Berufsverständnis von Soldaten, Baden-Baden 2005.

Angelika Dörfler-Dierken, Ethische Fundamente der Inneren Führung, Berichte des Sozialwissenschaftlichen Instituts der Bundeswehr Nr. 77, Strausberg 2005.

Christian Walther, Im Auftrag für Freiheit und Frieden, Berlin 2006.

VIII. Transformation und Innere Führung

Ralph Thiele, Gerhard von Scharnhorst. Zur Identität der Bundeswehr in der Transformaton, Bonn 2006.

IX. Multinationalität

Dirk Freudenberg, Militärische Führungsphilosophien und Führungskonzeptionen ausgewählter NATO- und WEU-Staaten im Vergleich, Baden-Baden 2005.

Hans-Günter Fröhling, Innere Führung und Multinationalität, Berlin 2006.

X. Offizielle Dokumente des Bundesministeriums der Verteidigung

Bundesministerium der Verteidigung, Fü S I 3, Az 35-08-07, „Richtlinien zum Traditionsverständnis und zur Traditionspflege in der Bundeswehr" vom 20. September 1982 (abgedruckt in Loretana de Libero, Tradition in Zeiten der Transformation: Zum Traditionsverständnis der Bundeswehr im frühen 21. Jahrhundert, Paderborn 2006, S. 218-224).

Bundesministerium der Verteidigung. Inspekteur des Heeres, Fü H I 1, Wegweiser für die Traditionspflege im Heer, Bonn, 1. Dezember 1999.

Bundesministerium der Verteidigung, Weißbuch 2006 zur Sicherheitspolitik Deutschlands und zur Zukunft der Bundeswehr, Berlin 2006.

XI. Sammelbände und Handbücher

Bundesministerium der Verteidigung (Hrsg.), Schicksalsfragen der Gegenwart, 6 Bde., Tübingen 1957ff.

Bundesministerium der Verteidigung, Handbuch Innere Führung, Bonn 1957.

Uwe Hartmann, Christian Walther (Hrsg.), Der Soldat in einer Welt im Wandel. Ein Handbuch für Theorie und Praxis. Mit einem Vorwort von Bundespräsident Roman Herzog, Landsberg a.L. 1995.

Klaus-Jürgen Bremm, Hans-Hubertus Mack, Martin Rink (Hrsg.), Entschieden für Frieden. 50 Jahre Bundeswehr 1955-2005, Freiburg i.Br./Berlin 2005.

Gareis, Sven, Klein, Paul (Hrsg.), Handbuch Militär und Sozialwissenschaft, 2. Auflage, Wiesbaden 2006.

Personenregister

Sachregister